DER GOTT ISRAELS IM ZEUGNIS DES NEUEN TESTAMENTS

QUAESTIONES DISPUTATAE

Begründet von
KARL RAHNER UND HEINRICH SCHLIER

Herausgegeben von
PETER HÜNERMANN UND THOMAS SÖDING

201

DER GOTT ISRAELS IM ZEUGNIS DES
NEUEN TESTAMENTS

DER GOTT ISRAELS IM ZEUGNIS DES NEUEN TESTAMENTS

HERAUSGEGEBEN VON
ULRICH BUSSE

HERDER
FREIBURG · BASEL · WIEN

Bibliographische Information der Deutschen Bibliothek
Die Deutsche Bibliothek verzeichnet diese Publikation in der Deutschen Nationalbibliographie; detaillierte bibliographische Daten sind im Internet über <http://dnb.ddb.de> abrufbar.

www.herder.de
Satz: Barbara Herrmann, Freiburg
Druck und Bindung: Difo-Druck, Bamberg 2003
Gedruckt auf umweltfreundlichem, chlorfrei gebleichtem Papier
ISBN 3-451-02201-X

Inhalt

Vorwort

Traditionellerweise trafen sich am 3.–5.4.2001, diesmal in der Theologischen Fakultät der Katholischen Universität Löwen, die deutschsprachigen Neutestamentler zu ihrer Arbeitstagung, um das vorher bestimmte Thema in Seminaren und Vorträgen zu bearbeiten und zu diskutieren. Die anspruchsvolle Thematik umfaßt viele Facetten, von denen nur einige abgearbeitet werden konnten. Das Stichwort „Israel" setzt die wenigstens ein Jahrtausend alte Erfahrungs- und Bekenntnisgeschichte Israels mit seinem Gott in den Schriften der hebräischen und aramäischen Bibel voraus und hat nach den bleibenden Gemeinsamkeiten und nach möglichen Brüchen durch das Jesusgeschehen und der daraus resultierenden christlichen Glaubensgeschichte zu fragen. Die Christen sahen sich schon bald dem Vorwurf von orthodox jüdischer Seite ausgesetzt, sie würde das im Šma Israel tagtäglich bekannte, monotheistische Bekenntnis unterlaufen, indem sie die Bedeutung Jesu überbewerten würden. Darüber hinaus kam in hellenistischer Zeit, wenn nicht schon früher, das Judentum mit der hellenistischen Kultur, sei es auf dem Wege der Handelsbeziehungen, sei es durch das Diasporajudentum, immer intensiver in Kontakt. Gerade dort wurde die Gottesfrage philosophisch reflektiert und versucht die Existenz einer Gottheit etwa über die wohl gelungene Ordnung des Kosmos einschließlich des astronomischen Laufwerks der Gestirne intellektuell einsichtig zu erweisen. An dieser Reflexion beteiligten sich auch frühjüdische Intellektuelle aus der Diaspora, von denen Philo von Alexandrien der Bedeutendste werden sollte. Schon vorher hatte eine sich von Mal zu Mal intensivierende Auseinandersetzung mit der Pluralität von religiöser Erfahrung, mit der Konkurrenz von Nachbarreligionen und mit deren differierenden theologischen Horizonten, Heilsversprechungen und -vermögen begonnen, die den Einzelnen wie auch die Königshäuser in Israel und Juda beeinflussten, so dass die eigene Identität, die sich über den Stammes- bzw. Nationalgott definierte, sich jederzeit wandeln konnte oder sie sogar aufzulösen drohte. Noch bedrängender war die Situation des nachexilischen Diasporajudentums, das sich unablässig von der Assimilation in den Vielgötter-Kosmos der religiösen Umwelt bedroht sah. Davon zeugen u. a. einerseits der frühjüdische Liebesroman „Joseph und Aseneth“ und andererseits die Berufskarriere des Neffen von Philo, Tiberius Alexander, der höchste Staatsämter im römischen Imperium bekleidete und dafür seinen Familiennamen, sein jüdisches Bekenntnis sowie einen dementsprechenden Lebensstil aufgab. Diese Problemlage rief charismatische Theologen wie Propheten immer wieder auf den Plan, deren Versuch letztlich nicht scheitern sollte, den innersten Kern der religiösen Erfahrungsvielfalt zugunsten JHWH als den einen Schöpfergott[1] sprechen zu lassen oder ihn auf ihren identitätsstiftenden Stammesgott von alters her zurückzuführen.

Aber mit dem Gewinn des monotheistischen Bekenntnisses waren die theologischen Probleme nicht endgültig ausgestanden, sondern nur auf eine andere Ebene verlagert. Waren in einer von Göttern durchwalteten Welt verschiedene Gottheiten für verschiedene Probleme zuständig, so trug sie nun der Eine alle allein aus. Ob nun im Krankheitsfall und in anderen Notlagen oder angesichts der allgemeinen Vergänglichkeit oder bei einer Niederlage im Krieg gegen Nachbarvölker, überall konnte man meinen, an ihm auch eine dunkle Seite ausmachen zu können. Wie waren etwa Satan und dessen Dämonenheer mit dem um seine Schöpfung besorgten Gott vereinbar? Von außen betrachtet war der Erwählungs- und Bundesgedanke Israels mit JHWH, der nur ihnen das Land geschenkt hatte, etwas Trennendes, was wiederum nur schwer mit der universalen Schöpfervorstellung vereinbar war. War da nicht das gewaltsame Lebensgeschick Jesu, der JHWH's Sache in Wort und Tat doch treu vertreten hatte, nicht geeignet, dessen angebliche Schattenseite theologisch einigermaßen aufzuhellen?

Diese und weitere, hier noch nicht angesprochenen Fragen haben jedoch Relevanz für eine Gegenwart, in der die Life sciences die Religion zu stellen scheinen; denn ihre Heilsversprechen rufen Erwartungen wach, die denen der Antiken partiell nahestehen. So werden heute Juden wie Christen wieder gefragt: Wer ist Euer

---

[1] Vgl. nur aus zwischentestamentarischen Zeit den Aristeasbrief 16–19.132f.201, der die Überzeugung vertritt, dass der Schöpfergott JHWH in vorausschauender Sorge weiterhin für sein Werk sorgt. Ein Grieche antwortet ihm darauf: Er erkenne den gleichen Gott an, aber er werde unter verschiedenen Namen (vgl. Ex 6,2f.) von allen angebetet. Doch damit kann sich ein Jude nicht zufriedengeben (vgl. 135–138). Sein Volk ist von JHWH erwählt (140) und lebt nach den von dem Einen (vgl. 131–141) gegebenen ethischen Regeln (142–169.193–197.235.255). Dieser Dissens zwischen Juden und Griechen wird am ptolemäischen Königshof diplomatisch umgangen, indem in Anwesenheit der jüdischen Wissenschaftler bei Tisch nicht gebetet wird.

Gott eigentlich? Kann man sich nicht zur Stillung des Sinnhungers vorteilhafter aus allen zugänglichen religiösen Angeboten ein persönlich geziemendes höchstes Wesen schaffen, wie gegenwärtig doch alles von Menschen machbar zu sein scheint? Man kann die Gottesidee auch als eine zu früheren Zeiten notwendige kulturelle Kraft im Rahmen der menschlichen Evolution betrachten, die nun verzichtbar geworden sei. Diese „Gotteskrise" (J.B. Metz) der Modernen, von Jean Paul und Friedrich Nietzsche aufgedeckt, kann u. E. nur theologisch fruchtbar gemacht werden, wenn man sich der biblischen Erwartung erinnert und deren Erfüllung in Beten und Handeln erhofft, in dem von dem noch kommenden Gott[2] gesprochen wird. Dieser Gott ist gerade als kommender unvereinnahmbar. Er ist unverfügbar in seinem Handeln wie der Sämann in der Parabel Jesu (Mk 4,3–8), der nach menschlichem Ermessen anstößig und paradox zugleich ebenso auf felsigen Grund, unter die Dornen und auf Autobahnen sät wie auf ertragsicherem guten Ackerboden.

Auf der Tagung hatte niemand fertige Antworten auf die große Frage parat, aber es war lohnenswert, sie anzugehen, was der Leser zugleich bei der Lektüre der Einzelbeiträge erkennen wird, um sich der stärkeren Kontinuität in der Diskontinuität des Bekenntnisses zum Einen Gott Israels in der Jesusüberlieferung sowie in der urchristlichen Tradition erneut zu vergewissern.

Der Herausgeber darf zum Schluß allen Autoren herzlich für ihre Mitarbeit und investierte Kraft und zugleich dem Organisator der Tagung vor Ort, Prof. Dr. R. Bieringer und seinem Team, sowie der Theologischen Fakultät Löwen für Ihre Gastfreundschaft und stetige Hilfsbereitschaft danken.

---

[2] Vgl. dazu De Jonge, M., *Christology and Theology in the Context of Early Christian Eschatology*, in: FS Frans Neirynck, BEThL 100C, Leuven 1992, 1835–1853.

Elemente alttestamentlichen Redens von Gott

Werner H. Schmidt
(Bonn)

I. Einstieg mit einer Frage: 2 Kön 5,7

Was assoziiert, verbindet der Mensch in alttestamentlicher Zeit mit „Gott“? Die Frage zielt nicht auf eine feierliche Glaubensäußerung der Gemeinschaft, sei es ein geschichtliches Credo mit der Erinnerung an die Rettung[1] oder ein nominales Bekenntnis, das Gottes „Eigenschaften“ oder „Wesenszüge“ benennt: „Barmherzig, gnädig, langmütig ...“[2] Gedacht ist eher an eine Charakteristik, die bis in die Alltagssprache reichen könnte, auch wenn sie nur in literarischer Gestalt bezeugt ist.

Eine Erzählung scheint „wie nebenbei“ zu verraten, was die Rede von Gott bedeuten kann. In einer Situation, in der mehr von ihm verlangt wird, als er nach bestem Willen vermag, ja scheinbar Über-Menschliches erwartet wird, reagiert ein König mit der Frage (2 Kön 5,7):

„Bin ich denn ein Gott, der ***tötet und lebendig macht****?“*

Die Aussage, die den Unterschied zwischen Gott und Mensch zum Ausdruck bringt[3], umgreift das Äußerste, die Grenzen menschlichen Lebens – nach Anfang und Ende. Ist es nicht allgemein-einleuchtend oder gar selbstverständlich, daß eben die Grenzsituationen, Leben und Tod, „religiös“ bedacht werden, der Mensch seine tiefsten, letzten Widerfahrnisse Gott überläßt, überlassen muß und auch ihm zutraut?

Jene Frage verrät zunächst: Man weiß oder setzt wie selbstverständlich voraus, daß Gottes Wirken beides, Gutes und Böses, um-

[1] Wie Dtn 26,5ff.; vgl. Ps 136 u. a.

[2] Etwa Ps 103,8 entfaltet Gottes „Eigenschaften“ sogleich (V. 9) als Gottes Taten; vgl. Ex 34,6f.; gegenüber den Völkern Jon 4,2; auch die Anspielungen oder eher Vorformen Jer 3,12; 15,15.

[3] Diesen Unterschied hebt in anderen Situationen eine ähnliche Frage (Gen 30,2; 50,19) hervor: „Bin ich denn an Gottes Statt?“

faßt. Er kann Nachteiliges wie Vorteilhaftes, Krankheit wie Heilung schicken. Darf man, was in jener Wendung „töten und lebendig machen" wie in einem Bogen zusammengehalten wird, unterscheiden und die Spannung auflösen, so bezeugt das Alte Testament schon früh, jedenfalls vielfach, daß sich auch *unheilvolle* Erfahrungen mit Gott verbinden können.

Nach altertümlich wirkenden Erzählungen geht es bei der Begegnung von Gott und Mensch um Leben und Tod.[4] Trotz Bedrängnis berichten sie von einem heilvollen Ausgang; die Gefahr kann abgewendet werden. So schlagen sie mit der Spannung auf ihre Weise ebenfalls einen Bogen von tödlicher Bedrohung zur Lebensbewahrung.

Die Religion scheint von früh an, wenn nicht von vornherein mehr als eine Antwort auf die Frage nach „Sinn"[5] oder Sinnvollem zu sein, vielmehr auch kaum Faßbares, Dunkel-Widriges, Unerklärbar-Uneinsichtiges, Nicht-Heilvolles, Schwer-Erträgliches enthalten zu haben. Gott kann unfruchtbar und fruchtbar machen[6], „böse handeln"[7].

Umgekehrt bildet das *Leben* oder Überleben im Erzählkreis um Elia-Elisa mehrfach unmittelbar das Thema, sei es im Blick auf den alltäglichen Bedarf, das Lebensnotwendige: „Der Mehlkrug soll nicht zur Neige gehen ..."[8], oder gar den Grenzbereich von Leben und Tod[9].

II. Eine Frage in einer frühen Elia-Tradition: 2 Kön 1,6

Nach einer Erzählung, die ebenfalls von einer Krankheit oder einem Unfall als Anlaß berichtet, klagt Elia an; der König, der sich

---

[4] Ex 4,24–26; vgl. 12,22f.; Gen 32,23ff.; Num 22,22ff. Erzählzüge wie die Beschneidung durch eine Frau, zudem mit einem Steinmesser, u. a. sprechen für eine frühe Überlieferung; sie mag später eine andere Deutung erfahren haben.

[5] Oder soll „Sinn" – in weiter Bedeutung – auch Unerklärbar-Sinnloses oder sinnlos Erscheinendes einschließen, nicht die „Erklärbarkeit", sondern nur die Deutungs-Bedürftigkeit des Lebens beinhalten? Wieweit geht Erfahrung aber nicht von bereits gedeutetem Leben aus?

[6] Gen 16,2; 29,31; 30,2.17.22; 1 Sam 1,5.17ff. Vgl. auch Namen wie Jo-natan, Natan-ja, vielleicht El-kana u. a.

[7] Vgl. Ex 5,22; Num 11,11; Rut 1,21; thematisch auch Ex 4,11; Am 3,6; Jes 45,7; Hi 1,21; 2,10; Koh 7,14; (die Bestreitung der Umkehrung) Zeph 1,12 u.v.a.; dazu STOEBE, r^{cc} = רעע, 803; DOHMEN, r^{cc} = רעע, 609f.; THIEL, *Könige*, 75 und zum Folgenden 39.59.78f. Erst recht kann nach der Botschaft der sog. Schriftpropheten Gott dem Menschen bedrohlich begegnen (Am 5,17; Hos 5,14; Jes 8,14; 28,20f; 29,14 u. a.).

[8] 1 Kön 17,14; vgl. 4,43; auch 2,21; 4,40f.; 7,1 u. a.

[9] In den Wundergeschichten 1 Kön 17,17f.; 2 Kön 4,18ff.

wegen seiner Krankheit an einen anderen Gott, wohl einen Heilgott, wendet, wird gefragt:

> *„Ist denn kein Gott in Israel, daß du sendest, Baal Sebub (Sebul), den Gott von Ekron, zu befragen?"*[10]

Anders als in der Karmelszene „Wenn Jahwe Gott ist, folgt ihm nach ..."[11] ruft Elia hier (a) weder zur Hinwendung zu Jahwe auf, noch richtet er sich (b) an das *Volk*[12], sondern – wie in der Regel die sog. Vorschriftpropheten – an den König.[13] Außerdem hat diese Begegnung (c) keinen wunderhaften Charakter, steht so gegenwärtigem Wirklichkeitsverständnis nicht entgegen und findet (d) in ähnlichen Überlieferungen eine Parallele und Stütze. Daß man sich im Fall einer Not an Gott bzw. den Propheten wendet, Heilung von Krankheit bei der Gottheit sucht und Gott durch den Propheten befragen kann, ist auch sonst bezeugt.[14]

Gewiß kann man gegenüber der stark verallgemeinernden Auslegung, die Erzählung „fordert Vertrauen auf Jahwe in *allen* Lebenslagen"[15], Einwände erheben.[16] Da der Kranke ja wieder gesund werden will, so nicht nur den Ausgang erkunden möchte, vielmehr zugleich auf Hilfe oder Befreiung von den Beschwerden hofft, schließt sein Handeln – mit der Zuwendung an einen anderen Gott – allerdings „Vertrauen in seiner Lebenslage" ein.

Die vorwurfsvolle Frage setzt voraus, daß die Ungehörigkeit oder gar das Verbot der Wendung an andere Götter, die Ausschließlichkeit als Eigenart des Glaubens, dem Angeredeten bekannt ist, damit er den Schuldaufweis überhaupt einsehen kann. Dabei liegt (e) mit diesem Bekenntnis zu dem eigentlich anzusprechenden „Gott in Israel"[17] gewiß *kein „Monotheismus"* vor. Er müßte mit der Verehrung eines einzigen Gottes, streng genom-

---

[10] 2 Kön 1,6 (auch in der Erweiterung V. 3). Der Name der vermutlich für Krankenheilung bekannten Gottheit Baal Sebub, wohl „Herr der Fliegen", ist vermutlich entstellt aus Baal Sebul „Fürst Baal" (vgl. den Namen I-sebel).

[11] 1 Kön 18,21.

[12] 1 Kön 19,10.14 gehört nach allgemeiner Auffassung nicht zum Kern der Eliatradition.

[13] Gewiß ist der König eine herausgehobene Einzelperson, indirekt sind darum viele oder gar alle mitbetroffen – ausgesprochen wird es noch nicht.

[14] Vgl. 1 Kön 14; 2 Kön 5; 8,7ff.; auch 20,5.8; Num 12,13. In anderer Situation verdeutlicht Jer 37 (V. 3.7; vgl. 42 u. a.), daß – für den Fragesteller – Befragung des Propheten um Auskunft über den Ausgang und Fürbitte zusammengehören.

[15] WÜRTHWEIN, *1. Kön*, 268.

[16] BECK, *Elia*, 144f. (139ff.159) übertreibt die Kritik.

[17] Vgl. als Ziel der Einsicht: Gott in Israel (1 Kön 18,36 gegenüber V. 39: der wahre Gott); auch 2 Kön 1,3.16 und die Beauftragung durch „Jahwe, den Gott Israels" 1 Kön 17,1.14.

men, *zwei* Aspekte enthalten, nämlich mit der *Affirmation* oder Zuwendung zugleich eine *Negation*, die Leugnung der Existenz anderer Götter.[18] Hier wird aber die Wirklichkeit oder Bedeutung der Gottheit außerhalb des eigenen Volkes nicht in Frage gestellt, nur die Zuständigkeit des einen Gottes „in Israel" ausgesagt.

Schließlich (f) enthält Elias Aussage (2 Kön 1,6) die sachlich-inhaltlichen Charakteristika, die typischen Kennzeichen der sog. Schriftpropheten, noch nicht; nur die zweigliedrige *Form*, Schuldaufweis und Strafansage, ist mit ihnen gemeinsam. Sie haben die von ihnen verwendeten verschiedenen Redeformen kaum frei erfunden, vielmehr vorgefunden[19], mit ihren Einsichten gefüllt und ausgestaltet, so die Anklage wie die Gerichtsansage erweitert und verschärft: Das Volksganze ist getroffen. Diese Zuspitzung ist zuvor weder bei den prophetischen Vorgängern[20] noch in der – älteren – Pentateuchtradition bezeugt und vereinsamt die sog. Schriftpropheten in ihrer Zeit und Gesellschaft.

Darf man darum – aus den verschiedenen genannten Gründen – die Überlieferung von 2 Kön 1 in ihrem Kern als vertrauenswürdig ansehen, so ist sie eine frühe Bekundung der Ausschließlichkeit des Glaubens:

(1) Mit der Anklage setzt Elia das Bekenntnis zu Jahwe mit dem Anspruch, allein Gott in Israel zu sein, voraus und geht davon aus, daß der Angeredete davon weiß.

(2) Allerdings vertritt der Prophet offenkundig *nicht* die übliche, selbstverständliche Auffassung, entspricht nicht dem Allgemeinbewußtsein, sondern bildet ein kritisches „Gegenüber". Überhaupt bezeugt das Alte Testament selbst – auch außerhalb der Botschaft der Propheten – vielfältig, daß die Hinwendung zu einem Gott nicht gewahrt, die Ausschließlichkeit nicht durchgehalten wurde, die *Wirklichkeit* also anders aussah.

(3) Dabei wird in dem, was dem Menschen zustößt, im Widrigen, Schicksalhaft-Zufälligen – aus prophetischer Sicht – eine Gelegenheit gesehen, den Glauben mit seiner Ausschließlichkeit zu bewahren.

---

[18] Vgl. Jes 43,10; 44,6; Dtn 4,35.39; 32,39; 2 Sam 7,22; 1 Kön 8,60; 2 Kön 5,15 u. a.

[19] Jer 27f. zeigt noch die gleiche Redeweise mit Botenformel und Gottes Ich-Rede bei Hananja (28,2f.11) wie Jeremia (28,16). – Auch das Thema Leben geht bei den Schriftpropheten nicht verloren. So betonen Hosea und Jeremia (Hos 2; Jer 2) in Aufnahme und Abwandlung eines Elements der Eliatradition: Die Leben erhaltenden Gaben verdankt das Volk – entgegen seiner Einstellung – nicht Baal, sondern Jahwe. Erst recht kann es in der prophetischen Botschaft – als Folge des in der Kritik genannten Verhaltens – um Leben und Tod gehen (gegenüber Einzelpersonen Am 7,16f.; Jer 28,15ff. u. a.).

[20] Sie findet sich auch in der jüngeren Elia-Tradition 1 Kön 19,10.14 (s. Anm. 12).

III. Gott als „Helfer"

Zur Bestätigung sei nochmals mit Texten aus späterer Zeit gefragt: Was wünscht, erhofft sich der Mensch von Gott? Im Rahmen von Jeremias dem Volk geltenden Anklage „So zahlreich wie deine Städte sind deine Götter" heißt es:

„Mir kehren sie den Rücken zu und nicht das Antlitz;
wenn aber die Not kommt, sagen sie:
‚Stehe auf und hilf uns!'
Wo sind denn deine Götter, die du dir gemacht hast?
Sie mögen aufstehen und dir helfen
in der Zeit deiner Not!"[21]

Vor kosmisch-universalem Hintergrund[22] erhebt *Jeremia* ähnlich den zweigliedrigen Vorwurf der Abwendung von dem einen Gott und der Hinwendung zu anderen:

„Zweifaches Unrecht beging mein Volk:
Mich veließen sie,
den Quell lebendigen Wassers,
um sich Zisternen zu hauen,
rissige Zisternen,
die das Wasser nicht halten."[23]

Wieder geht es nicht um eine – theoretische, lehrhaft weiterzugebende – Erkenntnis eines „Monotheismus", sondern mit der Einsicht zugleich um eine entschiedene Antwort auf die Frage: Was verdient im Leben Vertrauen? Gegenüber dem lebendig-frischen Quellwasser hat das Gegenbild, ein untauglicher Ersatz, erhebliche Nachteile: Es handelt sich (a) nur um Zisternen, die (b) selbst gemacht und zudem noch (c) rissig sind. So wird auch hier die Existenz fremder Götter nicht bestritten; gegenüber der Wirkungslosigkeit anderer Mächte wird aber die Wirksamkeit des einen Gottes bekannt – nicht in ein forderndes Gebot gefaßt, sondern bildhaft dargestellt.

Noch in späterer anschaulich beschriebener *Götzenbildpolemik* wird ausgesprochen, was man von Gott erwartet: Der Mensch nimmt die eine Hälfte eines Holzes, um sich mit Feuer zu wärmen,

---

[21] Jer 2,27f.; aufgenommen in 11,13f.

[22] Im Anschluß an Jes 1,2f.: Jer 2,10–13; vgl. 8,7.

[23] Jer 2,13. Das Bildwort „Quelle lebendigen Wassers" wird aus dieser klagenden Anklage in einem jüngeren Zusatz (17,13) in eine Vertrauensaussage übertragen, in die Anrede an die „Hoffnung Israels" eingefügt; vgl. auch Ps 36,10; 42,2f.

aus der anderen Hälfte „macht er einen Gott und wirft sich nieder": „er betet zu ihm und sagt: Errette mich: denn mein Gott bist du!"[24]

Schon *Hosea* kann im Gotteswort (13,4) die – in Rechtssätzen[25] wie dann im Dekalog als Forderung ausgesprochene – Ausschließlichkeit des Glaubens als Zuspruch von Gottes hilfreicher Gegenwart weitergeben:

„Einen Gott außer mir kennst du nicht,
und einen Helfer außer mir gibt es nicht."

In der Parallelaussage wird für „Gott" schlicht „*Helfer*" eingesetzt; denn für das Alte Testament bedeutet eben Gott zu sein: eingreifen zu können. So nimmt Deuterojesajas Verkündigung die Einsicht auf: „Außer mir ist kein Helfer!"[26], und aus einer Aussage über Gottes Wesen: „Er wird nicht müde noch matt" kann er die Folgerung für Gottes Tun ziehen: „Er gibt dem Müden Kraft."[27] Auch andere Aussagen, wie „Ich bin Jahwe, dein Arzt"[28], wollen wahren: Nur einer hat und gibt Leben, verdient so Vertrauen.[29] Führen die Klagepsalmen nicht eben diese Einsicht aus?

Der *Hymnus* Ps 104 preist die Zuwendung des Schöpfers zu der – auf seine Schöpferkraft angewiesenen – Kreatur und bekennt zugleich Gottes Freiheit. Wie der Schöpfer „den Geist des Menschen in seinem Inneren gestaltet"[30], so kann er den belebenden Hauch zurückziehen:

„Verbirgst du dein Angesicht, erschrecken sie,
nimmst du ihren Odem (Geist) hin, verscheiden sie
und werden wieder zu Staub.
Sendest du deinen Odem (Geist) aus, so werden sie geschaffen,
und du erneuerst das Antlitz der Erde."[31]

Ps 104 ist in diesem Abschnitt durch Echnatons großen Sonnenhymnus beeinflußt. „Wenn du aufgegangen bist, leben sie, gehst

---

[24] Jes 44,15–17; vgl. 1 Kön 18,26.

[25] Das – schwer eindeutig zu bestimmende – Alter der im Bundesbuch bewahrten Rechtssätze, die die Ausschließlichkeit bezeugen (zumal Ex 22,19), kann und soll hier offen bleiben (vgl. Ex 34,14; 23,13.24).

[26] Jes 43,11; vgl. 45,21; 46,4; 64,3.

[27] Jes 40,28f.; vgl. Ps 103,8f.

[28] Ex 15,26; vgl. Hi 5,18; Dtn 32,39; auch 2 Kön 20,5ff.; Jes 19,22 u. a.

[29] Vgl. Ps 42; 84,3 u. a.

[30] Sach 12,1. „Der Geist Gottes hat mich gemacht, und der Atem des Allmächtigen belebt mich." (Hi 33,4)

[31] Ps 104,(27f.)29f.; vgl. 146,4; Hi 34,14f.; auch Gen 6,3 u. a.

du unter, so sterben sie" heißt es dort[32] ähnlich. „Leben und Tod der Geschöpfe hängt von Gott ab"[33] – allerdings nach diesem Hymnus durch das Versinken des Aton am Abend: „Gehst du unter im westlichen Horizont, so liegt die Erde im Dunkel wie im Tode", nach Ps 104 nicht durch Gottes Abwesenheit, eher durch Gottes Wirken: Wie er „die Finsternis setzt"[34], entzieht er seine im Geist gegenwärtige Lebenskraft. Wird im Echnaton-Hymnus Gott mehr der Tag als die Nacht oder gar nur der Tag zugesprochen, so im Alten Testament die helle, lichtvolle wie die Schattenseite des Lebens.[35]

Wo in der Spätzeit Zweifel an Gott aufkommen, sich skeptische Aussagen über sein Wirken auf Erden finden, von denen das Alte Testament kritisch berichtet, entstammen sie eher einem praktischen als einem theoretischen „Atheismus"; auch sie beziehen sich nicht eigentlich auf die Existenz, eher auf die Wirksamkeit Gottes im menschlichen Leben: „Jahwe tut weder Gutes noch Böses."[36] Wieder sind es beide Seiten menschlicher Erfahrung, in denen Gottes Wirken bestritten wird.

Auch die Reflexion des „Predigers" *Kohelet* über die Zeit stellt als Antithesen nicht nur menschliches Tun, wie Lieben und Hassen oder Reden und Schweigen, sondern auch die Widerfahrnisse zusammen, die sich der Entscheidung oder Verfügung entziehen, das Leben begrenzen (3,2): „Geboren werden hat seine Zeit und Sterben hat seine Zeit." Dabei überträgt Kohelet die sog. Kanonformel „nichts hinzufügen, nichts wegnehmen"[37] auf das Schicksal: „Man kann nichts hinzufügen und nichts wegnehmen. Gott hat es so gemacht, daß man ihn fürchte."[38] So wird aus dem Nicht-Dürfen, ein Nicht-Können, aus möglichem, aber unerlaubtem Handeln

---

[32] Zitiert nach BEYERLIN (Hrsg.), *Textbuch*, 46; das folgende Zitat ebd. 43; vgl. ASSMANN, *Hymnen*, 848ff.

[33] VON NORDHEIM, *Hymnus,* bes. 174. Einen erheblichen Unterschied bildet die Zuspitzung des Echnaton-Hymnus auf den König, die in Ps 104 fehlt.

[34] „Du setzt die Finsternis, so daß es Nacht wird; darin regt sich alles Getier des Waldes ..." (V. 20)

[35] „In Ps 104 wagt ein Dichter – in Anlehnung an den Sonnenhymnus Amenophis' IV. Echnaton – diese Aussage, weil er mit dem 1. Gebot bis in die äußerste Konsequenz hinein ernst macht. Wie alles Lebenspenden, so ist auch der Tod ein Handeln des einen Gottes, der keine Mächte neben sich kennt." So JEREMIAS, *Schöpfung,* bes. 23.

[36] Zeph 1,12; vgl. Mal 2,17; 3,14f.; Jer 5,12; Ps 73. „Er ahndet nicht." (Ps 10,4.11) Demgegenüber bezeugt Ps 14,1f.: Der Verständige „fragt nach Gott"; nur „der Tor spricht in seinem Herzen: Es ist kein Gott" (vgl. Spr 19,3).

[37] Vgl. Dtn 4,2; 13,1. Im Jeremiabuch werden noch beide Vorgänge unterschieden: Ergänzungen finden statt (Jer 36,32), „Wegnahmen"- Streichungen oder Kürzungen – sind nicht erlaubt (nach der jerdtr Redaktion: 26,2).

[38] Koh 3,14; vgl. 5,6; 6,10; 7,13.

ein Lassen-Müssen, das als Gottes – undurchschaubares – Werk[39] verstanden wird. „Am guten Tag sei guter Dinge, am bösen Tag bedenke: Auch diesen wie jenen hat Gott gemacht.“(7,14)

Die Zusammenschau von Texten aus verschiedenen Zeiten läßt eine Folgerung zu: Man erhofft sich Heilvolles, weiß aber, daß Gottes Wirken Lichtes und Dunkles umspannt. So klingt im Alten Testament als grundlegendes Bekenntnis in verschiedener Form immer wieder an, daß Gott „tötet und lebendig macht“[40], „erniedrigt“ und „erhöht“[41], einreißt und aufbaut, ausreißt und pflanzt[42].

Solche Aussagen, nach denen Gott Leben gibt und nehmen kann, umfassen das Leben als ganzes – dies geschieht hier überraschend direkt und pointiert. Dabei möchte die Doppelseitigkeit nicht Beliebigkeit oder Willkür bedeuten, sondern mit der Abfolge eine Gerichtetheit andeuten. Kommt dieses Bekenntnis darin nicht mit der Erinnerung an die Rettungserfahrung überein?

Im Allgemeinen, im Verständnis menschlichen Lebens, ist – zugespitzt durch die Ausschließlichkeit – auch das Charakteristisch-Besonderes nicht zu übersehen: Das Bekenntnis findet in dem, was für den Menschen schicksalhaft-unverfügbar ist, Geschick. Ist Gott so nicht Grenze und tragender Grund, der Zutrauen, Zuversicht verdient?

In verschiedenen Literaturbereichen, wohl schon recht früh, wird das Bekenntnis ausgesprochen, daß Gottes Macht bis in die Unterwelt reicht – mit dem Psalmisten formuliert:

„Wenn ich mich in der Unterwelt lagerte,
da bist du (auch).“

Nach solchen Aussagen[43] scheint den Anstoß für das Glaubensdenken über den Tod hinaus zunächst nicht das Thema „Gerechtigkeit“, sondern die Rede von Gottes – ausschließlicher – Macht gebildet zu haben, die nach dem Bekenntnis keine Grenze hat.

---

[39] Koh 3,9–11.13f.; vgl. 7,29; 11,5.

[40] 1 Sam 2,6f.; Dtn 32,39; 2 Kön 5,7.

[41] Ez 17,24; vgl. auch Hos 6,1; Hi 22,29; Jes 19,22; 30,26; Jer 31,10 u. a. (s. Anm. 28); dazu Lk 1,51f.

[42] Jer 1,10 u. a.; vgl. 24,5.8; 32,15; 45,4 u. a.; dann 10,5; 18,7ff. u. a.

[43] Ps 139,8; Am 9,2–4; Jes 7,11; Hos 13,14; Spr 15,11; auch Hi 14,13f; 26,5f.; vgl. Ez 37 u. a. (dazu u. Anm. 104). Dabei ist zugleich ein Unterschied zwischen der Rede von Gott und – mit dem menschlicher Erfahrung entzogenen Raum – mythischer Vorstellung angedeutet.

IV. Rückfrage nach der Frühzeit

Eine – auch gegenüber der Elia-Überlieferung – ältere Gestalt der Tradition bezeugt das Alte Testament beiläufig mit der Aussage „das Volk des Kamosch“ (Num 21,29), des Gottes der Moabiter. Dieser Beleg ist kaum nur eine – aus Israels Sicht entworfene – Deutung von anderen, scheint vielmehr deren Selbstverständnis zu entsprechen. Zwar ist die Kategorie „Volk“ im alten Orient eher ungewöhnlich[44]; bei Israels unmittelbaren östlichen Nachbarvölkern scheint allerdings eine solche Struktur bekannt zu sein: Zugehörigkeit einer Gruppe bzw. eines „Volkes“ zu einer Gottheit, einem sog. „Hauptgott“.[45] Dies bezeugen entsprechend im Alten Testament frühe Geschichtstraditionen[46].

V. Selbst-Kritik des Glaubens in der Prophetie

Wenn auch aus der Bindung einer Gruppe an einen Gott „hervorgegangen“, ist alttestamentlicher Glaube – zumindest in seiner Ausgestaltung – doch ein kritischer, zumal selbst-kritischer Glaube, der jene Grenze bald sprengt. Nicht nur greifen Erzählungen über das eigene Volk hinaus[47], erst recht die sog. *Schriftpropheten*[48], die fremde Großmächte als Werkzeug des eigenen Gottes ansehen können.[49]

Ja, in der Botschaft der Propheten ab Amos kann sich Gott gegen die – eigene – Gruppe, die Verehrergemeinde, wenden.[50] Sie erfahren das eigene Volk als uneinsichtig:

„Ja, töricht ist mein Volk, mich kennen sie nicht,
unvernünftige Söhne sind sie und Einsicht haben sie nicht,

---

[44] Dies betonte VON SODEN, *Einführung*, 13: Im alten Orient hat „nur Israel einen eindeutigen Volksbegriff ausgebildet …, der durch seine Geschichte bestimmt ist. Überall sonst werden die Menschen nur nach ihrer Herkunft aus einem bestimmten Land oder ihrer Zugehörigkeit zu einer sozialen Gruppe gekennzeichnet, sofern man nicht schlicht nur von Menschen spricht.“ Vgl.den Aufsatz von W.H. SCHMIDT, *Volk*.

[45] Vgl. Ri 11,23f.; 1 Kön 11,7.33; etwa auch die Mescha-Stele (KAI 181; TGI^2 152f; TUAT I/6, 646ff.); dazu LEMAIRE, *Déesses*, bes. 142ff.

[46] Vgl. Kernpunkte der Überlieferung wie Ex 18,12; 24,10f.; auch 3,7.9.16; 5,1.3; 12,21–23; 14f.; 19; Ri 5,4f.; 11,23f. u. a.

[47] Vgl. Gen 20; Ex 5ff. u. a.

[48] Am 2,1f.; 9,7 u. a.

[49] Implizit schon Amos (5,27; 6,14 u. a.), Jesaja (5,26ff.; 10,5ff.; 28,2) wie Jeremia (4,5ff.; vgl. 25,9; 27,6; 43,10).

[50] Am 7,8; 8,2; Hos 1,6.9; Jes 6,9f.; 22,14; Jer 1,13f.; 16,5 u. v. a.

weise sind sie, Böses zu tun,
aber Gutes zu tun verstehen sie nicht."[51]

Jeremia (8,7) kann – in Aufnahme weisheitlichen Gedankenguts – die „Ordnung" der Naturwelt dem Gottesvolk entgegenhalten; sie erscheint als Vorbild:

„*Selbst der Storch am Himmel weiß seine Zeiten ...,*
mein Volk aber kennt nicht die Ordnung Jahwes."[52]

Der Prophet mahnt oder warnt nicht, sondern stellt fest: Das Selbstverständliche der Natur, die Ausrichtung, fehlt dem Selbstverständnis des Volkes. So hat das Wort einen doppelten Aspekt; es zeigt einen Mangel an Einsicht auf und zielt auf Einsicht in eben diese Situation. Soll Israel – paradox – erkennen, daß es nicht erkennt?

Mit ihrer Botschaft beanspruchen die Propheten gegenüber bisherigen Glaubenseinsichten eine Freiheit, die so noch nicht in der Tradition erhalten war. Die – in der Verheißung an Mose gegebene – Erläuterung des Gottesnamens „Ich werde sein, der ich sein werde" (Ex 3,14) spricht gegenüber der unmittelbar vorhergehenden Zusage „Ich werde mit dir sein" (Ex 3,12) Gottes Freiheit in seinem Wirken aus. Wieweit sie auch reichen mag, sie umfaßt noch nicht die – für die in der Gegenwart beginnende Zukunft geltende – „Negation", die Hosea (1,9) auszusprechen wagt: „Ich werde nicht mehr für euch dasein."[53]

Etwa in seiner symbolischen Handlung mit dem Joch[54] stellt Jeremia nicht vor eine Alternative „Unheil oder Heil", ruft nicht zur Abwehr einer drohenden Zukunft, zu Umkehr oder Buße[55], sondern zur Annahme des von Gott beschlossenen Geschicks, zu ei-

---

[51] Jer 4,22; vgl. 8,7; auch 2,8; 9,2.5; 22,15f.: „Vom Kleinsten bis zum Größten – sie alle" (6,13; vgl. 2,29; 5,1.4f.; 8,6.10; 9,4). Wo Jeremia selbst zum Prüfer bestimmt wird, ist das Ergebnis eindeutig (6,27–30). Schon Jesaja urteilt: „Israel aber hat keine Einsicht" (1,3; vgl. 5,12f.; 6,9 u. a.). Vgl. Gal 3,1 „ihr unverständigen Galater".

[52] Jer 8,7; ähnlich schon Jes 1,2f. u. a.

[53] Da Hos 1,9 in die Aussage von Ex 3,14 ein „nicht (mehr)" einfügt, liegt die Annahme näher, daß die „Negation" Hos 1,9 die Zusage Ex 3,14 voraussetzt. Andernfalls ist – komplizierter – eine dritte Größe, eine beiden Texten gemeinsame Tradition, anzunehmen. Dann würde Ex 3,14 die Tradition repräsentieren, die Hos 1,9 aufgreift. Allerdings erwächst die Deutung des Gottesnamens Ex 3,14 aus der Verallgemeinerung von 3,12 „Ich werde mit dir sein" und hat insofern dort ihren Ort. Ähnlich verschärft Hosea (12,4) die Jakobtradition. – Möglicherweise wirkt Ex 3,14 noch in Sach 2,9 (bzw. 2,5) nach.

[54] Jer 27,11f.; vgl. 34,2ff.; 37,3ff.17ff.; 38,17ff.; 21,10; 32,28; auch 40,9; 42,4ff. u. a.

[55] Die sog. Schriftpropheten wurden im Rückblick als Umkehrprediger verstanden, deren Ruf überhört wurde (Sach 1,4f.; vgl. die redaktionellen Ergänzungen Jer 18,7ff.; 26,3; 36,3.7 u. a.). Festen Anhalt hat der Umkehrruf in Jeremias Botschaft gegenüber

nem Verhalten *innerhalb* der vom Propheten angesagten Zukunft, wie sie Gott herbeiführen will, auf. Bei Einsicht, Annahme der Verkündigung bzw. Ankündigung, sichert Jeremia Lebensbewahrung bzw. Überleben zu. Würde er nicht auch gefährlich in die Nähe der sog. Heilspropheten[56] geraten, die sich diese radikale Unheilsansage – in Übereinstimmung mit der Überlieferung[57] – nicht denken können, wenn er die Abwendung der Unterwerfung unter Babylon als möglich in Aussicht stellte?[58]

So kündigt Jeremia nicht Bewahrung vor, aber im Gericht an. Er kann auch Einzelpersonen aus dem das Volk treffenden Unheil herausnehmen.[59] Umgekehrt sagt Jeremia nach Erfahrung des Gerichts oder in der Gerichtssituation Heil als Lebenserhaltung zu, fordert zur Gestaltung neuen Lebens im Exil auf.[60] In einem solchen Zusammenhang, im Rahmen und als Folge der Heilsbotschaft, gewinnt das Mahnwort, mit ihm der Bußruf, eine andere Aufgabe – Einstimmung in die Zukunft, An- und Vorwegnahme des Heils.[61]

Jeremia gewinnt oder vertritt seine Einsichten nicht ohne tiefe Anfechtung, ringt vielmehr – wegen der persönlich harten Folgen, die er als Bote zu tragen hat – mit Gott. Weil der Konflikt durch seine Aufgabe hervorgerufen ist, trägt er ihn auch mit Gott aus. Obwohl auf Gottes Seite[62] gestellt, muß Jeremia selbst Gottes Ver-

---

dem Nordreich, welches das Gericht bereits erfahren hat (3,12f.; 31,15ff.), sowie in dem an ihn selbst gerichteten Gotteswort (15,19f.; dazu u. Anm. 60).

[56] Jer 6,14; 8,11ff.; 23,16ff.; 28 u. a.; vgl. schon Mi 3,5ff.

[57] Vgl. Ps 46; 48; Mi 3,11; Jer 4,10; 14,13; 23,16f.; Ez 13,10.16 u. a.

[58] Vgl. W.H. Schmidt, *Einsicht.*

[59] So den Äthiopier Ebed Melech Jer 39,15–18 (mit 38,7ff.); König Zedekia/Zidkija Jer 34,1–7 (mit 37,7ff.); Baruch Jer 45,1–5 (mit 36,4f.). Insofern steht Johannes der Täufer sachlich Jeremia nahe, auch wenn die Propheten einen entsprechenden Ritus nicht kennen: Das Gericht ist gewiß; Umkehr und Taufe heben es nicht auf, sondern bewahren in ihm.

[60] Jer 29,5–7 in Konsequenz und Ausführung der Vision 24,5; vgl. 32,15; auch in späterer Situation 42,10f. Jeremia selbst wird die Gewißheit der Rettung in der Gefahr zuteil (1,8; 15,19f.; vgl. 1,18f.). Diese an ihn persönlich ergehende Zusage (15,19) ist mit der dem ehemaligen Nordreich Israel – nach dem Gericht – gegebenen Heilszusage in der Ermöglichung der Umkehr durch Gottes Wirken vergleichbar: „Laß mich umkehren, damit ich umkehre!" (31,18; vgl. 17,14; 31,4; auch 3,12f.; nachträglich abgeschwächt aufgenommen 4,1).

[61] Nach Jer 3,12f. durch Umkehr: Jes 44,21f.; 55,6f. oder durch Zuversicht und Freude: Jes 42,10ff.; 49,13; Sach 2,(10 bzw.)14; 9,9f. u. a.

[62] Nach dem Bekenntnis, wie das Volk schuldig zu sein, wird Jesaja mit der Symbolhandlung (6,6f.) auf Gottes Seite gezogen, steht so ein Stück weit außerhalb der Gesellschaft – ähnlich, wenn auch auf andere Weise, durch vorgeburtliche Bestimmung, Jeremia (1,5.9). Indem der Prophet von der Gesellschaft unterschieden wird, kann er ihr gegenübertreten, ihr mit scharfem Blick, kritischer Sicht begegnen, seine Welt mit anderen Augen betrachten.

borgenheit erfahren. Ihm erscheint Gott als im Sommer versiegender, ausgetrockneter Bach:

> *„Du erweisest dich mir wie ein (als) Trugbach,*
> *als unzuverlässiges Gewässer!“*[63]

Erfährt Jeremia nicht mehr, wie die Berufungsgeschichte (1,8) verheißt, die Gegenwart und den Beistand Gottes in der Not? Die Klage zieht ein grundlegendes Bekenntnis Israels – Gott ist Retter aus oder in der Not – für den Propheten selbst in Zweifel und bildet eine der härtesten Aussagen im Alten Testament.[64] Kann sich Gott für die Heil ansagenden Propheten oder gar das Volk als ferner, verborgener, sich verbergender Gott[65] erweisen, so hier für Jeremia selbst. Hat er sich getäuscht?[66]

Bildet jene Klage die Umkehrung des eindrücklichen Bildwortes vom lebendigen, lebenserhaltenden Quell[67], damit eine Revision des prophetischen Gottesverständnisses? Jeremia scheint gegenüber Gott im Bildgehalt einen ähnlichen Vorwurf zu erheben wie gegenüber dem Volk. Was er dort tadelte, enthält im Bild aber ein zusätzliches Element: Die „löcherigen Brunnen“, „rissigen Zisternen“ (Jer 2,13) sind selbst gemacht.

Zudem wird der Zweifel oder die Verzweiflung an Gott mit Gott durchgekämpft. Diese – schlimme, kaum überbietbare – Klage wird Gott selbst vorgetragen. Die Auseinandersetzung mit Gott findet im Gebet, im Gespräch mit Gott, statt; so wird – wie in den Klagepsalmen oder im Hiobbuch das Gebet Jeremias Einsichten aufnehmen, wie es auch so die prophetische Situation verallgemeinern kann[68] – das „Du“ der Anrede und damit das Erste Gebot durchgehalten.

---

[63] Nach dem klagenden „Wehe mir“ mit der Frage „Warum“ (Jer 15,10.18a) bildet die Anklage V. 18b den Höhepunkt des Liedes.

[64] „Welche Tiefe des Zweifels und der Anfechtung läßt das Alte Testament zu, wenn es ein solches Wort – wie die Klagen der Psalmbeter oder die Anklagen Hiobs – weitergibt, Späteren nachsprechbar und nachvollziehbar macht! Kommen darin nicht auch Offenheit und Freiheit des Alten Testaments zum Ausdruck, den gewohnten Rahmen sprengenden Erfahrungen und Aussagen Raum zu geben?“ (W.H. Schmidt, *Gott*, bes. 80, Anm. 45).

[65] Jer 23,23; Jes 8,17; 45,15; auch 28,21; 29,14. Die Aussage nimmt Psalmensprache (vgl. Ps 104,29 u. a.) verschärft auf und kommt „eigentlich“ von dem sich erschließenden, sich zuwendenden Gott her. Vgl. Perlitt, *Verborgenheit*; *Hermisson, Gott.*

[66] Nach der Andeutung von 17,15 (vgl. 1,11f.) auch wegen des Ausbleibens der angesagten Zukunft.

[67] Jer 2,13; dazu s. Anm. 22.

[68] Vgl. etwa Jer 15,10; 20,14ff. mit Hi 3; dazu Fuchs, *Klage*. Erst recht läßt sich das Hiobbuch mit einer Deutung der Religion wie etwa „die Weltwirklichkeit mit Sinn

Selbst innerhalb der Botschaft *eines* Propheten, erst recht *der* Prophetie oder gar des ganzen Alten Testaments besteht keine Einheit im Gottes-„bild“ oder in der Gottesvorstellung, wohl aber eine Kontinuität in der Ausrichtung, hier in der Anrede an ein „Du“.

VI. Prophetie und Weisheit: Jer 9,23f.

Bei den Propheten finden sich, wie jener Vergleich mit der vorbildhaften Ordnung in der Natur zeigt[69], zwar allerlei Anspielungen auf die Weisheit, die sie in ihre Botschaft einfügen, letztlich aber keine weisheitliche Denkstruktur. Sind bei allen Berührungen Weisheit und Prophetie – einmal als zwei Denkbewegungen genommen – nicht im Grunde *wesensverschieden*?

Die Spruchweisheit will Erfahrungen sammeln, nach Lebensregeln suchen, sie verdichtet in Worte fassen, um Gefahren zu meiden, einen „Rat“[70] zu erteilen. Dabei stößt sie im Blick auf Unvorhersehbares auf Grenzen menschlicher Einsicht: „Wie kann der Mensch seinen Weg verstehen?”[71] und warnt vor Überschätzung eigener Fähigkeiten, vor Überheblichkeit.[72] Der Prophet kann die Mahnung, sich nicht selbst für weise zu halten, aufnehmen und zur Anklage zuspitzen.[73]

Geht die Weisheit vom Unterschied zwischen dem Weisen und dem Toren, dem Gerechten und dem Frevler aus, so kann der Prophet diese Aufteilung auf zwei Gruppen aufheben, das Volk insgesamt schuldig nennen.[74] Erkenntnis fehlt über Gruppen, wie den Priestern, hinaus dem Volksganzen.[75]

Dabei redet der Weise von Gott in 3. Person („Der Mensch denkt – Gott lenkt“ Spr 16,9)[76], der Prophet hingegen – nach der

---

erfüllen“ kaum erfassen; zumindest erscheint Hiobs Leben (ihm) nicht sinnvoll erklärbar, wie es ja die Himmelsszenen voraussetzen.

[69] Vgl. Anm. 52 zu Jer 8,7.

[70] Vgl. den „Rat“ des Weisen gegenüber dem „Wort“ des Propheten Jer 18,18.

[71] Spr 20,24; vgl. 16,1.9 u. a.

[72] „Hochmut kommt vor dem Fall“ (16,18; vgl. 11,2; 18,12; 26,12 u. a.).

[73] „Rühme dich nicht ...“ (Spr 27,1); vgl. Jes 5,21; 14,12ff.; 28,1; Ez 28 u. a.

[74] Vgl. etwa Spr 15,8 gegenüber Jes 1,10f.; 6,5. Entsprechend sind ethische Forderungen der Weisheit Warnungen oder Mahnungen; den Propheten können sie als Schuldaufweis, so als Begründung für die angesagte Zukunft dienen. Der Weise kann die Tradition ergänzen, erweitern, sie so auch abwandeln, der Prophet kann sie umkehren (s. Anm. 53 zu Hos 1,9).

[75] Vgl. Hos 6,6; Jes 1,2f. u. a.

[76] Wie auch der Priester; vgl. etwa den aaronitischen Segen Num 6,22ff.

sog. Botenformel „So spricht Jahwe“ mit Berufung auf Gottes Autorität in seinem Namen – von Gott in 1. Person.

Haben die Schriftpropheten insofern aber nicht doch tiefe Gemeinsamkeiten mit den Weisheitslehrern, als beide die Absicht haben, Einsicht zu wecken – wenn auch einerseits in die Erfahrung, andererseits in die von Gott herbeigeführte Zukunft und die Situation der Zeit?

So können sich weisheitliche und prophetische Überlieferung durchdringen. Wie die Propheten weisheitliches Gedankengut aufgreifen, gibt es umgekehrt in Prophetenbüchern, zumal im Jeremiabuch, eine weisheitliche Überarbeitung prophetischer Überlieferung. So wird Jeremias Einsicht in „die Sünde Judas“, die „auf die Tafeln ihres Herzens“ aufgeschrieben ist (Jer 17,1), verallgemeinert zu der Aussage (17,9):

„Abgründig ist das Herz über alles
und heillos ist es – wer kann es ergründen?“

In einem solchen Fall[77] handelt es sich um einen doppelten Vorgang: Einerseits werden weisheitliche Einsichten unter Aufnahme prophetischer Botschaft verschärft. Andererseits werden prophetische Einsichten durch weisheitliche Aspekte verallgemeinert. Ist es gerade die Absicht dieser „Schicht“, die situationsbezogene, an bestimmte Adressaten ergangene prophetische Botschaft allgemein-menschlich, so zugleich situationsübergreifend-grundsätzlich, auch für andere, ja alle Zeit zu verstehen?

Eine solche Intention kommt zugespitzt zum Ausdruck in der Ergänzung Jer 9,23f.:

So spricht Jahwe:
„Ein Weiser rühme sich nicht seiner Weisheit,
und der Starke rühme sich nicht seiner Stärke,
ein Reicher rühme sich nicht seines Reichtums,
sondern dessen rühme sich, wer sich rühmen will:
zu verstehen und mich zu erkennen, daß ich Jahwe bin,
der Treue, Recht und Gerechtigkeit auf Erden wirkt;
denn an solchen (Menschen bzw. Handlungen)
habe ich Wohlgefallen,“
ist der Ausspruch Jahwes.

---

[77] Vgl. noch Jer 23,18 mit V. 22; auch Jer 17,5ff.; dazu Hos 14,9 u. a.

Menschliches „Sich-Rühmen", das zugleich ein „Sich-Verlassen auf"[78] enthält, ist ausgeschlossen; entscheidend ist nur die Erkenntnis Gottes sowie seines Wirkens. Dieses Handeln soll der Mensch anerkennen, sich dessen allein rühmen. Das Wort gleicht ein Stück weit eher einem *Sprichwort*[79], geht jedoch über die im Sprüchebuch zum Ausdruck kommende Weisheit hinaus, ist insofern von prophetischer Einsicht durchtränkt und mitgeprägt, als es in der Ichrede als Gotteswort[80] gestaltet und kontrastvoll formuliert ist. So kann das Alte Testament menschliches und göttliches Tun durch „nicht – sondern" gegenüberstellen: „Nicht uns, Jahwe, nicht uns, sondern deinem Namen gib Ehre!"[81] Ja, zumindest nach Voranstellung von Gen 1 und 2 ist für das Alte Testament die Unterscheidung von Werk Gottes und Tun des Menschen grundlegend.

VII. Ausklang: Abschließende Bemerkungen zum Zusammenhang von Altem und Neuem Testament

Den Abschluß sollen ein paar allgemeine – so die komplexe Sachlage auch ein wenig vergröbernde – Überlegungen bilden, die auf Zusammenhänge des Alten Testaments mit dem christlichen Glauben hinweisen möchten.

Das Erbe des Alten Testaments ist vielfältig. Ihm verdankt die Christenheit zunächst Texte, *Worte*, die sie weiterträgt, zumal *gottesdienstliche* Redeformen, wie das dreimal „Heilig"[82], den aaronitischen Segen[83] oder den Zuspruch von Gnade und Vergebung.[84] Ist der christliche Gottesdienst darum nicht der Ort, an dem die Fortgeltung des Alten Testaments für jedermann am deutlichsten wahrnehmbar wird? Bezeugen solche Worte, die Gottes Ehre besingen, Gnade und Segen zusprechen, nicht die Identität Gottes,

---

[78] Vgl. Ps 49,7 u. a.

[79] Auf Weisheitsstil deuten Vokabeln wie „weise / Weisheit", „verstehen / erkennen" hin. Dem gleichen Bereich sind „Stärke" (Koh 9,16), „Reichtum" (Spr 22,1; 11,28 u.ö.; 10,22: Reichtum als Gabe, nicht Leistung), „sich rühmen" (Spr 27,1f.; 25,14; 20,14) nicht fremd. Auch „Recht, Gerechtigkeit, Treue" sind – allerdings als menschliche Eigenschaften – in der Weisheit beheimatet (Spr 21,3.21 u.ö.). Nahe steht insbesondere Spr 21,30f. (vgl. 22,1f.). In Jer 9,22 ist wohl an drei menschliche Möglichkeiten und Wirklichkeiten des Eigenruhms gedacht.

[80] Vgl. vom Erkennen: Jer 22,15f.; vgl. Ez 20,12. Vom prophetischen Hintergrund her bildet Jer 9,22f. wohl das Vorbild für 1 Sam 2,10 LXX; 1 Clem 13,1; aufgenommen 1 Kor 1,31; 2 Kor 10,17; dazu SCHRAGE, *Brief*, 212ff.

[81] Ps 115,1; vgl. 100,3; Dtn 7,7f.; Sach 4,6; Dan 9,18f. u. a.

[82] Jes 6,3 (vgl. Ps 99) aufgenommen Apk 4,8.

[83] Num 6,24ff.; vgl. Ps 90,17; 121,8 u. a.

[84] Ps 32,1f.; 103,8ff.; 130,3f.; Jes 54,10; Klgl 3,31f. u. a.

statt Aufhebung vielmehr Bekräftigung und Vergewisserung alttestamentlicher Gottesaussagen?

Mancherlei *Erzählungen*, die vom Handeln und offen-ehrlich auch vom Scheitern des Menschen berichten, helfen, Lebenserfahrungen in ihrer Zwiespältigkeit beim Erproben des Glaubens im Alltag weiterzugeben. Die *Psalmen*, die als Gebet wie Lied weiterwirken, geben für wechselnde, gute wie schwere Situationen, Freude wie Angst, Gewißheit wie Zweifel hilfreich Sprache vor, um in Lob, Dank und Klage Höhen und Tiefen des Lebens auszusprechen, es zu verstehen oder gar zu bestehen. So werden neue Erlebnisse und Widerfahrnisse zugleich in einen Glaubens- und Lebenszusammenhang eingefügt.

Wie die Psalmen nicht alle in gleicher Weise nachsprechbar sind, so „gilt" der *Dekalog* nicht so ungebrochen wie jene im Gottesdienst weitergesprochenen Gnadenzusagen; ihm gegenüber besteht Bindung und Freiheit. Der Dekalog, der seinerseits im Alten Testament bereits den Rechtssammlungen zusammenfassend vorangestellt ist, wird im Neuen Testament bzw. in der christlichen Theologie noch einmal in dem – zwar dem Alten Testament entnommenen, von ihm aber noch nicht als Kern des Dekalogs gedeuteten – *Doppelgebot* der Liebe konzentriert.[85] Er enthält oder entfaltet so Konkretionen des Liebesgebots. Allerdings bleibt dabei nicht zu übersehen, daß er nicht nur auf zwischenmenschlicher Ebene orientieren möchte, vielmehr, bildhaft gesprochen, zwei – mit der Wendung zu Gott wie zu den Mitmenschen zusammengehörige – Tafeln aufweist.

Gewiß bezeugt das Neue Testament „Der Sabbat ist um des Menschen willen geschaffen" (Mk 2,27); aber eben die – in der Nachwirkung des Alten Testaments weltweit verbreitete – Wocheneinteilung erinnert mit einem siebten Ruhetag den Menschen zugleich zeichenhaft an die Begrenzung eigenen Handelns.

In seiner „Theologie des Alten Testaments" betonte *Gerhard von Rad* nach eigenem Zeugnis[86] geradezu die tiefen Einschnitte, „die fortwährenden Traditionsbrüche, die Neueinsätze, m.e.W. die unglaublichen Spannungen innerhalb der alttestamentlichen Überlieferungen", um so „auch bei dem Schritt vom AT zum NT genügend Raum" zu lassen, trotz und in der Diskontinuität Kontinuität zu entdecken. So suchte G. von Rad für den Übergang vom Alten zum Neuen Testament zugleich einen Ansatz beim Alten Testament selbst, die Ermöglichung von ihm her, und findet

[85] Dtn 6,5; Lev 19,18.34 bzw. Mk 12,28ff.; Mt 19,16ff. (in Weiterführung von Mk 10,17–22); Röm 13,8ff. u. a.

[86] Von Rad, *Antwort*, bes. 390.

sie nicht nur in der Offenheit des Alten Testaments[87], sondern in der Einsicht der Umbrüche mit dem Bekenntnis zur Identität im Wandel.[88]

Beim Nachdenken über den Zusammenhang der Testamente ist wohl nicht primär die Frage nach Kontinuität und Diskontinuität zu stellen, überhaupt nicht von einer Frage auszugehen, sondern zunächst – als grundlegende Einsicht – von dem im Neuen Testament ausgesprochenen *Bekenntnis* zur Identität Gottes, das in verschiedenen Wendungen zur Geltung kommt. Aus diesem Bekenntnis, insofern aus dieser Gewißheit, ergeben sich die Fragen.

Schon das Alte Testament bezeugt die Identität Gottes im Wandel der Gottesnamen und Zeiten – in der Anrede an Mose (Ex 6,2f.): „Ich bin Jahwe. Ich bin Abraham, Isaak und Jakob als El Schaddaj erschienen, unter meinem Namen Jahwe aber habe ich mich ihnen (noch) nicht zu erkennen gegeben."[89] Obwohl die (Erz-)Väter den Jahwenamen noch nicht kennen konnten, glaubten sie an den einen und denselben Gott; er erschien unter anderem Namen, insofern in verschiedener „Gestalt" oder Wahrnehmung, anders anrufbar. Zwei Phasen der Religionsgeschichte bzw. des Glaubens werden unterschieden, aber zugleich die Identität bekannt. Der „Charakter" Gottes bleibt – mit ihm die Eigenart, die Ausschließlichkeit des Glaubens.

Ist Gottes Identität nicht ähnlich im Wechsel vom Alten zum Neuen Testament mit der spannungsvollen Einheit von „Ja – Aber", von Übereinstimmung und Widerspruch zu bezeugen? Der Gottesname JHWH, der schon in späten Textbereichen des Alten Testaments[90] selbst zurücktritt, hört beim Übergang zum Neuen Testament auf. Die Identität kann aber auf andere Weise zum Ausdruck kommen; auf drei „Felder" des Glaubens sei andeutend hingewiesen:

---

[87] G. von Rad fand im Alten Testament eine „ruhelose Bewegung auf eine zunächst ausbleibende Erfüllung hin" (*Theologie*, 397). W. Zimmerli überschrieb in seinem „*Grundriß*" den Schlußabschnitt (§ 23) „Die Offenheit der Verkündigung des Alten Testaments".

[88] Umgekehrt formuliert: Für das Zwar-Aber, das Verhältnis von Zustimmung und Kritik, des Neuen Testaments gegenüber dem Alten findet sich schon im Alten Testament selbst Anhalt, zumal in der prophetischen Botschaft (etwa in der Kritik am Opfer, Tempel oder Verständnis der Erwählung; vgl. auch Jer 8,8f. u. a.).

[89] Vgl. Gen 17,1. Mit der Unterscheidung der Namen bei Bekenntnis zur Identität nimmt die Priesterschrift zwar nicht dem Wortlaut, wohl aber der Sache nach ihr vorgegebene Tradition auf, wie sie etwa Ex 3,6 (vgl. Gen 46,1–3 u. a.) bezeugt ist – d. h. bei Quellenscheidung in der elohistischen Schicht, anders in der jahwistischen Darstellung Gen 28,13 u. a.

[90] Wie in der Chronik, im Hiobbuch, beim „Prediger" Kohelet oder im sog. elohistischen Psalter (Ps 42–83).

a) Das Bekenntnis zum Schöpfer:

> *„Der Himmel und Erde – das Meer*
> *und alles, was in ihnen ist – gemacht hat“*[91]

wird zumal in der Apostelgeschichte ausdrücklich aufgenommen.[92] In solchen Gottesprädikationen, dem Bekenntnis zu dem „einen Gott“[93] dem Zeugnis vom „lebendigen Gott“[94] oder etwa auch Paulus' Selbstaussage von der Berufung „vom Mutterleib an“[95] kommt die Identität Gottes im Übergang vom Alten zum Neuen Testament zu Wort. Dabei ist schon vom Alten Testament her deutlich: Der Schöpfer ist zugleich der Retter und Erlöser.[96]

b) Für das Alte Testament ist der Geschichtsbezug des Glaubens grundlegend; in der Bindung der Feste an die Geschichte sah F. Heiler[97] „eine der größten Revolutionen der Religionsgeschichte“. Das „Gedenken“ als erinnerndes Bewahren[98] ist vom Festhalten eines Ursprungsmythos zu unterscheiden, da die Einmaligkeit des Ereignisses bewusst ist, die Vergangenheit aber grundlegende, erschließende Kraft für die Zukunft hat; zugespitzt geurteilt, kann nicht das Ereignis, wohl können ähnliche Erfahrungen wiederholt werden. Umgekehrt werden neue Erfahrungen[99] in einen geschichtlich bedeutsamen Zusammenhang gestellt.

Diese Verbindung von Glaube und Geschichte wird im Übergang zum Neuen Testament strukturell durchgehalten; in etwa an-

---

[91] Ps 146,6; ähnlich 115,15; 121,2; 124,8; Ex 20,11; als Bekenntnis Jon 1,9 u. a.

[92] Apg 4,24; vgl. 14,15; 17,24; ähnlich in Apk [4,11] 5,13; 10,6; 14,7; vgl. Röm 1,24; 4,17; 2 Kor 4,6 mit Gen 1,3; Ps 33,9.

[93] Mk 2,7; 10,17f.; 12,28ff.; Mt 4,9f; 6,24.33; 22,37f.; 23,9; 24,36; Röm 3,29f.; 11,36; 1 Kor 8,4.6; 12,(4–)6; 15,28 u. a.

[94] Vgl. Jer 2,13 (o. Anm. 23); Ps 42,2f. mit 1 Thess 1,9. „Lebendig“ heißt nach dem Alten Testament auch: kein unbeweglicher, vom Geschehen nicht betroffener, vielmehr auf es eingehender Gott ist, der sich insofern „wandeln“ kann, wie zumal die Aussage von Gottes „Reue“ bekundet. Vgl. Jeremias, *Reue.*

[95] Von Jeremias Berufungsgeschichte (Jer 1,5) nimmt das zweite Gottesknechtlied (Jes 49,1.5) den Zusammenhang von (a) Vorherbestimmung vor der Geburt, (b) Berufung für die Völker und (c) Verkündigung (statt wie ursprünglich beim Motiv „von Geburt an“: königlicher Herrschaft) und fügt einen vierten Aspekt hinzu: (nur) zum Heil (Jes 49,6 „Licht der Völker“ führt Jer 1,5b weiter). Diesen Motivzusammenhang greift Paulus (Gal 1,15f.) auf.

[96] Jes 43,1 u. a.

[97] *Erscheinungsformen und Wesen der Religion*, RM 1 (1961) 155.

[98] Die Identifikation der Geschlechter von damals und heute, früherer und gegenwärtiger Generation („unsere Häuser“ Ex 12,26; vgl. „heute“ Dtn 5,1.3; 30,15 u. a.) wird entsprechend im Abendmahl ausgesagt: „gegeben/ vergossen für dich / euch“.

[99] Die Offenheit für die Zukunft kommt in prophetischem Zeitverständnis Jes 43,18f. gegenüber Dtn 32,7 betont zum Ausdruck.

gedeutet in: Aus der Feier „zum Gedächtnis“[100], welche die bleibende Geltung für die Gegenwart bezeugt, wird im Neuen Testament: „zu meinem Gedächtnis“. Daß in der christlichen Theologie „die Rede ist vom Handeln Gottes in der Geschichte“ ist „vielleicht das bedeutsamste Erbe der alttestamentlichen Tradition“ urteilte R. Bultmann.[101]

Ist mit und in der „Struktur“ nicht wieder das Bekenntnis an den einen Gott bewahrt, der sich in der Geschichte auf neue Weise bezeugt? Dabei bietet das Wort „Struktur“ nur eine Problemanzeige, keine Darstellung des Sachverhalts; es wäre etwa auch durch „Eigenart“, „Wesensart“, „Charakter“ umschreibbar.

Von diesem Ereignis her sieht das Alte Testament gewiß teils anders aus, werden andere Schwerpunkte wahrnehmbar, manche Einsichten schärfer gesehen. So gibt das Neue Testament hermeneutische Anregungen; es stellen sich – auch historisch-kritischem Verständnis nach – andere Fragen nach dem Selbstverständnis des Alten Testaments.

Erschließt sich umgekehrt das neue – mit und in Jesus neu anbrechende – Geschehen nicht auch vom Alten Testament her? Eröffnet es nicht einen Deutungs- und Erwartungsrahmen? Wäre – allgemein gesprochen – in anderem kulturellen Raum, genauer gesagt: aus anderer Glaubensüberlieferung, die Wahrnehmung, Erfahrung oder „Begegnung“ nicht anders erfolgt und gedeutet worden?

Versteht man das Alte Testament als Interpretationshilfe der Begegnung mit Jesus, so ist auch umgekehrt zu bedenken: Die Deutung bzw. Blickrichtung regt zugleich zur Wahrnehmung an, läßt anders sehen, macht auf etwas aufmerksam. Insofern gehören Altes und Neues Testament bzw. ihre Betrachtung wechselseitig zusammen.[102]

c) Das Alte Testament greift schließlich selbst – etwa in der Nachkommenbelehrung[103] oder in der für wechselnde Situationen gedachten, sei es von vornherein so verfassten oder in der Sammlung später so gedeuteten Sprache der Psalmen – über die Ursprungssituation der Texte hinaus. Charakteristisch ist zumindest seit der prophetischen Botschaft die Ausrichtung auf Zukunft – mit der Hoffnung auf Gottes Herrschaft.[104]

---

[100] Ex 12,14; Dtn 16,3.12; Ps 111,4 u. a.

[101] *Glauben und Verstehen,* II (1952) 240.

[102] Vgl. W.H. Schmidt, *Hoffnung*, bes. 706f.

[103] Ex 12,26f. u. a.

[104] Seit Jes 2,17 bis Jes 24,23; 60,19f.; Sach 14,9 u. a. – In ihrer biblischen Gestalt ist auch die Väterüberlieferung weithin auf Zukunft bezogen.

Es kann, wie es auf einen neuen Exodus[105] oder ein neues Herz[106] ausblickt, ein neues, erweitertes Bekenntnis[107] erwarten. Die Hoffnung übergreift Israel[108] und geht – zumal mit dem Bekenntnis zu Gottes Macht auch über das Totenreich[109] – über den Tod hinaus bis hin zu der Erwartung: Der „König der Schrecken"[110] wird beseitigt: „Jahwe wird den Tod für immer vernichten."[111] Das Alte Testament stellt seine Glaubensüberlieferung mit der Schöpfung und der Bestimmung des Menschen – unabhängig von seiner Zugehörigkeit zu einer Gruppe oder Religion – als Gottes Bild in einen universalen Rahmen[112], kann wesentliche Aussagen generell formulieren[113] und hegt eine weltweit ausgreifende Hoffnung.

Ausdrücklich nimmt das Neue Testament die Hoffnung auf „einen neuen Himmel und eine neue Erde" auf.[114] Blickt der Christ darum nicht nur auf das Alte Testament zurück, sondern gemeinsam mit ihm, mit Altem und Neuem Testament, aus, nach vorne, vor-aus?

Alttestamentlicher Glaube hat vorgegebene mythische Überlieferungen oder Vorstellungen, etwa vom Gott als König im Kreis der Götter, in seinem Sinne tief umgestaltet, ursprünglich Fremdes sich so anverwandelt, daß es Eigenes ausspricht. So ist wie das Bekenntnis zum „Königtum" Gottes oder die Hoffnung auf das „Reich" Gottes etwa auch die Anrede „Vater" durch die (bes. im Ersten Gebot ausgesprochene) Ausschließlichkeit, damit alttestamentliche Glaubensgeschichte, geprägt – zumindest entspricht der metaphorische Gebrauch dieser Intention. So bekommt wiederum

---

105 Jes 43,16ff.; 52,12 u. a.

106 Ez 36,26; vgl. Jer 24,7; 31,33f.; Mal 3,24; Ps 51,12.

107 Jer 16,14f. = 23,7f.; vgl. Jes 48,20 u. a.

108 1 Kön 8,(43.)60. Die Hoffnung ist breit gestreut und hat verschiedene Gestalt (Ps 22,28f.; 83,19; 2 Kön 19,15.19; Jes 45,6.14.22f.; auch 2,2–4; 11,9; 19,21ff.; 25,6f. [in Ausweitung von Ex 24,10f.]; Jes 37,16.20; 42,4.6; 49,5f.; 55,3–5; Zeph 3,9f.; Sach 2,(11 bzw.)15; 8,20–22.23; 9,10; 14,9.16f. u. a.). Die Völker sollen Gottes Herrlichkeit sehen (Jes 40,5; 52,10).

109 Vgl. über die (s. Anm. 43) genannten Aussagen hinaus: Ps 22,30; die Hoffnung auf Vernichtung des Todes Jes 25,8 u. a. Psalmen bezeugen die Gemeinschaft mit Gott auch im oder beim Tod: „Doch bleibe ich stets bei dir" (Ps 73,23ff.; vgl. 49,16 u. a.).

110 Hi 18,14; vgl. Ps 94,20.

111 Jes 25,8; vgl. 26,19: „Deine Toten werden leben"; auch Dan 12,2.

112 „Während die Griechen mehrere Archegeten des Menschengeschlechts kennen, ohne sie miteinander zu verbinden, sehen die Israeliten in Adam den einzigen Stammvater aller Menschen. Wahrscheinlich hat der Glaube an den einen Gott diese Konzentration bewirkt." (SPEYER, *Genealogie*, bes. 1204)

113 Vgl. Dtn 8,3; Ps 8,5f.; 143,2 u.v.a.

114 In Weiterführung von Jes 43,18f.: 65,17; 66,22; 2 Petr 3,13; Apk 21,1.

die Unterscheidung von Werk Gottes und Tun des Menschen *in* allen Bereichen Geltung.

Literatur

ASSMANN, J., *Ägyptische Hymnen und Gebete*, in: ASSMANN, J. / CONRAD, D. / DELSMAN, W.C. / DIETRICH, M. / LORETZ, O. / ÜNAL, A. / WESSELIUS, J.W. (Hrsg.), *Lieder und Gebete II*, TUAT II/6, Gütersloh 1991.

BECK, M., *Elia und die Monolatrie,* BZAW 218, Berlin / New York 1999.

BEYERLIN, W. (Hrsg.), *Religionsgeschichichtliches Textbuch zum Alten Testament* = RTAT, ATD.E 1, Göttingen 1975.

DOHMEN, Ch., Art. *r^cc*, ThWAT VII (1993) 582–611.

FUCHS, G., *Die Klage des Propheten. Beobachtungen zu den Konfessionen Jeremias im Vergleich mit den Klagen Hiobs*, BZ 41 (1997) 212–228; 42 (1998) 19–38.

HERMISSON,H.-J., *Der verborgene Gott im Buch Jesaja*, in: BARTHEL, J. / JAUSS, H. / *Koenen*, K. (Hrsg.), *Studien zu Prophetie und Weisheit. Gesammelte Aufsätze*, FAT 23, Tübingen 1998, 105–116.

JEREMIAS, J., *Die Reue Gottes,* BThSt 31, Neukirchen-Vluyn [2]1997.

DERS., *Schöpfung in Poesie und Prosa des Alten Testaments*, in: *Schöpfung und Neuschöpfung*, JBTh 5, Neukirchen-Vluyn 1990, 11–36.

LEMAIRE, A., *Déesses et dieux de Syrie-Palestine d'après les inscriptions* (c. 1000–500 av.n.è.), in: DIETRICH, W. / KLOPFENSTEIN, M.A. (Hrsg.), *Ein Gott allein? JHWH-Verehrung und biblischer Monotheismus im Kontext der israelitischen und altorientalischen Religionsgeschichte,* OBO 139, Fribourg / Göttingen 1994, 127–158.

NORDHEIM, E. von, *Der große Hymnus des Echnaton und Psalm 104. Gott und Mensch im Ägypten der Amarnazeit und in Israel*, in: DERS., *Die Selbstbehauptung Israels in der Welt des Alten Orients. Religionsgeschichtlicher Vergleich anhand von Gen 15/22/28, dem Aufenthalt Israels in Ägypten, 2 Sam 7, 1 Kön 19 und Psalm 104*, OBO 115, Fribourg / Göttingen 1992, 155–184.

PERLITT, L., *Die Verborgenheit Gottes*, in: SPIECKERMANN, H. (Hrsg.), *Allein mit dem Wort. Theologische Studien*, Göttingen 1995, 11–25.

RAD, G. von, *Antwort auf Conzelmanns Fragen*, EvTh 24 (1964), 388–394.

DERS., *Theologie des Alten Testaments*. Band II: *Die Theologie der prophetischen Überlieferungen Israels*, KT 3, München [4]1965.

SCHMIDT, W.H., *Einsicht als Ziel prophetischer Verkündigung*, in: DIEDRICH, F. / WILLMES, B. (Hrsg.), *Ich bewirke das Heil und erschaffe das Unheil. Jesaja 45,7*, FzB 88, FS Lothar RUPPERT, Würzburg 1998, 371–396 = Zukunftsgewißheit und Gegenwartskritik. Studien zur Eigenart der Prophetie. BThSt 51, 2. erw. Aufl. Neukirchen-Whyn 2002, 111ff.

DERS., *Gott und Böses*, in: GRAUPNER, A. / DELKURT, H. / ERNST, A.B. (Hrsg.), *Vielfalt und Einheit alttestamentlichen Glaubens; Bd. II: Psalmen und Weisheit, Theologische Anthropologie und Jeremia, Theologie des Alten Testaments*, Neukirchen-Vluyn 1995, 267–282.

DERS., *Hoffnung auf einen armen König. Sach 9,9f. als letzte messianische Weissagung des Alten Testaments*, in: LANDMESSER, Ch. / ECKSTEIN, H.-J. / LICHtenberger, H. (Hrsg.), *Jesus Christus als die Mitte der Schrift*, BZNW 86, FS Otto Hofius. Berlin / New York 1997, 689–709.

Ders., *„Volk Gottes". Einsichten des Alten Testaments*, in: Wengst, K. / Sass, G. (Hrsg.), *Ja und nein*, FS Wolfgang Schrage, Neukirchen-Vluyn 1998, 211–222.

Ders., Zur Theologie und Hermeneutik des Alten Testaments: EvTh 62, 2002, 11–25.

Schrage, W., *Der erste Brief an die Korinther*. 1 Kor 1,1–6,11, EKK VII/1, Zürich / Düsseldorf / Neukirchen-Vluyn 1991.

Soden, W. von, *Einführung in die Altorientalistik*, Darmstadt 1985.

Speyer, W., Art. *Genealogie*, in: RAC IX (1976) 1145–1268.

Stoebe, H.-J., Art. *r*ᶜᶜ; in: THAT II (1976) 794–803.

Thiel, W., *Könige*, BK, Lieferung IX/2,1, Neukirchen-Vluyn 2000.

Würthwein, E., *Die Bücher der Könige*. 1. Kön 17–2. Kön 25, ATD 11/2, Göttingen 1984.

Zimmerli, W., *Grundriß der alttestamentlichen Theologie*, Stuttgart ^{4}1982.

Gott bei Philo von Alexandrien[1]

Dieter Zeller
(Mainz)

Man kann das Thema auf verschiedene Weise angehen. H. Braun hat z. B. eine inhaltlich geordnete Sammlung der philonischen Aussagen über Gott unter dem nicht sehr verlockenden Titel „Wie man über Gott nicht denken soll“ vorgelegt.[2] Gegenüber einer solchen Methode wird neuerdings betont, dass man besser auf die von Philo verwendeten literarischen Gattungen achten muss;[3] sofern es sich um Bibelkommentare handelt, sind die exegetischen Zusammenhänge zu berücksichtigen.[4] Wir wählen hier einen philosophiegeschichtlichen Einstieg. Der Gottesbegriff Philos, der sich so in der Verlängerung philosophischer Entwicklungslinien, aber auch in Abhebung davon ergibt, wird in Beziehung zu setzen sein zu dem biblischen. Am Schluss steht die Frage: Ist der Gott, von dem Philo redet, überhaupt „der Gott Israels“, wie ihn unsere Tagung als feste Größe voraussetzt?

I. Wie kommt der Mensch zum Gottesbegriff?

„Gott“ begegnet zunächst in der lebendigen Religion. Die Philosophie reflektiert darüber. In der griechischen Antike[5] haben zuerst die *Sophisten* Überlegungen darüber angestellt, wie die Menschen überhaupt zur Vorstellung von Göttern kamen. Die Absicht ist dabei durchaus religionskritisch. Prodikos von Kos[6] suchte den Ursprung der Religion in der Dankbarkeit des Bauern, der das Nahr-

---

[1] Der Beitrag geht auf ein Seminar zurück, das ich kurzfristig für die Tagung der Arbeitsgemeinschaft katholischer Neutestamentler in Leuven (3.–5.4.2001) übernommen habe. Vor dem gleichen Gremium hatte 10 Jahre zuvor G. SELLIN referiert (vgl. SELLIN, *Gotteserkenntnis*). Ich versuchte deshalb, die thematischen Schwerpunkte ergänzend zu diesem Aufsatz zu legen.

[2] Eine systematische Darstellung des Philosophen Philo gibt WOLFSON, *Philo*.

[3] Vgl. neuerdings NOACK, *Gottesbewußtsein*. Eine Einführung in Philo gibt BORGEN, *Philo*.

[4] Solche Kontextanalysen können hier nur knapp und im Kleindruck geboten werden; oder es wird auf Sekundärliteratur verwiesen.

[5] Vgl. die neueste Zusammenfassung von MANSFELD, *Theology*. In den Abkürzungen für antike Autoren und Philo folge ich LThK^3.

[6] DIELS / KRANZ, *Fragmente* 84 B 5, dazu Philod., piet., col. 19, vgl. HENRICHS, *Sophists*.

hafte und Nützliche für Götter hielt, aber auch die Menschen, die die Gaben der Natur zuerst kultivierten. Der Athener Kritias charakterisierte in einem Satyrspiel den gottlosen Sisyphos mit einer Lehre, wonach ein schlauer Gesetzgeber die Götter als Abschreckung für die Schlechten, wenn sie etwas heimlich tun, erfunden hat.[7] Der Schwindler habe die Götter dort wohnen lassen, woher die Ängste der Sterblichen kommen, aber auch die Hilfen für ihr mühseliges Leben: im Himmel. Gegen solche Theorien wendet der Skeptiker Sextus Empiricus, adv. math. 9,30f. ein, dass sie nicht erklären, wie die Gesetzgeber ihrerseits zu ihrem Gottesbegriff gelangten. Der Atomist *Demokrit* von Abdera hatte ähnlich wie diese Sophisten angenommen, dass die Alten hinter schrecklichen Himmelsphänomenen, aber auch hinter den von oben kommenden Wohltaten die Götter vermuteten, versuchte aber eine materialistische Erklärung für den hier vorausgesetzten Vorbegriff der Götter: Sie prägen sich dem Träumenden als riesige Abbilder ein.[8] An diese Anschauung konnte *Epikur* anknüpfen, er unterschied aber zwischen den verbreiteten falschen Annahmen (ὑπολήψεις vgl. Diog. Laert. 10,123f.) von Furcht erregenden Göttern, die die Welt regieren, und dem allen Menschen gemeinsamen reinen Vorbegriff (πρόληψις vgl. Diog. Laert. 10,33), der allerdings auch wieder durch Bilder vermittelt ist. Danach sind die Götter glückselige und unsterbliche Lebewesen. Die Menschen begehen nur den Fehler, dass sie die empfangenen Götterbilder mit Naturerscheinungen und Erlebnissen zusammenbringen, die ihnen Angst einjagen. Die Philosophiegeschichtler deuten diese Bilder subjektiv oder objektiv.[9]

Wir sehen also, dass die verschiedenen Ansichten über die Entstehung des Gottesglaubens noch keine Bejahung der Existenz der Götter implizieren. Zumindest bedarf nach den Epikureern die Gottesauffassung der Durchschnittsmenschen noch der Läuterung. Der Stoiker[10] Dio Chrysostomus hebt in seiner 12. (Olympischen) Rede die allen vernünftigen Wesen eingepflanzte Gottesidee von der erworbenen ab, die durch Dichtung, Gesetzgebung und bildende Kunst beeinflusst ist.[11] Auch Philo stellt einmal dem durch Erziehung überkommenen Gottesbegriff, der eher zum Aberglauben

---

[7] Diels / Kranz, *Fragmente* 88 B 25.

[8] Diels / Kranz, *Fragmente* 68 A 75, B 166.

[9] Mansfeld, *Theology* 472ff. mag sich nicht entscheiden.

[10] Zu den Stoikern vgl. Schofield, *Preconception*.

[11] Vgl. die kommentierte Ausgabe von Klauck, *Olympische Rede oder über die erste Erkenntnis Gottes*. Zum Sprachgebrauch näherhin 201. Mit ἐπίνοια wechselt ἔννοια, während ὑπόληψις mehr die daraus resultierende Wahrnehmung bezeichnet (deutlich § 39).

verleitet, den wissenschaftlichen Zugang zu Gott entgegen (praem. 40f.). Er steht in der aristotelisch-stoischen Tradition, in der sich vor allem der kosmologische Gottesbeweis in den Vordergrund schiebt.[12] Gegen eine Handvoll bekannter Atheisten musste man erst einmal dartun, dass die Existenz von Göttern eine Denknotwendigkeit darstellt. Die Stoiker fügten zum Gottesbegriff der Epikureer noch hinzu, dass Gott nicht nur glücklich und unvergänglich, sondern auch wohltätig gegenüber den Menschen ist.[13] Mit der Existenz Gottes steht zugleich auch immer seine Vorsehung auf dem Spiel. Die Welt braucht nicht nur einen ersten Beweger, sondern als komplexes sinnvolles Gebilde auch einen planenden Geist. Das Stichwort ist wie bei Philo ἔννοια θεῶν bzw. θεοῦ.[14] Die Frage, wie die Menschen eine solche Vorstellung von Gott „empfingen", fällt mit der Vergewisserung über seine Realität zusammen.

Aristoteles schrieb kurz nach dem Tod seines Lehrers Platon den Dialog „Über die Philosophie" (ca. 347–345). Darin gab er die Ideenlehre seines Meisters auf, hielt aber unter dem Eindruck des Timaios an einer religiösen Erklärung des Kosmos fest. Leider sind nur noch Fragmente aus späteren Zitaten erhalten.[15] Im dritten Buch kam Aristoteles auf die Quellen des Gottesglaubens zu sprechen. Nach dem Referat des Sext. Emp., adv. math. 9,20–22[16] entstand die Vorstellung von Göttern (ἔννοια θεῶν) in den Menschen aus zwei Ursachen, einer psychologischen und einer kosmologischen. Zur ersten Ursache schreibt Aristoteles etwa: Die Seele, die im Traum Vorahnungen des Künftigen hat und sich im Tod vom Leib ablöst, bringe auf die Idee von etwas für sich Seiendem, das der Seele gleicht und von allen Dingen am meisten weiß.[17] Der zweite Ursprungsbereich sind die μετέωρα, die Phänomene der Himmelszone.

---

[12] Vgl. Pease, *Caeli*; Festugière, *révélation* II.

[13] Vgl. Antipater von Tarsus, nach Plut., Stoic. rep. 38 (mor. 1051ef).

[14] ὑπόληψις begegnet zwar auch bei Philo, aber es meint weniger den allgemeinen Gottesbegriff als die aktuelle Wahrnehmung. Im Gegensatz zur Verwendung bei Epikur kann es durchaus positiven Klang haben, z. B. mut. 54 = virt. 216 von Abrahams Wahrnehmung Gottes. Das ohnehin nur zweimal belegte πρόληψις kommt nicht im Zusammenhang der Gotteserkenntnis vor. In stoischer Terminologie bezeichnet es den durch sinnliche Eindrücke gewonnenen Erfahrungswert (z. B. „weiß"), dem die eigentlichen ἔννοιαι des Geistes gegenüberstehen. Sie entstehen durch Belehrung oder Schlussfolgerung (vgl. Aet. 4,11,3 mit Diog. Laert. 7,52, wo der Gottesbeweis als Beispiel dient). ἀντίληψις – all. 3,97 im Zusammenhang der Gotteserkenntnis – steht bei Philo sonst meist im stoischen Sinn für sinnliches Erfassen.

[15] Vgl. Festugière, *révélation* II, 221–259.

[16] Vgl. Ross, *fragmenta* fr. 12a, wo aber math. 3 verdruckt ist. In der Loeb-Ausgabe wird adv. math. 9 als 1. Buch „Against the Physicists" gezählt.

[17] Philo erklärt so nie die Entstehung des Gottesbegriffs, verwendet aber in migr. 190 diesen Gedanken gegen die Weltimmanenz Gottes, wie sie die Stoiker lehren.

„Denn wie sie bei Tage die Sonne in ihrem Umschwung sahen, bei Nacht aber die wohlgeordnete Bewegung der übrigen Gestirne, glaubten sie, es gebe einen Gott, der der Grund (αἴτιον) solcher Bewegung und schönen Ordnung (εὐταξία) ist." (9,22)

Cicero, nat. deor. 2,95f. überliefert von Aristoteles ein Gedankenexperiment, das wohl auch in diesen Kontext gehört. Menschen, die unter der Erde wohnen, würden beim Anblick der oberirdischen Welt, besonders der Himmelsphänomene, spontan zum Glauben an Götter kommen und dies alles als ihr Werk erkennen (vgl. auch Tusc. 1,68–70).

Die *Stoiker*[18] gingen einerseits auf dem von den Sophisten eingeschlagenen Weg weiter, um die traditionelle Götterwelt zu erklären. Zur Vergöttlichung von Naturgaben (Persaios) und Naturgewalten kommt noch die Apotheose verdienter Menschen. Andererseits trägt neben dem psychologischen Beweis der kosmologische am meisten zur Klärung des Gottesbegriffes bei.[19] Der Anblick der gleichmäßigen Bewegung der Gestirne, die dazu noch nützlich und schön sind, führt darauf, dass das nicht zufällig so sein kann.[20] Bei Kleanthes folgt der Vergleich mit einem Haus, einem Gymnasium, einem Forum. Ihr belebtes Funktionieren kann nicht ohne Ursache gedacht werden. In einem Zitat des Sext. Emp., adv. math. 9,26f. vergleichen „einige" – es sind wohl frühe Stoiker[21] – den geregelten Lauf der Himmelskörper mit dem Heer der Griechen vor Troja und einem schön dahinsegelnden Schiff. Wie hier ein διατάσσων bzw. κατευθύνων angenommen werden muss, so suchten die Menschen, die den Himmel betrachteten, auch nach einem Verursacher seiner herrlichen Ordnung. Sie muss von einer höheren und unvergänglichen Natur bewirkt sein. Andere Argumente gebrauchen Bilder aus der Technik bzw. Kunst und schließen auf eine Ursache, die der Welt Bewegung und Gestalt verleiht (z. B. Sext. Emp., adv. math. 9,75).

Nun sind wir einigermaßen für *Philo* gerüstet. Er bringt den kosmologischen Schluss auf den Schöpfer in allen Kommentargattun-

---

18 Vgl. die Ausführungen des Q. Lucilius Balbus zur Existenz der Götter in Cic., nat. deor. 2,4–44; Sext. Emp., adv. math. 9,75–120.

19 Wenn Kleanthes in Cic., nat. deor. 2,13–15 die vier Quellgründe für die notiones deorum aufzählt, erscheint der vierte (ebd. 15) als „maxima".

20 Kleanthes bei Cic., nat. deor. 2,15 non esse ea fortuita; Sext. Emp., adv. math. 9,27 οὐκ ἐκ ταυτομάτου; Philo, praem. 42 οὐκ αὐτοματισθέντα; quaest. Gen. 2,34 οὐκ αὐτοματισθεῖσα. Vgl. spec. 1,35. Diese Belege fehlen alle in Borgen, *Index* 56.

21 Ross, *fragmenta* fr. 12b, Festugière, *révélation* II, 229f. reihen das Stück unter die Fragmente von Aristoteles „Über die Philosophie" ein, vielleicht wegen des gemeinsamen Stichworts εὔτακτος κίνησις.

gen (der *expositio legis* = EL, dem Allegorischen Kommentar = AK und in den *quaestiones et solutiones* = QS), freilich in verschiedenen Zusammenhängen. Ein erster ist durch das Stichwort „Sehen" bzw. „Auge" gegeben. Die Vorlage bildet Plat., Tim. 47a-c, wonach das Sehen die Ursache für den größten Gewinn, die Philosophie, ist.[22] Das schreibt Philo, opif. 53f. fast wörtlich aus. Hier ist aber noch nicht vom Gottesbegriff die Rede. Anders in den beiden folgenden Texten: In quaest. Gen. 2,34 kommt Philo anlässlich des Fensters der Arche (Gen 8,6) auf die Sinne zu sprechen, die gleichsam Fenster des Körpers sind. Besonders hervorgehoben wird das Sehen, das auch der Philosophie den Weg bereitet hat. Es führt den himmlischen Kosmos auf die souveräne Vernunft des Weltschöpfers zurück. In spec. 3,184–197 bietet das Ausschlagen des Auges beim Sklaven (Ex 21,26f.) den Anlass, um das Lob des Gesichtssinnes zu singen. Er hat zuerst die Heerstraßen im Äther erblickt und uns insofern die Philosophie zugeführt, als er diese Wunderdinge dem Verstand zeigte. Der folgerte daraus, dass sie durch den Gedanken Gottes entstanden sind, der für das Ganze wie für seine Teile Sorge trägt (185–189). Den Horizont dieses Geschehen bildet das Menschengeschlecht. Die Philosophie ist nicht das Privileg Israels. Es wird hier auch nicht unterschieden zwischen der Existenz und dem Wesen Gottes.

So aber in spec. 1,32–35 (ὕπαρξις).36–50 (οὐσία).[23] Innerhalb der wohl auch für Nicht-Juden gedachten EL setzt er den kosmologischen Gottesbeweis gegen Gottesleugner ein (vgl. spec. 1,32; 1,330 hat eine Gruppe vom Schlage des Kritias im Auge).

Bei der Behandlung der Einzelgesetze über die Alleinherrschaft Gottes (vgl. 1,12, decal. 155) wehrt Philo zunächst die Vergöttlichung von Himmelskörpern und die Verehrung Gottes in materiellen Bildern ab (1,13–20.21.27). Er geht aber auch in unausgesprochener Übereinstimmung mit Plato, rep. II gegen die von den Dichtern aufgebrachten mythischen Gottesvorstellungen an. Demgegenüber hämmert Mose (vgl. Dtn 6,4) ein, dass „ein Gott ist und Schöpfer und Macher des Ganzen"; neben θεός steht die zweite Gottesprädikation κύριος, die die feste Herrschaft Gottes über das Gewordene ausdrückt (1,30).

Durch die Anspielung auf Dtn 6,4 setzt Philo auch ein heilsgeschichtliches Vorzeichen für das Folgende. Die Erkenntnis, dass

[22] Vgl. RUNIA, *Timaeus* 270–276 zur Benutzung dieser Stelle bei Philo.

[23] Dem kommt in den doxographischen Handbüchern am nächsten Cic., nat. deor. 2,4–44 (Existenz, vgl. 2,3 esse deos).45–72 (natura, vgl. 2,3 quales sint). Sext. Emp., adv. math. 9,14–48.49–194 trennt zwischen νόησις bzw. ἐπίνοια und ὕπαρξις. Ähnlich Aet. 1,6 vs. 1,7, wo freilich mit der Existenz auch die Frage besprochen wird, wer Gott ist. Vgl. FESTUGIÈRE, *révélation* IV, 9–17 zum Ursprung der Terminologie.

Gott *einer* ist, zeichnet Abraham (vgl. virt. 216) und die „Hebräer" (virt. 34f.) aus, die von früher Jugend an in diesem Glauben erzogen wurden (praem. 162). Das kommt vor allem in den Schriften der EL zum Ausdruck. Diese Kenner Gottes sind aber keine geschlossene, durch Abstammung zusammengeschweißte Gruppe, wie gleich die angehängten Ausführungen über die Proselyten und die Renegaten aus dem jüdischen Volk (spec. 1,51–53.54–58) zeigen. Im AK ist die ἐκκλησία θεοῦ eine offene geistige Größe; sie umfasst alle Menschen, die den einen Schöpfer und Vater des Alls anerkennen und nur das sittlich Schöne für ein Gut halten. Ihnen kommt der eigentlich den Israeliten geltende Ehrentitel „Söhne Gottes" zu (conf. 144f.[24]). Die Lehre, dass Gott einzig ist, kann man aber schon dem Schöpfungsbericht entnehmen, wie Mose ihn aufgezeichnet hat (vgl. opif. 170f.). Sie liegt auch in der Konsequenz des platonischen, aristotelischen und stoischen Zugangs zu Gott über die Welt, denn die letzte aktive Ursache kann auch nur eine sein.[25] Und nach spec. 2,165 bekennen Hellenen und Barbaren das Dasein eines höchsten Vaters der Götter und Menschen (Homer) bzw. eines Werkmeister der gesamten Welt (Plato). Doch

> *„Was aus der bewährtesten Philosophie denen erwächst, die mit ihr Umgang haben, das (wird) durch Gesetze und Gebräuche den Juden (zuteil), das Wissen (ἐπιστήμη, vgl. praem. 41) von der höchsten und ehrwürdigsten Ursache von allem, wobei sie den Irrtum bezüglich der gewordenen Götter abstoßen …" (virt. 65)*

Zu Beginn unseres Abschnittes räumt Philo ein, dass dieser Vater und Führer aller Dinge schwer zu verorten und zu erfassen ist.[26] Dennoch ist seine Existenz mühelos zu erschließen, wie ein Werkstück den Werkmeister (δημιουργός) zu erkennen gibt. Es folgen mehrere Beispiele, darunter das uns schon von der Stoa bekannte des Schiffes und des Hauses. Typisch stoisch scheint auch die Auffassung der Welt als bestens funktionierender μεγαλόπολις, die geradezu notwendig auf den Gedanken eines Machers, Vaters und dazu noch Führers bringt. Anders steht es mit dem Begreifen

---

[24] Die aber viele Ursachen annehmen, unterscheiden sich in nichts von den „Söhnen der Dirne", die nach Dtn 23,3 aus der Gemeinde Gottes auszuschließen sind, vgl. spec. 1,331f. zu den Polytheisten.

[25] Das unterstreicht später Olympiodor: Vgl. die Einführung von Athanassiadi / Frede in *Monotheism* 11. Vgl. darin auch den Beitrag von Frede, *Monotheism*.

[26] Ein Echo auf Plato, Tim. 28c: „Also den Macher und Vater des Alls zu finden ist schwierig, und ihn nach dem Finden allen zu verkünden unmöglich". Vgl. Runia, *Timaeus* 111ff.

des Wesens Gottes. Zwar soll man sich um seine Erforschung bemühen (vgl. auch all. 3,84), aber seine Schau ist nicht einmal Mose möglich – trotz seiner bleibenden Sehnsucht (vgl. spec. 1,41–50). Als Gewinn steht am Ende die Erkennnis, dass Gott unfasslich ist.[27] Es ist also nicht so, als könnten heidnische Philosophen auf die Existenz Gottes kommen, der Vertreter des Judentums dagegen auch sein Wesen erfassen. Philo spielt nicht die jüdische Offenbarungsreligion gegen die natürliche Theologie aus, sondern macht am Gesetzgeber Israels die Transzendenz Gottes klar (dazu unten), und zwar als unerreichbares Ziel menschlichen Strebens.

Aber worin besteht dann der Vorzug Israels? Das wird exemplarisch auch wieder an Mose ersichtlich, dem in all. 3,95–103 Bezaleel, der Repräsentant inspirierter Kunst, gegenübergestellt wird. Er steht hier für die schattenhafte Gotteserkenntnis aus den Werken, wie sie die „besten Philosophen" beschrieben haben (97–99). Philo gibt hier deutlich zu, dass der stoisch gefärbte Gedankengang nicht auf seinem Mist gewachsen ist. Originell ist dagegen seine Konzeption von einer Gottesgewissheit, die nicht durch die gewordenen Dinge, sondern durch Gott selbst vermittelt wird. Philo liest sie aus der Bitte des Mose Ex 33,13 „Offenbare dich mir, damit ich dich erkennbar sehe" heraus.[28] Der Herausgeber der deutschen Übersetzung, I. Heinemann[29], merkt dazu allerdings an, dass § 100ff. der mittelstoischen Anschauung, bezeugt bei Sext. Emp., adv. math. 9,28, entspreche, „nach welcher die ersten Erfinder des Glaubens besonders begabte, durch ihre Verwandtschaft mit den Göttern zur intuitiven Erfassung des Göttlichen befähigte Menschen gewesen sind". Mit dem Mose von spec. 1,36–50 haben sie gemeinsam, dass sie danach trachten, die Natur des Göttlichen zu schauen, de facto aber seine δυνάμεις wahrnehmen, obwohl das bei Sext. Emp. nicht einschränkend gemeint ist. Diese Lehre schreibt man gewöhnlich, gestützt auf Sen., ep. 90[30], Poseidonius zu. Die Erkenntnis Gottes durch Gott selbst

---

27 Vgl. post. 13.15; zu Mose vgl. Zeller, *Charis* 99–103.

28 Das Verb ist ἐμφανίζειν; ἀποκαλύπτειν gebraucht Philo nie. Diese Stelle noch post. 13.16; fug. 164f.; mut. 8; spec. 1,41; quaest. Gen. 4,8.

29 Vgl. Cohn / Heinemann, *Philo* III, 117.

30 Nach § 5 war im goldenen Zeitalter die Herrschaft in der Hand der Weisen, wie Poseidonios lehrt. Die unmittelbar von der Erde hervorgebrachten Männer besaßen eine höhere Geistigkeit (44 = Sext. Emp.). Seneca stimmt ihm darin zu, dass „die ersten Menschen und ihre Nachkommen" unverdorben der Natur folgten (4), bestreitet aber, dass auch die technischen Fertigkeiten von der Philosophie bzw. diesen Weisen erfunden worden seien. Es ist nicht ganz klar, ob Poseidonios das, was § 27ff. als Aufgabe der Philosophie beschreiben – darunter auch die Erläuterung der Götterwelt –, auch ihnen zugewiesen hatte. Nach Seneca ist das erst spätere Leistung. Die Parallele

wird aber m.W. nirgends bei heidnischen Philosophen gelehrt[31]. Hier handelt es sich um eine feste Überzeugung von Gottes Existenz, wie sie nur Spitzenvertretern Israels möglich ist. Sie unterscheidet sich durch den Grad der Gewissheit, aber auch durch das Medium der Erkenntnis vom Weg von unten nach oben.

Philo kann beide Weisen der Erkenntnis Gottes auch an einer Figur der Bibel veranschaulichen, die zwei Typen in sich vereinigt: Jakob, der sich übt, wird in der Gottesschau vollendet.[32] Dem Vorgehen von unten nach oben, das immerhin „gotterfüllte Männer" (θεσπέσιοι) praktizieren (praem. 41f.), steht die Erfassung Gottes gegenüber, die keinen Vernunftschluss braucht. Zu diesen echten Dienern und Lieblingen Gottes gehört Jakob, der in seiner Vollendung „Israel", d. h. „Gott Schauender" heißt (praem. 43–46).

Eher stellt der induktive Weg zu Gott über den Kosmos, wie ihn Bezaleel verkörpert, eine allgemein-menschliche Möglichkeit dar. Philo betont aber im Kontext[33], dass auch sie sich göttlicher Begabung verdankt. Sowohl Bezaleel wie Mose werden „heraufgerufen".[34]

Die Gedankenkette beginnt in § 65: Es gibt Dinge, die an sich schlecht sind, wie die Lust, den Körper (Zusammenfassung 75). Gott hat aber auch in der Seele an sich lobenswerte „Naturen" geschaffen. Biblische Illustrationen dafür liefern Gestalten, die vor irgend einer Tat gelobt werden (Noah, Melchisedek, Abram); einige werden sogar schon vor der Geburt ausgezeichnet (85–89): Isaak, Jakob. Mit Jakob und Esau fängt Philo nun eine Reihe von Kontrastpaaren an, deren Schluss Bezaleel und Mose bilden. Das Resümee steht § 104ff.

Die Bibelstelle, von der er ausgeht, lautet nämlich: „Siehe ich habe heraufgerufen aufgrund des Namens Bezaleel … und ihn erfüllt mit dem göttlichen Geist der Weisheit und des Verstandes und des Wissens …" (Ex 31,1f.). Philo hebt darauf ab, dass dieser Ruf Gottes an Bezaleel erging, ohne dass vorher ein rühmenswertes Werk von ihm erwähnt würde (all. 3,95). Das Heraufrufen erfolgte

---

bei Sext. Emp. lässt aber vermuten, dass Poseidonios diese Aussage von den ersten Geistesheroen gemacht hatte.

31 Vgl. freilich den Beginn von Plut., Is. (mor. 351c): „Alle Güter, o Klea, müssen die Verständigen von den Göttern erbitten; besonders wenn wir uns auf die Suche nach dem Wissen um sie, soweit es Menschen erreichbar ist, machen, bitten wir darum, es von jenen selbst zu erlangen".

32 Zu Jakob-Israel vgl. Zeller, *Charis* 95–99. Im Zusammenhang von praem. 36–48 behandelt Philo die Preise für die verschiedenen Typen von Tugend, die durch Patriarchennamen angezeigt sind.

33 Dazu auch Zeller, *Charis* 173f; Radice, *Allegoria* 309–329.

34 ἀνακαλεῖν; leider übersetzt Heinemann nur „berufen". Zur Bedeutung des Verbums Zeller, *Charis* 100 mit Anm. 268.

„aufgrund des Namens".[35] Der Name Bezaleel bedeutet aber „im Schatten ist Gott";[36] dieser Schatten ist der Logos, der wiederum dem Menschen sein Gepräge gibt: Philo assoziiert Gen 1,27. Die Ebenbildlichkeit Gottes, die in seiner Geistigkeit besteht, ist nun aber die Grundlage für die Gotteserkenntnis, die § 95ff. schildert.

Dies entspricht sachlich der stoischen Lehre, wonach die Erkenntnis Gottes durch das mit Gott verwandte Element im Menschen, den νοῦς, ermöglicht ist[37]. Philo setzt den Akzent auf das göttliche Geschenk schon bei der Erschaffung des Menschen. Er kann das nicht nur mit Gen 1,27, sondern auch mit Gen 2,7 veranschaulichen. Indem Gott dem Gebilde aus Erde seinen Geist einhaucht, hat er jedem Menschen die grundsätzliche Möglichkeit, ihn zu erkennen, die ἔννοια αὐτοῦ eingegeben. Dadurch zieht er die Seele erst zu sich hinauf (all. 1,37f.; parallel det. 83–90).

> *„Wir können nun als Vertraute des Mose nicht mehr im Zweifel sein, wie der Mensch den Gedanken an den unsichtbaren Gott empfing ... Zwar schuf der Bewirkende dem Leib keine Seele, die von sich aus fähig wäre, den Schöpfer zu sehen; da er aber der Meinung war, das Geschaffene habe großen Nutzen davon, wenn es die Idee von seinem Werkmeister erhielte – denn er ist der Inbegriff von Glück und Seligkeit –, blies er ihm von oben von seiner eigenen Gottheit ein." (det. 86)*

Hier erfahren wir zugleich, dass Gott denken das allein Seligmachende ist (vgl. auch quaest. Ex. 2,51 und die Lebensverheißung Dtn 4,4 für die, die an dem wahren Gott festhalten, in spec. 1,31.345). Wenn der Gedanke an Gott gegen den Ansturm der sinnlichen Eindrücke in die Seele tritt, wird sie geheilt (vgl. all. 3,215) und geheiligt (quaest. Ex. 2,47Ende). Unsere Ausgangsfrage, wie der Mensch zur Idee Gottes kommt, erhält also soteriologische Relevanz.

Fassen wir zusammen: In deutlicher Abhängigkeit von Aristoteles und der Stoa hält Philo die Betrachtung der Welt in ihrer Ordnung für einen jedem Menschen gangbaren Weg, um zu der Erkenntnis des unsichtbaren Grundes zu gelangen, vorausgesetzt er bleibt nicht beim Sichtbaren stehen wie die Stoiker. Was Israel schon von Mose her weiß, wird so noch einmal abgesichert und ra-

---

[35] ἐξ ὀνόματος von HEINEMANN fallen gelassen.

[36] Zur Begründung dieser ursprünglichen Lesart HEINEMANN 116 Anm. 2 gegen COHN / WENDLAND, *opera*.

[37] Vgl. z. B. Dio Chrys. 12,27.

tional nachvollzogen. Dadurch wird der monotheistische Gottesglaube Israels aber auch für Nicht-Juden erschwinglich. An Gestalten der Heilsgeschichte verdeutlicht Philo freilich auch, dass Gotteserkenntnis ein gnadenhafter Prozess ist. Nicht nur ist die Idee von Gott dem Geist des Menschen von Anfang an eingehaucht, einigen besonders Würdigen ist auch gewährt, Gott in seinem eigenen Licht zu sehen.

II. Der Inhalt des Gottesbegriffs: Abwandlung platonischer und stoischer Anschauungen

Stellen wir noch einmal zusammen, wie der so erschlossene Gott in den besprochenen Texten umschrieben wird: Es ist der Macher und Vater (ποιητής καὶ πατήρ quaest. Gen. 2,34; spec. 1,34; 3,189), der Werkmeister des Alls (δημιουργός all. 3,99; praem. 42f.), der Vater und Führer (ἡγημών spec. 1,32.34), der Steuermann und Wagenlenker (κυβερνήτης καὶ ἡνίοχος quaest. Gen. 2,34; Abr. 70). Mit „Macher und Vater" nimmt Philo wörtlich Plat., Tim. 28c auf, wie er aet. 15 selbst bekennt. Der biblische Schöpfer (κτίστης καὶ ποιητής spec. 1,30, vgl. aber auch ποιεῖν in Gen 1,1 u.ö.[38]) wird dadurch dem Demiurgen des Timaiosmythos angeglichen. Dieser wird Tim. 28a mit τὸ αἴτιον eingeführt, eine von Philo vielfach gebrauchte Umschreibung für Gott in seinem Verhältnis zur Welt. „Vater" ist Gott in der Bibel eigentlich nur für Israel und die Israeliten, der von Plato angeregte Alexandriner verwendet die Metapher dagegen für den Erzeuger (γεννητής)[39] des Kosmos. Dass Gott ihn nicht nur hervorbringt, sondern auch fürsorglich regiert, betonen die Stoiker gegen die Epikureer. Der Ausdruck ἡγημών (z. B. Dio Chrys. 12,27)[40] ist aber bereits bei Plato, Phaidr. 246e für Zeus belegt. Im Phaidrosmythos finden wir auch das Bild vom Wagenlenker (ebd. 246a). Das bei Philo damit verbundene vom Steuermann stammt aus dem platonischen Mythos des Politikos (272e).[41] Biblischere Ti-

---

[38] Vgl. FOERSTER, W., Art. κτίζω, in: ThWNT 3 (1938) 999–1034, bes. 1022–1027. Philo weiß, dass κτίστης eher als δημιουργός das Hervorbringen von vorher nicht Vorhandenem bezeichnet: somn. 1,76. Zur umstrittenen Frage, ob er auch die Erschaffung der Materie lehrt, vgl. WOLFSON, *Philo* I, 300–310.

[39] Vgl. Plato, Tim. 37c ὁ γεννήσας πάτηρ; danach Max. Tyr. 11,9 πατὴρ καὶ γεννητὴς τοῦ ξύμπαντος. Die Beschneidung am Zeugungsorgan erinnert daran, dass er der wahre Vater ist, der die menschlichen Erzeuger durch seine Kräfte wie Puppen bewegt (quaest. Gen. 3,48Ende).

[40] Weitere einschlägige Stellen bei SIEGERT, *Philon* 65f.

[41] Zu beiden Bildern vgl. MÉASSON, *char.* In Politikos 273b wird Kronos auch Werkmeister und Vater genannt.

tel für die herrscherliche Macht Gottes sind bei Philo κύριος, das bekanntlich dem mit der Schöpfung verbundenen θεός gegenübersteht, und βασιλεύς,[42] daneben δεσπότης. Das Walten des „Vaters und Erhalters (σωτήρ)[43] der Welt und der Wesen in ihr" realisiert sich etwa darin, dass er die Vorfahren des Juden Philo in der Wüste ernährt hat (spec. 2,198f.). Die Begriffe sind zwar nicht speziell heilsgeschichtlich geprägt, können aber – besonders in der EL – im Kontext der Geschichte Israels eingesetzt werden. Typisch griechisch ist dagegen ihr Bezug auf das Weltganze.

Nicht mehr durch die Bibel gedeckt ist vollends die Auffassung von Gott als Weltseele (all. 1,91) bzw. νοῦς τῶν ὅλων (opif. 8; all. 3,29; gig. 40). Sie könnte von Plat., Tim. 30b[44] und Phil. 30d angeregt sein, noch mehr aber von der Stoa. Denn Philo wehrt sich zugleich gegen die Meinung der „Chaldäer", dass der Kosmos Gott als seine Seele umfasst (migr. 179ff.192f.; vgl. auch die Bezugnahme aet. 84). Gott geht nicht in dieser Welt als Seele auf. Er umfasst und erfüllt[45] zwar alles, wird aber von nichts umgriffen (vgl. all. 1,44; post. 14; conf. 136; migr. 182f.). Wenn es in diesem Zusammenhang heißt, dass er „Einer und Alles selbst ist", klingt das stoisch. Doch hat Philo die Aussagen der Stoa über die Welt auf den darüberstehenden Gott angewandt. Gott kann zwar – wie in der Stoa – durch alles „hindurchgehen" (all. 3,4), aber genau genommen tut er das durch seine Kräfte (conf. 136), vor allem durch sein θεός-Sein, durch das er alles festgesetzt hat (conf. 137 abgeleitet von τιθέναι), nicht aufgrund eines gemeinsamen materiellen Substrats. So ist er, wie auch ein modernes Kirchenlied unbiblisch formuliert, „überall und nirgends" (conf. 136.138), zugleich nah und fern (post. 20). Denn er steht „über Raum und Zeit" (post. 14), da er beides erst geschaffen hat.[46]

---

[42] Zur Unterscheidung der beiden hauptsächlichen „Gewalten" vgl. WOLFSON, *Philo* I, 217–225, II, 134–137; ZELLER, *Charis* 46ff. Zum Anhalt der Königsmetapher bei Plato vgl. MARKSCHIES, König bes. 403–408. Vgl. auch MÜLLER, *König*, bes. 26: zu Dio Chrys. 36,35 und Max. Tyr. 11,5.

[43] Der Ausdruck kann zwar biblisch fundiert sein, ist aber auch ein hellenistisches Epitheton für Götter und Könige, ebenso εὐεργέτης. Vgl. FOERSTER, Werner, Art. σῴζω, σωτήρ, in: ThWNT 7 (1964) 966–1024, 988f. zu Philo. Dieselbe Verwendung von „Vater und Erhalter" bei Dio Chrys. 12,74 in Bezug auf alle Menschen.

[44] In Tim. 34b-36b ist die Weltseele allerdings etwas Geschaffenes, das aber wegen seiner Vortrefflichkeit und Autarkie „seliger Gott" genannt wird. Nach RUNIA, *Timaeus* 204–208 vermeidet Philo den Begriff, überträgt aber Funktionen der Weltseele auf den Logos.

[45] Zu περιέχειν vgl. ARNIM, *fragmenta* II, 529.945; danach ist der Kosmos einer und enthält alle Dinge in sich. Zu πληροῦν vgl. Alkinoos, did. 165,1: Der erste Gott bzw. 170,6 die von ihm unterschiedene Weltseele erfüllt alles mit sich.

[46] Darin dass Gott die Zeit als Abbild der Ewigkeit zugleich mit der Bewegung der

Wenn Gott so in erster Linie als Ursache gefasst wird, so muss er die Seiendheit des von ihm Geschaffenen eminenter in sich enthalten. Es ist das „ehrwürdigste, älteste" (πρεσβύτατον z. B. mut. 15) Seiende der seienden Dinge. Die über den Kosmos wahrgenommene Existenz macht sozusagen seine „Natur" aus,[47] nicht sein Wesen an sich,[48] sondern wie er sich für den suchenden Menschen darstellt.

> *„Das wahrhaft Seiende ist nicht nur mit den Ohren, sondern mit den Augen der Vernunft aus den kosmischen Kräften und aus der zusammenhängenden und unaufhörlichen Bewegung unzähliger Werke wahrzunehmen und zu erkennen. Deshalb heißt es in dem größeren, Gott in den Mund gelegten Gesang: ‚Sehet, sehet, ich bin' (Dtn 32,39)."* (post. 167)

Die griechische Übersetzung von Ex 3,14 liefert Philo nun den Begriff, um diese Eigenheit Gottes zur Sprache zu bringen. Gott offenbart sich dem Mose als ὁ ὤν. Wenn Philo so Gott als „den Seienden" bestimmt, schafft er damit ein Pendant zu Plat., Tim. 27d. Der unterscheidet zwischen dem, was immer ist und keine Entstehung hat, und dem Gewordenen. Er denkt dabei an die unvergänglichen Ideen, die die Schönheit des Kosmos ausmachen. Diese Lehre war ein Markstein für die Abgrenzung der Mittelplatoniker gegen die Stoa und andere rivalisierende Schulen, und auch für Philo grundlegend.[49] Bei ihm wechselt freilich das neutrische τὸ ὄν (z. B. mut. 7ff.14) – mit dem personalen Seienden, den er mit dem Demiurgen aus dem Kontext von Tim. 28 identifiziert. Dieser ist nun nicht ein erstes Seiendes in einer Reihe von Seienden, vielmehr überträgt Philo auf ihn den Wirklichkeitsgrad der platonischen Ideenwelt: Er existiert in Wahrheit, was nach ihm kommt, nur dem Schein nach (det. 160); er ist das ὄντως ὄν (imm. 11, vgl. Plat., Phaidr. 249c). Mit Plato kann man negativ sagen: Gott ist un-

---

Himmelskörper schafft, folgt Philo wieder Plat., Tim. 37c-38c. Vgl. opif. 26; all. 1,2 und den ausdrücklichen Verweis in aet. 52; dazu Runia, *Timaeus* 215–222.

[47] Vgl. mut. 11 τῷ εἶναι πέφυκα; det. 160: Seine Tugend besteht in seinem wahrhaften Sein, er subsistiert als einziger im Sein – wie dann auch Thomas von Aquin sich ausdrückt.

[48] Zeller, *Philosophie* 400–406, bes. 403f. schildert sehr schön, wie die verneinende Richtung der philonischen Gotteslehre in der Bezeichnung Gottes als des Seienden ihre Spitze erreicht: „alle positiven Bestimmungen der Gottesidee sind beseitigt, und es ist nur das übrig gelassen, was nicht entfernt werden konnte, ohne das Dasein Gottes selbst zu leugnen." Dass der Name des Seienden allerdings „der einzige, welcher das Wesen Gottes, und nicht blos (sic!) eine seiner Wirkungen oder Kräfte bezeichnet", ist, sagt Philo so nicht.

[49] Runia, *Timaeus* 92ff.

geworden, unvergänglich, unveränderlich (all. 1,51).[50] Diese Verneinungen haben aber eine Bejahung, eine Vorstellung von der göttlichen Vollkommenheit, zur Voraussetzung.[51] Wenn die oberste Idee bei Plato die des Guten ist, so muss auch Gott das erste und vollkommenste Gute sein (sacr. 92; gig. 45; conf. 180); als solches bedarf Gott nichts und ist die Quelle[52] aller Güter, aber auch nur des Guten, nicht des Schlechten (spec. 1,277; 2,53; decal. 81). Auf solche Theodizee zielt ja auch die Gedankenfolge in Plat., Tim. 27d-29a.

Zugleich ist Philo aber bestrebt, Gott über den platonischen κόσμος νοητός hinauszuheben. Er ist ja dessen Schöpfer.[53] Wenn Gott alle Wesenheiten aus sich entlässt, muss er selbst das Unbestimmteste, Allgemeinste sein (τὸ γενικώτατον all. 2,86). Er ist ἄποιος.[54] In der Deutung des Manna auf die alles einbegreifende Washeit ist aber eine Tendenz zu beobachten, die paradigmatische Funktion für die Wesenseigenschaften des Geschaffenen auf den Logos zu verlagern.[55] Vergleichbares geschieht mit der platonischen Uridee des Guten und dem von den Neupythagoreern hochgehaltenen Prinzip des Einen bzw. der Einzigheit (μονάς), Inbegriffe, die Philo Gott generell durchaus beilegt. Er steigert aber Gottes Unerkennbarkeit dem Wesen nach, wenn er an einigen Stellen von Gott spricht als dem, was besser als das Gute, älter bzw. ehrwürdiger als die Monade und reiner als das Eine ist (praem. 40; vgl. opif. 8; quaest. Ex. 2,68; contempl. 2; Gai. 5). Damit scheint er sich jedem Versuch zu entziehen, seinen Gottesbegriff in eines der damaligen philosophischen Systeme einzuordnen.

Und doch folgt er einem im Mittelplatonismus typischen Zug, die Unzugänglichkeit des obersten Prinzips für menschliches Denken und menschliche Sprache herauszustellen.

---

[50] All. 2,33 bezeichnet die Unveränderlichkeit Gottes als sein ἴδιον. Nach Wolfson, *Philo* II, 130–138, Maas, *Unveränderlichkeit* und Mann, *Immutability* folgt er dabei aristotelischer Prädikatenlogik: Eine Eigenheit zeigt zwar nicht das Wesen einer Sache, hängt aber doch mit ihm zusammen. Im Unterschied zu anderen Qualitäten ist sie dem Subjekt exklusiv zu eigen. Ein anderes Proprium Gottes ist seine Aktivität: all. 1,5; cher. 77, aber auch seine Großzügigkeit im Schenken: mut. 138, vgl. 79.

[51] Zeller, *Philosophie* 404.

[52] Vgl. Zeller, *Notiz.* Auf der Suche nach der möglichen Herkunft des Bildes ist mir ein wichtiger Beleg entgangen: Max. Tyr. spricht in seiner Abhandlung über die platonische Theologie 11,11 davon, dass aus Gott, dessen Natur das Schöne ist, alle Schönheit fließt, gleichsam ἐκ πηγῆς ἀενάου καὶ ἀκηράτου. Vgl. damit etwa spec. 1,303.

[53] Vgl. Wolfson, *Philo I*, 204–210.

[54] Vgl. Wolfson, *Philo II*, 101–110; Sellin, *Gotteserkenntnis* 20 mit Anm. 12.

[55] Er wird all. 2,86 an zweiter Stelle; 3,174f. und det. 118 ausschließlich genannt. Eine Verteidigung der Existenz der Ideen spec. 1,327–329.

Am nächsten an Philo heran kommt, was Alkinoos (früher: Albinos, 2. Jh. n. Chr.) im 10. Kap. seines Lehrbuches über den πρῶτος νοῦς bzw. θεός schreibt: Er ist ἄρρητος (164,7f. nach Plato; 165,5) und nur mit dem Geist wahrnehmbar; obwohl das Gute, das Schöne, die Wahrheit, das Vatersein Aspekte dieses einen ewigen und vollkommenen Wesens wiedergeben (164,31f.), ist er doch nicht ἀγαθόν im Sinne einer Teilhabe am Guten (16,8f.); er ist weder ein ποῖον noch ein ἄποιον (165,10).

Philo (vgl. mut. 15; somn. 1,67; De Deo 4) ist allerdings der erste, der die negativen Prädikate ἄρρητος, ἀκατονόμαστος, ἀπερινόητος, ἀκατάληπτος verwendet.[56] Indem er so die Transzendenz Gottes herausstreicht, will er die jüdische Religion attraktiver machen. Doch auch in ihr bleibt das Geheimnis Gottes ein Geheimnis.

III. Eigentliche und uneigentliche Rede von Gott

Denn, wie wir schon sahen, sein Wesen tut Gott auch den Repräsentanten Israels nicht kund.[57] Auch wenn er auf die Frage nach seinem Namen sich dem Mose als der Seiende zu erkennen gibt, so versteht Philo das als Ablehnung jeglicher Benennung (mut. 11), weil Aussagen über das Sein ihm etwas hinzufügen würden (mut. 11; vgl. Mos. 1,75; somn. 1,230). Es gibt keinen Namen, der Gottes Wesen träfe, kein ὄνομα κύριον,[58] wie mut. 13 Ex 6,3LXX kunstvoll entnimmt.[59]

Dass κύριος hier für Jahwe steht, wird übergangen. Die Unsagbarkeit Gottes hat nichts mit dem Jahwe-Namen zu tun, den man nicht aussprechen darf. Das wäre ein ἀπόρρητον. Tatsächlich weiß Philo, dass das Tetragrammaton nur von den Priestern ausgesprochen werden darf (es ist nur denen erlaubt, es im Heiligtum zu hören und zu sagen, deren Ohren und Zunge durch Weisheit gereinigt ist: Mos. 2,114). Dagegen durchbricht Caligula dieses Verbot (Gai. 353). In Mos. 2,132 scheint Philo eher θεός mit den

[56] Vgl. Dillon, *Platonists* 155ff.; Ders., *Transcendence*; Whittaker, *Neopythagoreanism* macht auf das Zitat von Philolaos bei Philo, opif. 100 aufmerksam. Danach ist Gott nur sich selbst gleich, von allem anderen verschieden. Das passt gut zu der somn. 1,184 (vgl. quaest. Gen. 2,54) referierten Lehre. In Ders., *ΑΡΡΗΤΟΣ* verweist er noch auf Plat., Parm. 142a3 und ep. 7 341c5f. Das Buch von Montes-Peral, *AKATALEPTOS* ist philosophiegeschichtlich uninteressant. Vgl. meine Rez. in: SPA 2 (1990) 201–204.

[57] Übereinstimmend damit das Gottesbild des Mose nach Jos., c. Ap. 2,166f.: „durch seine Macht uns erkennbar, wie er aber seinem Wesen nach ist, unbekannt."

[58] Vgl. auch De Deo 4, wo Siegert, *Philon* ἴδιον καὶ κύριον mit Hilfe von mut. 14 rekonstruiert. Das spricht gegen die Unterscheidung der Adjektive, die Runia, *God* 210 Anm. 7, vorschlägt. Siegert, *Philon* 67 hält auch fest, dass Philo in Abr. 121 noch inkonsequent von dem inmitten seiner Kräfte erscheinenden Gott schrieb, dass er in den heiligen Schriften mit seinem eigentlichen Namen der Seiende genannt wird.

[59] Hierzu und zum Folgenden Runia, *Naming*; Ders., *God*.

vier Buchstaben zu verbinden, das ihm die Güte Gottes und seine gnädige Kraft einbegreift. Κύριος, die griechische Übersetzung des Jahwe-Namens, aber gebraucht Philo für die andere von Gottes Hauptkräften. Aus migr. 103 ist kaum zu schließen, dass Philo diese Übersetzung bewusst war.[60]

Und doch gewährt Gott dem Mose eine Möglichkeit, ihn anzureden. In Ex 3,15 offenbart er sich als κύριος ὁ θεός, d. h. nach Philo in seinen wichtigsten weltzugewandten δυνάμεις. Daran sind drei Väternamen gehängt, die Philo als drei Typen der Vervollkommnung interpretiert.[61] Aber auch diese Anrede (vgl. auch πρόσρησις an der Parallelstelle Mos. 1,76) kann nur „missbräuchlich" auf Gott, aber auch auf seine Kräfte angewandt werden. Denn auch diese sind ihrem Wesen nach unerkennbar.[62] „Katachrese" ist ein technischer Ausdruck der Rhetorik und Grammatik; Philo gebraucht ihn hier nicht im losen Sinn von Metapher, sondern streng. Er meint, dass einem Unbenennbaren ein Name beigelegt wird. Dass Gott dies Ex 3,15 doch erlaubt, wird an der Parallelstelle Abr. 51 mit seinem Mitleid mit den sterblichen Menschen begründet:

> *„Obwohl er keinen Namen braucht, schenkte er dennoch dem Menschengeschlecht eine passende Anrufung, damit sie ihre Zuflucht zu Bitten und Flehen nehmen könnten und nicht guter Hoffnung verlustig gingen."*

Es ist aber ein Name nur für diese Zeitlichkeit, wie Philo, mut. 12 wider den Sinn ὄνομα αἰώνιον auslegt, und nur für „Geschlechter", das heißt: gewordene Wesen. Verrät Philo hier ein Gespür für die Heilsgeschichte? Setzt er gar „dem Seienden" als dem Gott der Philosophen den Gott der Väter entgegen? Leider nicht, denn die Väter symbolisieren nur verschiedene Weisen, wie man zur Tugend gelangt.[63] Deshalb kommt auch „das Menschengeschlecht" (auch

---

[60] Anders McDonough, *YHWH* 82. Philo erwähnt aber an dieser Stelle das Tetragrammaton nicht.

[61] Dazu Zeller, *Charis* 83ff.

[62] Vgl. das argumentum a fortiori mut. 14f. zu dem Jakob Gen 32 erscheinenden Engel, den Philo als den Logos deutet, Gai. 6 und spec. 1,45–48. Ob er einen Unterschied macht zwischen ἄρρητος bezüglich des ältesten Seienden und οὐ ῥητός bezüglich des Logos (so Runia, *Naming* 78)?

[63] Vgl. Runia, *God* 213: Zwar denkt Philo bei Abraham, Isaak, Jakob, und später Mose an wirkliche, wenn auch exzeptionelle Menschen; aber der Text zeigt ihm kein besonderes Verhältnis Gottes zu Israel an. Mit seiner Erklärung, dass er der Gott Abrahams, Isaaks und Jakobs ist, bestätigt Gott nicht einen vorher geschlossenen Bund. Die Patriarchen werden wegen ihres hervorragenden Lebens geehrt. – Abr. 55 besteht sogar darauf, dass Gott nicht nach vergänglichen Menschen, sondern nur nach unvergänglichen Tugenden zu benennen ist.

mut. 12) in den Genuss dieser Anrede. Die im Genetiv der Väternamen ausgesprochene Beziehung macht gerade die Uneigentlichkeit der Rede aus. „Anstelle des Schlechthin (τὸ καθάπαξ) die Beziehung (τὸ πρός τι)“ (Abr. 51). Wenn Gott seinen Namen mit Menschen verbindet, so bedeutet das eine Auszeichnung. Aber

> *„Das Seiende, insofern es seiend ist, hat nichts mit Beziehung zu tun; denn es ist von sich selbst erfüllt und sich selbst genügend, sowohl vor der Entstehung der Welt wie nach der Entstehung des Alls in gleicher (Weise).“ (mut. 27)*

Philo merkt zu Gen 17,1 an, wo ihm das Wort an Abraham „Ich bin dein Gott“ (Gen 17,1) zunächst Schwierigkeiten bereitet (mut. 18f., vgl. gig. 64): Eigentlich ist Gott doch der Gott alles Geschaffenen, insofern θεός seine schöpferische Kraft signalisiert. Und noch eigentlicher gehört ihm alles, aber er gehört niemand (mut. 28). Deshalb kann die Selbstvorstellung Gen 17,1 nur wieder καταχρηστικῶς gesagt sein (mut. 27). In welchem Sinn, erklärt mut. 18f.

Was für seinen Namen gilt, gilt noch mehr für eine Rede von Gott mit zeitlich-räumlichen oder anthropomorphen Vorstellungen. Hier wird der philosophisch geläuterte Gottesbegriff kritisch eingesetzt. Bekanntlich steht Philo dabei in einer alexandrinischen Tradition, die mit Hilfe allegorischer Auslegung alles von Gott fernzuhalten versucht, was der Wortlaut der Bibel zwar suggeriert, aber seiner „Natur“ nicht gemäß ist.[64] Ein anderes Mittel, das Philo gebraucht, besteht darin, für Gott nicht geziemende Aussagen auf seine „Kräfte“ zu verlagern.

Manchmal widerspricht Philo auch schlankweg der Bibel, z. B. wenn sie von Gottes Reue oder Zorn spricht (imm. 21–32.52–69). Diese Wendungen implizieren eine Wandelbarkeit[65] oder ein πάθος[66] Gottes. Sie müssen entweder umgedeutet werden oder sie werden mit der pädagogischen Absicht Gottes

[64] Sacr. 91 (vgl. all. 3,204) sagt Philo z. B., dass der Schwur schon Zehntausenden als für Gott unpassend (ἀνοίκειον) erschien. Damit sind Ausleger wie Aristobul gemeint. Vgl. seine Textreste bei Walter, N., *Fragmente jüdisch-hellenistischer Exegeten*, in: JSHRZ III, 2 (1975), v. a. 270–273. Vgl. Dreyer, *Untersuchungen*. Obwohl der Sache nach schon vorher in der antiken Literatur vorhanden, ist der Ausdruck θεοπρεπές in dieser rational-ethischen Bedeutung erstmals bei Philo belegt (27). Er kommt dem ἴδιον τοῦ θεοῦ (s. Anm. 50) gleich (74 Anm. 233).

[65] Verpönt seit Plat., rep. 380d-381c.

[66] In Übereinstimmung mit den Stoikern schrieb Philo Gott jedoch εὐπάθειαι wie Wollen, Wohlwollen und Freude zu, wenn auch nicht im eigentlichen Sinn. Vgl. Winston, *Conception* 24–30.

entschuldigt, der nach Dtn 8,5 „wie ein Mensch seinen Sohn erziehen wird“. Vorrang hat aber der Num 23,19 ausgesprochene Leitsatz, dass „Gott nicht wie ein Mensch“ ist (vgl. sacr. 94–96; imm. 53f.; somn. 1,234–237; quaest. Gen. 2,54).

> So wenig wie das Gebären der ‚Natur‘ des Mannes entspricht, *„so wird auch das ‚wie ein Mensch‘ eigentlich von Gott ausgesagt, sondern es handelt sich um einen Missbrauch*[67] *von Namen, der unserer Schwachheit (gut) zuspricht. Entferne nun, o Seele, alles Gewordene, Sterbliche, Veränderliche und Unreine von dem Begriff (ἔννοια) des Gottes, der ungeworden, unvergänglich, unwandelbar, heilig und allein selig ist.“ (sacr. 101)*

IV. Der Gott Israels?[68]

Die richtige Vorstellung von Gott wird also durch Abstraktion gewonnen, indem man ihn aller Eigenschaften und Charaktere entkleidet (vgl. imm. 55). Was hat dieser abstrakte, beziehungslose Gottesbegriff noch mit dem in der Bibel bezeugten Gott zu tun, der sich an menschliche Verheißungsträger, ja an ein konkretes Volk bindet? Nun hat gerade die neuere Forschung die jüdische Sozialisation Philos wieder stark herausgearbeitet.[69] Aber welche Rolle spielt seine Verankerung im jüdischen Volk für sein theologisches Denken? Hier ist in der Tat die literarische Ausrichtung seiner Werke zu beachten.

Es fällt auf,[70] dass Ιουδαῖος im AK und den QS nicht vorkommt, dagegen meint es in der EL und den philosophisch-apologetischen Schriften das konkrete ἔθνος von Abraham bis in die Gegenwart, das sich von andern Völkern abhebt. Ἑβραῖος steht in der EL für das historische Volk der Bibel[71], es fehlt in den philosophisch-apologetischen Schriften. Im AK erscheint es hauptsächlich in sprachlichem Zusammenhang. Einmal (migr. 20) gibt Philo auch eine allegorische Erklärung. Ἰσραήλ dagegen begeg-

---

[67] LEISEGANG in COHN / HEINEMANN, Philo übersetzt κατάχρησις hier wohl unzureichend mit ‚Gebrauch‘. Es steht aber auch hier im Gegensatz zu κυριολογεῖν.

[68] Vgl. jetzt auch HAY, *Philo* 369–373.

[69] Vgl. nur MENDELSON, *Identity*. NIEHOFF, *Philo,* beschäftigt sich damit, wie Philo selber jüdische Identität „konstruiert“.

[70] Zum folgenden vgl. vor allem BIRNBAUM, *Place*; aber auch HARVEY, *Israel* 43–46; 219–223. Vgl. ferner in RUNIA, *Bibliography 1987–1996* die dort zitierten, aber mir nicht zugänglichen Studien von A. ARAZY (Nr. a7747), L. ROSSO-UBIGLI (Nr. 8950), V. GUIGNARD (Nr. 9338).

[71] So auch migr. 20.141; her. 128; fug. 168; mut. 117. Damit verbindet sich vorzugsweise λαός.

net fast nur im AK für den Stammvater Israels, der die Stufe der Gottesschau erreicht hat (so auch praem. 44) und so einen Typ von Menschen vorbildet. Birnbaum hat nun scharf herausgearbeitet, dass die „Söhne Israels" bzw. das Geschlecht der Gottseher nicht mit einer spezifischen sozialen Gruppe zu identifizieren sind. Nicht zufällig ist oft neutrisch von „dem, was Gott sieht" die Rede. Das gilt jedenfalls für den AK, der ohnehin für fortgeschrittene jüdische Leser bestimmt ist. Hier steht das Streben nach Vollkommenheit im Vordergrund, die offensichtlich nicht schon mit der Zugehörigkeit zum Volk Israel zusammenfällt. Der Übergang zum konkreten Volk wird jedoch in der EL deutlich. In Abr. 56 sind die Erzväter zwar nicht Ahnen eines Stammes (γένος), sondern einer Art (εἶδος) von Menschen.[72] Mit dem Zitat von Ex 19,6 fällt aber das Wort ἔθνος. Seine besondere Fähigkeit (δύναμις) gibt der etymologisch aufgeschlüsselte Name „Israel" an (Abr. 57). Auch in Mos. 2,196 ist „das sehende und wissende Geschlecht" völkisch gebraucht.[73] Die missionarisch offene EL legt freilich Wert darauf, dass zur Abstammung noch die sittliche Bewährung kommen muss (vgl. spec. 4,182; vgl. den Anhang über den Adel virt. 206–227). In der apologetischen Schrift Gai. 4 ist aber anscheinend „das schutzflehende Geschlecht, das sich dem Vater und König des Alls und der Ursache von allem zugelost hat" das gegenwärtige Volk Israel, das zur Schau des Göttlichen erzogen ist. In einem Nachtrag §§ 5–7 präzisiert Philo, in welchem Sinn das zu denken ist: als Wahrnehmung der göttlichen Kräfte.

Anknüpfend an das zu mut. 12f. (Ex 3,15) Gesagte soll das Problem an der Erwählung der Erzväter verfolgt werden. Abraham scheint die Erwählung schon in der Deutung seines Namens zu tragen, den er als wahrer Weiser und Gottesfreund statt Abram erhält. Philo dolmetscht ihn als „erwählter Vater des Tones" (πατὴρ ἐκλεκτὸς ἠχοῦς), bezieht das aber allegorisch auf den νοῦς des Tüchtigen, der die Rede hervorbringt. Ἐκλεκτός meint hier also so viel wie ausgezeichnet, hervorragend.[74] Zwar eignet sich Gott im Kontext der Namensänderung ihm zu mit „Ich bin dein Gott" (Gen 17,1), aber eigentlich gehörte Abraham ihm. Abraham vollzieht eine bewusste Wahl. Das mediale Verb προσκληροῦσθαι könnte zwar, wo es im Perfekt steht, auch passiven Sinn haben. In

[72] Hier ist Ex 19,6 „Königreich und Priestertum und ein heiliges Volk" Beiname für die Abkommen der Dreiheit. Der Schrifttext wird bei Philo (noch sobr. 65f.) und im Judentum selten bemüht: Harvey, *Israel* 221.

[73] Birnbaum, *Place* 55.124–126.154–158 gesteht zu, dass auch in QS das „sehende Geschlecht" bzw. „the chosen race" in wörtlicher Erklärung vorkommt und auf die „biblical nation" bezogen ist. Das sei aber untypisch und in vorgegebener Tradition begründet.

[74] Cher. 7 ἐπειλημμένος, gig. 62–64 ἐξειλεγμένος τε γὰρ καὶ κεκαθαρμένος, mut. 66–70: Das Beste ist im Geist des Weisen; vgl. quaest. Gen. 3,43; Abr. 82f.

gig. 64 meint es jedoch, dass Abraham sich Gott zu seinem Los erwählt:[75]

> *„Ein solcher (nämlich Abraham als τοῦ σπουδαίου λογισμός) hat sich dem einen Gott allein zuerlost, dessen Weggefährte werdend er einen geraden Pfad für das ganze Leben einschlägt, indem er die königliche Straße des einzigen Königs und Allherschers wählt, nach keinem anderen abweichend und abgelenkt."*

Dieser Synergismus ist typisch für den Lernenden, den Philo in Abraham sieht. Für ihn gilt:

> *„Wenn du Gott als Los deiner Vernunft haben willst, dann werde du selbst zuvor auf geziemende Weise sein Los." (mut. 26)*

Den Typ des von Natur aus Vollkommenen, den Isaak darstellt, wählt Gott dagegen schon vor der Geburt für das beste Los aus (all. 3,85). Ebenso gewährt Gott dem noch sich mühenden Jakob seine Bundesgenossenschaft (συμμαχία somn. 1,227), als er aber seiner Schau würdig war, hat er ihn sich selber „zuerlost" (somn. 2,227). Ähnliche Aussagen finden sich für den Priester, der – zwischen Gott und Mensch stehend – den Logos abbildet. Biblischer Haftpunkt ist Dtn 10,9, wo den Leviten verheißen wird, dass der Herr selbst ihm Los, „Erbe" sein wird (vgl. all. 2,51).[76]

Variationen über das Thema „Erbe" bietet plant. 46–72 im Anschluss an Ex 15,17f. Hier ist die Rede vom „Berg des Erbes", womit im biblischen Text der Sion gemeint war. Philo interpretiert es um auf das Geschaffene, in das die „Sehenden" eingepflanzt werden sollen. 52f. folgt eine Deutung auf das Gute bzw. den Logos. 54–61 setzt sich mit der Schwierigkeit auseinander, wie Gott selber ein Erbe haben kann. Die Lösung besteht darin, dass die Art der Gottsehenden als sein Erbe bestimmt wird. Das sagt Philo Dtn 32,7–9, wonach Israel im Unterschied zu den andern Völkern Gott zugeteilt wurde.[77] 62ff. bringt noch einmal eine Steigerung: Jetzt wird mit Dtn

[75] H. Leisegang in: Cohn / Heinemann, *Philo* übersetzt zwar προσκεκλήρωται mit „ist zugeteilt worden" und Birnbaum, *Place* 169–172 vermutet, Philo habe den Ausdruck absichtlich zweideutig gehalten. Aber in mut. 127; spec. 3,178 entspricht dem eine Aktivform mit Reflexivpronomen, in plant. 61 ein Medium. Ebenso medial ist das Perfekt im Kontext der Verehrung des einen Gottes spec. 4,159; virt. 34; praem. 162; Gai. 3. Ein solches aktives Erwählen des Menschen kennt auch das Alte Testament, innerhalb des deuteronomistischen Geschichtswerkes allerdings im Rahmen der vorausgehenden Entscheidung Gottes für sein Volk. Vgl. Wildberger, H., Art. bḥr, in: THWAT 1 (1971) 275–300, 297ff. S. auch die u. zitierte Stelle Dtn 26,17f. LXX mit αἱρεῖσθαι.

[76] Vgl. die Einführung von M. Harl zu her. in: Arnaldez u.a, *œuvres* 15, Paris 1966, 148f., bes. die Anm. 3 gen. Stellen.

[77] Parallele Gedanken zu Dtn 32,7–9 liest man post. 89–92; hier wird gleich auf die

10,9 und Num 18,20 Gott selber als das Erbe derer aufgewiesen, die gesonnen sind, ihm zu dienen.

Die Leviten stehen im AK für die Vernunft, die sich zu Gott flüchtet und Asyl bei ihm sucht. Diese hat Gott aus der Seele genommen, sich selbst zugelost und des Erstgeburtsrechtes gewürdigt (vgl. sacr. 118f.).[78]

Durch die allegorische Erklärung werden die biblischen Aussagen über die Erwählung der Patriarchen, des Priesterstandes, aber auch des Volkes Israel auf den Einzelnen bezogen, spiritualisiert und damit ihrer geschichtlichen Konkretion beraubt. Manchmal werden sie auch im ethischen Sinn umgedeutet.

Das lässt sich z. B. migr. 53–59 beobachten. Die Verheißung an Abraham, ihn zu einem großen Volk zu machen, wird auf die Fähigkeit gedeutet, in den Lehren der Tugend ebenso an Zahl wie an Größe zuzunehmen.[79] Entsprechend ist dann die Nähe Gottes zu seinem großen Volk (Dtn 4,6f.) seine Hilfe für die Wissenden, die seines Beistands würdig sind. Sich Gott nähern ist gleichbedeutend mit „dem sich Gott nähert“ (56–59). Und Dtn 7,7f., das von der Erwählung des winzigen Volkes spricht, wird auf die einzige Disposition der Seele ausgelegt, die von der rechten Vernunft geleitet ist.

Die Bundesformel „Ihr sollt mein Volk sein, und ich will euer Gott sein“ wandelt Philo auf den Einzelnen hin ab. Dass Gott nicht zögert, die Geeigneten für sich zum Dienst zu nehmen, belegt ihm Ex 6,7 und die gleichlautende Verheißung Lev 26,12 (sacr. 87). Das Lev 26,12 voraufgehende „Ich werde unter euch wandeln“ ist nach mut. 265f.; somn. 1,148 auf die Anwesenheit Gottes in den tugendhaften Seelen zu beziehen. Erstaunlicherweise zeigt Philo diese Tendenz zur Verinnerlichung auch in der EL. In deren abschließendem Werk über die Belohnungen und Strafen (praem.) interpretiert er die Ansagen von Segen und Fluch Lev 26 und Dtn 28, die ursprünglich das Volk Israel betreffen. Obwohl er hier auch das Kollektiv im Auge hat,[80] schwenkt er am Ende von den äuße-

---

„Völker der Seele“ abgehoben. Während die Engel die Tugenden zum Erbe erhalten haben, ist der Anteil Gottes das ἐπίλεκτον γένος Ἰσραήλ (der Ausdruck hat Anhalt an Ex 24,11, vgl. conf. 56; quaest. Ex. 2,38 u.ö. – vgl. Birnbaum, *Place* 125 Anm. 46; 133.154f.). „Denn der Gottsehende wird von prächtigster Schönheit gezogen dem Gesehenen zugelost und zugeteilt“. Hier liegt der passive Sinn nahe.

[78] Demgemäß ist προκεκληρωμένος θεῷ in den Aussagen über den Priester spec. 1,114 passiv zu nehmen.

[79] Vgl. ausführlich Birnbaum, *Place* 139f.; ähnlich quaest. Gen. 3,40.42, wo allerdings ein breiteres Auslegungsspektrum entfaltet wird.

[80] Vgl. Zeller, *Charis* 177ff.; Scott, *Philo*; Haacker, *Geschichtstheologie*.

ren und körperlichen Gütern doch auf den Geist um, der sich ganz und gar mit den Lehren der Weisheit befassen kann.

> *„Von diesem sagt der Prophet (Mose in Lev 26,12), dass Gott ‚in ihm wandle' wie in einem Königspalast ..., ‚dessen Gott' wird recht eigentlich der Gott aller genannt, und ein auserwähltes ‚Volk' wiederum ist dieser, nicht ein Volk für Einzelherrscher, sondern dem einen und wahrhaften Herrscher (gehörig), heilig dem Heiligen." (praem. 123)*

§ 124 wendet dann den Hinweis auf die Herausführung aus Ägypten im folgenden Vers Lev 26,13 auf die Befreiung des Geistes von Lüsten und Begierden an, eine bei Philo geläufige Umdeutung der Exodustat Gottes.[81] Auf dieser Ebene des allgemeinen Tugendstrebens gilt das Prinzip der gegenseitigen Wahl, das Philo in Dtn 26,17f. ausgesprochen findet:

> *„‚Erwähle dir heute Gott, dass er dir zum Gott sei, und der Herr hat dich heute erwählt, dass du ihm zum Volk werdest'. Sehr schön ist die gegenseitige Wahl, wobei der Mensch sich beeilt, das Seiende zu verehren, Gott aber auf der Stelle sich den Schutzflehenden vertraut macht und dem Wollen dessen, der echt und ehrlich sich zu seiner Verehrung naht, zuvorkommt." (virt. 184f.)*[82]

Hier zählt der Einzelne so viel wie ein Volk (virt. 185f.).

Die beobachtete Individualisierung ist schließlich auch an der Vokabel διαθήκη festzumachen.[83] Ihre Verwendung bei Philo lässt „keine auf das Heilskollektiv Israel gerichtete Bundestheologie erkennen".[84]

Das hängt damit zusammen, dass sie im AK – von dem Zitat Dtn 33,9 in det. 67 abgesehen – nur bei den Bundesschlüssen mit Noah, Abraham und Isaak vorkommt, die für Philo Typen des Gerechten und Weisen bzw. Vollkommenen darstellen. Auch Dtn 9,5, zitiert in sacr. 57, bezieht sich auf diese den Vätern zugeschworene διαθήκη. Auch das vermutlich allegorische Werk περὶ διαθήκων (vgl. mut. 53) wird kaum weiter ausgegriffen haben, da es sich mit den in mut. übersprungenen Versen Gen 17,6–14 befasste.[85]

---

[81] Vgl. ZELLER, *Charis* 60.75.

[82] Dazu ZELLER, *Charis* 62; BIRNBAUM, *Place* 150ff.

[83] Vgl. A. JAUBERT, *notion* 414–437; VOGEL, *Heil* 210–219; SCHWEMER, *Verhältnis* bes. 92–101.

[84] VOGEL, *Heil* 210. Auch BIRNBAUM, *Place* 158 folgert: „Philo never affirms that God chooses the nation Israel to enter into a covenant with Him."

[85] Anders SCHWEMER, *Verhältnis* 92: er habe wahrscheinlich auch Ex 24,7 interpre-

Die QS haben auch nur in den Parallelen zu diesen Bundesschlüssen mit Patriarchen längere Ausführungen zum Thema, dagegen nicht in quaest. Ex. 2,34 zum Bundesbuch oder in 2,36 zum Blut des Bundes (dort wird nur „Blut" interpretiert). In quaest. Ex. 2,106 liegt gar διαθήκη im Sinn von „Lade" zugrunde.

Vielmehr wird die Bundeszusage Gottes als Vermächtnis für Untadeligkeit oder als Qualifikation eines vorbildlichen Menschentyps eingesetzt.

Ersteres legt die Textfolge Gen 17,1f. nahe: Das Erbe des Weisen besteht in Gottes χάρις (mut. 51–53); mithilfe von Gen 17,4LXX, wo ein ἐγώ eingefügt ist, wird der Inhalt des Vermächtnisses als Gott selber, die Quelle aller Wohltaten, bestimmt (mut. 58). Ähnlich entnimmt eine erste Auslegung Gen 6,18, dass der Tugendhafte Erbe der göttlichen οὐσία (zweideutig: Besitz, Wesenheit) ist (quaest. Gen. 2,10).[86] Die Wohltaten können aber auch als Tugenden spezifiziert werden, wo es gilt, menschlichen Dünkel zu brechen (sacr. 57).[87] Schließlich fasst eine andere Interpretation von Gen 6,18 das Vermächtnis voll Wohltaten als Mitteilung von Gottes eigener Festigkeit, die sich als Logos konkretisiert (somn. 2,223, vgl. 237). Die Deutung auf den Logos bzw. die unkörperliche Ideenwelt findet sich auch in der quaestio zu Gen 17,1f.4 (quaest. Gen. 3,40.42) und in quaest. Ex. 2,106. Dabei spielt Philo mit dem Stamm τιθέναι (vgl. quaest. Gen. 3,42 συντεθειμένον). Wenn Gott seinen Logos in der Seele des Gerechten wie ein Kultbild aufrichtet (somn. 2,223), so bringt das auch eine Verpflichtung mit sich. Der Untadelige wird zum Hüter der göttlichen Vermächtnisse (quaest Gen. 3,40 φύλαξ). Vgl. det. 66f. φύλαξ καὶ ταμίας[88] τῶν ἀρετῆς δογμάτων, durch Dtn 33,9 erläutert; quaest. in Ex. 2,34 ist im Zusammenhang des Bundesbuches von solchen die Rede, die freiwillig ein Behälter des göttlichen Gesetzes und Hüter esoterischer Auslegung sind (vgl. auch ebr. 80).

Zweitens versteht Philo die Zusage einer göttlichen διαθήκη als Belobigung des von Natur aus Vollkommenen, wie das Beispiel Isaaks zeigt (vgl. all. 3,85ff. zu Gen 17,19; mut. 263 zu Gen 17,21). Wer von Geburt an ein guter Schüler Gottes, geschmückt mit vollkommenen Tugenden ist, ist im göttlichen Testament als Erbe eingetragen (quaest. Gen. 3,60 zu Gen

---

tiert, weil Philo, quaest. Ex. 2,34 auf eine detaillierte Behandlung des göttlichen Bundes zurückverweist. Die kann aber, wie SCHWEMER, *Verhältnis* 99 Anm. 132 selber sieht, auch vorher in den quaest. Ex. erfolgt sein.

[86] ZELLER, *Charis* 109f.

[87] Zum Zusammenhang ZELLER, *Charis* 112f.; BIRNBAUM, *Place* 134f. Verwandt ist die Identifikation der διαθήκη θεοῦ mit dem δίκαιον so aber dass der Gerechte sich selbst geschenkt wird (somn. 2,224), dazu ZELLER, *Charis* 153f.

[88] Das von Marcus, *Philo,* quaest. Gen. 3,40 (vor „guardian") mit „repository" übersetzte armenische Wort könnte ταμεῖον oder ταμίας wiedergeben, das COHN in DERS. / HEINEMANN, *Philo* auch her. 314 nach dem Bundesschluss mit der Landverheißung Gen 15,18 rekonstruiert. Philo liebt den Doppelausdruck „Wächter und Schatzmeister", der auch quaest. Ex. 2,34 zu vermuten ist.

17,21). Wie wenig das heilsgeschichtlich gedacht ist, kann man wieder daran ersehen, dass das „Menschengeschlecht" der Addressat solcher göttlichen Verfügung ist (mut. 263). Das Aufrichten des Bundes ist hier die Etablierung eines λογικὸν γένος das mit der διαθήκη identisch ist (quaest. Gen. 2,10).[89]

Das Bild, das wir nach dem AK und den QS gezeichnet haben, ist freilich einseitig. Zwar schreibt det. 68 das Dolmetschen und Erklären der Gesetze allgemein dem Tüchtigen (ἀστεῖος), von der Vernunft Geleiteten zu,[90] aber konkret ist doch Mose der „Hüter und Wächter des Mysterienkultes des Seienden" (plant. 26), der in die höheren Weihen einführende Hierophant. Das wird noch deutlicher in der EL, wo wir in Synonymen doch ein Äquivalent zum mosaischen Bundesschluss mit dem Volk Israel finden. In praem. 167 nennt Philo als entscheidenden Faktor der messianischen Zeit „die Besserung derer, die hingeführt wurden zu Bündnissen und Verträgen" (σπονδαὶ καὶ συμβάσεις). Die Hinführung zu einem gottgefälligen[91] Leben beruht aber auf der Gesetzgebung des Mose. So weiß Philo durchaus um den Vorzug Israels. Er deutet ihn aber in der EL als priesterliche Aufgabe für die ganze Menschheit (vgl. Mos. 1,149; spec. 2,163; in Abr. 98 kommt noch das Prophetenamt hinzu).[92] Das jüdische Volk wurde dem gesamten Menschengeschlecht gleichsam als Erstlingsgabe für den Schöpfer und Vater zugewiesen (spec. 4,180).

V. Theologische Anfragen

Der systematisierende Entwurf Philos wirft weitreichende theologische Fragen auf:

1. Ist die Hinführung zu Gott über die Einrichtung des Kosmos noch heute möglich?[93] Naturwissenschaftliche Erkenntnisse und Theorien machen sie fraglich, scheinen sie aber auch teilweise zu

---

[89] Das schließt Philo in einem zweiten Anlauf aus Gen 6,18, wo er – vielleicht in Verwechslung mit Gen 17,4 – μετὰ σοῦ zu lesen scheint (so MARCUS, *Philo*). Nach AUCHER und MERCIER, in: ARNALDEZ u. a., œuvres Bd. 34a setzt er nur σέ statt πρὸς σέ voraus.

[90] SCHWEMER, *Verhältnis* 100 ergänzt hier m. E. unrichtig Mose als Subjekt.

[91] In dem Vergleich „wie Söhne dem Vater gegenüber" klingt doch wieder heilsgeschichtliche Metaphorik an. Schon 166 war von der „Versöhnung mit dem Vater" die Rede.- SCHWEMER, *Verhältnis* 104f. verweist gegen VOGEL auf diese Stelle. Zu ihrem Kontext: vgl. ZELLER, *Charis* 178ff.

[92] Zu dieser Deutung des Jerusalemer Kultes vgl. ZELLER, *Charis* 123ff; vgl. jetzt UMEMOTO, *Juden*.

[93] Das meint z. B. DAVIS, *argument*.

bestätigen. Problematisch ist vor allem die von Anfang an (vgl. Xen., mem. 4,10) zugrundeliegende Anthropozentrik und Geozentrik (z. B. all. 3,99). Atomisten und Epikureer haben die heutigen Aporien oft schon vorweggenommen.

2. Um gegenüber dem stoischen Monismus die Transzendenz Gottes herauszustellen, verpflichtet sich Philo platonischem Dualismus. Bedeutet diese „geistige Überweltlichkeit Gottes", der allein wahrhaft existiert, dass die Existenz des Menschen ... vernichtigt wird? Verzehrt der „philonische Gott, konsequent genommen ... gewissermaßen alles, was nicht er selber ist, mit seiner Überwirklichkeit"?[94]

3. Der auf dem Weg über den Kosmos gewonnene philosophische Gottesbegriff scheint schwer vereinbar mit dem biblischen, wonach sich Gott in der Geschichte selbst engagiert. Dass Gott immer der Gott von jemand ist, stellt ein religionswissenschaftliches Primärphänomen dar.[95] Bedeutet Relationalität aber auch Relativität, wie das Philo insinuiert? Wenn im menschlichen Bereich Beziehungsfähigkeit eine Person stärker, nicht schwächer macht, müsste das für die Personalität Gottes a fortiori gelten.[96]

4. Dass Gott auch der Gott eines bestimmten Volkes, hier: der Gott Israels, ist, erscheint ambivalent. Philo-Exegeten wie Neutestamentlern ist heutzutage viel an der Kontinuität mit dem Gottesvolk des Mose gelegen, was auch immer die Gründe dafür sein mögen. Andererseits kann so Gott auch nationalistisch missbraucht werden, eine Öffnung des Konzeptes, wie sie schon bei Philo zu beobachten ist, scheint unumgänglich.

Literatur

ARNALDEZ, R. u. a. (ed.), *Les œuvres de Philon d'Alexandrie*, 36 Bd., Paris 1961ff.

ARNIM, H. von (Hrsg.), *Stoicorum veterum fragmenta*, 4 Bd., Stuttgart 1905, Nachdruck 1978.

ATHANASSIADI, P. / FREDE, M. (ed.), *Pagan Monotheism in Late Antiquity*, Oxford 1999.

BIRNBAUM, E., *The Place of Judaism in Philo's Thought,* BJS 290, Atlanta 1996.

BORGEN, P., *Philo of Alexandria. An Exegete for His Time*, NT.S 86, Leiden 1997.

–, u. a., *The Philo Index*, Leiden 2000.

BRAUN, H., *Wie man über Gott nicht denken soll: dargelegt an Gedankengängen Philos von Alexandria*, Tübingen 1971.

94 Dies der Einwand BRAUNS, *Wie* 6f. 23 gegen Philo.

95 Vgl. VORLÄNDER, *Gott* zur altorientalischen Vorstellung vom „persönlichen Gott".

96 Hier ist der philosophische Ansatz von E. LEVINAS hilfreich.

Cohn, L. / Heinemann, I. u. a. (Hrsg.), *Philo von Alexandria. Die Werke in deutscher Übersetzung,* 6 Bd., Berlin ²1962.

Cohn, L. / Wendland, P. u. a. (Hrsg.), *Philonis Alexandrini opera quae supersunt,* 7 Bd., Berlin 1896ff., Nachdruck 1962.

Davis, J.J., *The design argument, cosmic „fine tuning", and the anthropic principle*, IJPhR 22 (1987), 139–150.

Diels, H. / Kranz, W. (Hrsg.), *Die Fragmente der Vorsokratiker*, 3 Bd., Zürich / Hildesheim ⁶1951, Nachdruck 1985.

Dillon, J., *The Middle Platonists*, London 1977.

–, *The Transcendence of God in Philo: Some Possible Sources* (1975), abgedruckt in: Ders., *The Golden Chain*, Aldershot 1990, Nr. IX.

Dreyer, O., *Untersuchungen zum Begriff des Gottgeziemenden in der Antike,* Spudasmata 24, Hildesheim / New York 1970.

Festugière, A.J., *La révélation d'Hermès trismégiste.* II Le dieu cosmique, Paris 1949.

–, *La révélation d'Hermès trismégiste.* IV Le dieu inconnu et la gnose, Paris ²1954.

Frede, M., *Monotheism and Pagan Philosophy in Later Antiquity*, in: Athanassiadi / Frede, *Monotheism* 41–67.

Haacker, K., *Die Geschichtstheologie von Röm 9–11 im Lichte philonischer Schriftauslegung*, NTS 43 (1997), 209–222.

Harvey, G., *The True Israel,* AGAJU 35, Leiden 1996.

Hay, D., *Philo of Alexandria*, in: Carson, D.A. / O'Brien, P.T. / Seifrid, M. (Hrsg.), *Justification and Variegated Nomism. I. The Complexities of the Second Temple Judaism*, WUNT II 140, Tübingen / Grand Rapids 2001, 356–379.

Henrichs, A., *The Sophists and Hellenistic Religion*, HSCP 88 (1984), 139–158.

Jaubert, A., *La notion d'alliance dans le judaisme aux abords de l'ère chrétienne,* PatSor 6, Paris 1963.

Klauck, H.J. (Hrsg.), *Olympische Rede oder über die erste Erkenntnis Gottes.* Dion von Prusa, SAPERE 2, Darmstadt 2000.

Maas, W., *Unveränderlichkeit Gottes,* PaThSt 1, München 1974.

Mann, W.E., *Immutability and Predication: What Aristotle taught Philo and Augustine*, IJPhR 22 (1987), 21–39.

Mansfeld, J., *Theology*, in: Algra, K. u. a. (ed.), *The Cambridge History of Hellenistic Philosophy*, Cambridge 1999, 452–478.

Marcus, R., *Philo, Supplement*, 2 Bd., London / Cambridge Mass. 1953.

Markschies, Ch., *Platons König oder Vater Jesu Christi?*, in: Hengel, M. / Schwemer, A. M. (Hrsg.), *Königsherrschaft Gottes und himmlischer Kult,* WUNT 55, Tübingen 1991, 385–439.

McDonough, S.M., *YHWH at Patmos,* WUNT II 107, Tübingen 1999.

Méasson, A., *Du char ailé de Zeus à l'Arche d'Alliance*, Paris 1986.

Mendelson, A., *Philo's Jewish Identity,* BJS 161, Atlanta 1988.

Montes-Peral, L.A., *AKATALEPTOS THEOS,* ALGHL 16, Leiden 1987.

Müller, K.W., *König* und Vater, in: Hengel, M. / Schwemer, A.M. (Hrsg.*), Königsherrschaft Gottes und himmlischer Kult*, WUNT 55, Tübingen 1991, 21–43.

Niehoff, M.R., *Philo on Jewish Identity and Culture,* TSAJ 86, Tübingen 2001.

Noack, Ch., *Gottesbewußtsein,* WUNT II 116, Tübingen 2000.

PEASE, A.S., *Caeli enarrant*, HThR 34 (1941), 163–200.

RADICE, R., *Allegoria e paradigmi etici in Filone di Alessandria*, Milano 2000.

ROSS, W.D. (ed.), *Aristotelis fragmenta selecta,* Oxford 1955, Nachdruck 1974

RUNIA, D.T., *Philo of Alexandria and the Timaeus of Plato,* PhAnt 44, Leiden 1986.

–, *Naming and Knowing*, in: *Exegesis and Philosophy. Studies on Philo of Alexandria*, Aldershot 1990, Nr. XI (1988).

–, *God of the Philosophers, God of the Patriarchs: Exegetical Backgrounds in Philo of Alexandria*, in: DERS., *Philo and the Church Fathers*, VigChr.S 32, Leiden 1995, 206–218.

–, *Philo of Alexandria: An Annotated Bibliography 1987–1996*, Leiden 2000.

SCHOFIELD, M., *Preconception, Argument and God*, in: DERS. / BURNYEAT, M. / BARNES, J. (ed.), *Doubt and Dogmatism*, Oxford 1980, 283–308.

SCHWEMER, A.M., *Zum Verhältnis von Diatheke und Nomos in den Schriften der jüdischen Diaspora Ägyptens in hellenistisch-römischer Zeit*, in: AVEMARIE, F. / LICHTENBERGER, H. (Hrsg.), *Bund und Tora*, WUNT 92, Tübingen 1996, 67–109.

SCOTT, J.M., *Philo and the Restoration of Israel*, SBL.SP 34 (1995), 553–575.

SELLIN, G., *Gotteserkenntnis und Gotteserfahrung bei Philo von Alexandrien*, in: KLAUCK, H.-J. (Hrsg.), *Monotheismus und Christologie*, QD 138, Freiburg 1992, 17–40.

SIEGERT, F., *Philon von Alexandrien. Über die Gottesbezeichnung „wohltätig verzehrendes Feuer“ (De Deo)*, WUNT 46, Tübingen 1988.

UMEMOTO, N., *Juden, „Heiden“ und das Menschengeschlecht in der Sicht Philons von Alexandria*, in: FELDMEIER, R. / HECKEL, U. (Hrsg.), *Die Heiden. Juden, Christen und das Problem des Fremden,* WUNT 70, Tübingen 1994, 22–51.

VOGEL, M., *Das Heil des Bundes,* TANZ 18, Tübingen / Basel 1996.

VORLÄNDER, H., *Mein Gott*, AOAT 23, Neukirchen-Vluyn 1975.

WHITTAKER, J., *Neopythagoreanism and the Transcendent Absolute*, SO 48 (1973), 77–86.

–, *ΑΡΡΗΤΟΣ ΚΑΙ ΑΚΑΤΟΝΟΜΑΣΤΟΣ*, in: BLUME, H.-D. / MANN, F. (Hrsg.), Platonismus und Christentum, FS Heinrich DÖRRIE, JAC.E 10, Münster 1983, 303–306.

WINSTON, D., *Philo's Conception of the Divine Nature*, in: GOODMAN, L.E. (ed.), *Neoplatonism and Jewish Thought,* Studies in Neoplatonism 7, New York 1992, 21–42.

WOLFSON, H.A., *Philo*, 2 Bde., Cambridge, Mass. ⁴1968.

ZELLER, D., *Charis bei Philon und Paulus*, SBS 142, Stuttgart 1990.

–, *Notiz zu den „immerfließenden Quellen der göttlichen Wohltaten“*, SPA 5 (1993), 93f.

ZELLER, E. von, *Die Philosophie der Griechen III 2* (⁵1923), Nachdruck Darmstadt 1963.

Der Gott Jesu und die Aufhebung der Grenzen

Jacques Schlosser
(Straßburg)

Wie die neuere und jüngste Jesusforschung mehr denn je betont, ist Jesus ein Sohn seines Volkes. Er steht in der Tradition der heiligen Schriften Israels, und sein Verhältnis zum Frühjudentum sollte zunächst nicht im Modus der Konfrontation angegangen werden, sondern als Mitgliedschaft: Jesus *innerhalb* des Judentums[1].

Das gilt zuerst und vor allem für das Gottesbild Jesu: der Gott Jesu ist ein vertrauter Gott. Da zum Thema ein breiter Konsens besteht, wird es wohl ausreichen, wenn ich hier die Hauptzüge der Kontinuität in der Gottesfrage kurz in Erinnerung bringe[2]. Jesus beruft sich klar auf den „Gott Abrahams, Isaaks und Jakobs" (Mk 12,26). Er bekennt ihn als den einzigen (Mk 10,18; 12,29), und zitiert seine heiligen Gebote (Mk 7,10; 10,19; 12, 28–30; Mt 5,21.27), durch welche er Anspruch erhebt auf den ganzen Menschen bis in die Tiefe seiner Seele und seines Herzens. Dieser Ausschließlichkeitsanspruch Gottes erscheint in seiner ganzen Größe erst durch seine Verbindung mit dem eschatologischen Gericht, und für das Gericht ist nur Gott zuständig, wenn er es auch durch Agenten ausführen läßt[3]. Der Gerichtsgedanke läßt sich nämlich aus dem Gottesbild Jesu nicht wegdenken. Obwohl Jesus keine Gotteslehre vorträgt und kaum eine abstrakte Sprache benutzt, sind die Grundeigenschaften Gottes in Jesu Verkündigung erwähnt: neben der schon genannten Einzigkeit, finden wir unschwer die Macht Gottes (Mk 12,24; siehe 10,27; 14,36; Q 12,5), seine Allwissenheit (Mk 13,32; Q 12,30; Mt 6,4.6.18; Mt 6,7–8; Lk 16,15), seine Güte (Mk 10,18; Q 6,36). Im ganzen Alten Testament, vor allem aber im Psalmenbuch mit seiner reichen Bildersprache (Gott ist Fels, Berg, Festung, Hort …)[4], wird Yahweh als ein treuer, zuverlässiger und sicherer Gott erfahren. Diese Grund-

---

[1] Siehe Charlesworth, J. H., *Jesus within Judaism*, London 1989, 6–7.
[2] Siehe Childs, *Theologie 2*, 26–27.
[3] Vgl. Schlosser, *Dieu*, 62–63.73–74.
[4] Siehe Deissler, A., *Das Israël der Psalmen als Gottesvolk der Hoffenden*, in: Bornkamm, G. / Rahner, K. (Hrsg.), Die Zeit Jesu, FS Heinrich Schlier, Freiburg 1970, 15–37.

überzeugung[5] israelitischen Glaubens steht zweifellos im Hintergrund der Botschaft und des Verhaltens Jesu[6]. Er ruft zu Glauben und Vertrauen auf, weil er selbst davon lebt. Damit hat ganz sicher auch die Vaterbezeichnung zu tun.

Die Gottesbezeichnung „Vater" ist in den Evangelien sehr stark vertreten[7], und, wenn auch die matthäische und noch mehr die johanneische Redaktion dabei viel Kreativität gezeigt haben, bleiben trotzdem eine beachtliche Zahl Belege für die ältere Jesustradition übrig; so spricht „die fast einseitige Verwendung dieser Anrede dafür, dass sie typisch für seine [Jesu] Gotteslehre gewesen ist"[8]. Aber die Bezeichnung ist bekanntlich schon im Alten Testament belegt, und sie dehnt sich im Frühjudentum weiter aus[9]. Es ist vorerst nicht einzusehen – es sei denn man bringt die nachösterliche Christologie direkt ins Spiel – warum Jesus hier besonders original sein sollte. Durch die historische Jesusforschung und die genauere Kenntnis des Frühjudentums, ließen sich in den letzten Jahrzehnten manche falschen Oppositionen beheben. Trotzdem ist eine gewisse Vorsicht empfohlen, damit wir nicht wieder, aus welchen Gründen auch immer, die alttestamentlichen und jüdischen Aussagen über die Vaterschaft Gottes gewissermaßen abwerten, um dadurch die Besonderheit Jesu besser herausstellen zu können, wogegen Angelika Strotmann in ihrem Buch mit Recht protestiert hat. Die Kontinuität Jesu mit dem Alten Testament und dem Frühjudentum ist in der Tat erheblich, erheblicher als ich selbst es in meiner früheren Studie über den Gott Jesu (1987) erkannt hatte. In traditioneller Weise hatte ich damals die verschiedenen Konnotationen der Vaterschaft Gottes im Alten Testament und im Frühjudentum auf zwei zusammenfassende Begriffe reduziert[10]: Gehorsam fordernde „Autorität" und Vertrauen ermöglichende „helfende Güte". Das stimmt zwar einigermaßen, ist aber dennoch zu revidieren[11], insofern meine Formulierung Autorität und Güte auf gleiches Niveau stellte, als wären die Konnotationen der Autorität einerseits und der Liebe andererseits gleich wichtig. In Wirklichkeit ist es aber nicht so,

---

[5] Vgl. STROTMANN, *Vater*, 373–375 ; HÜBNER, H., *Biblische Theologie des Neuen Testaments.* Band 1. *Prolegomena*, Göttingen 1990, 254–255..

[6] Z. B. Mk 12,18–27 und Mk 4,26–29 (siehe SCHLOSSER, *Dieu*, 77–101).

[7] SCHLOSSER, *Dieu*, 42–51; SCHLOSSER, J., *Les logia johanniques relatifs au Père*, RSR 69 (1995), 87–104; SCHNEIDER, G., *Jesusüberlieferung und Christologie. Neutestamentliche Aufsätze 1970–1990* (NT. S 67), Leiden 1992, 3–38.

[8] BETZ, H.D., Art. *theos*, in: EWNT II (^{2}1992) 349.

[9] Siehe das soeben angeführte Buch von A. Strotmann.

[10] SCHLOSSER, *Dieu*, 121: „deux valeurs centrales: obéissance à la volonté du Père et confiance en sa bonté secourable."

[11] Zur Kritik siehe STROTMANN, *Vater*, 377–379.

denn der Hauptakzent ruht auf den „Konnotationen Schutz, Hilfe und Rettung", so dass „die Macht, die Anerkennung fordert, nicht die väterliche Macht ist"[12]. In der Jesustradition, wie z. B. das Vaterunser zeigt, stehen Vaterschaft und Souveränität Gottes in ähnlichem Verhältnis, und es dürfte so sein, dass der Königstitel, der mit der Basileia Gottes mitgegeben ist, durch den Vatertitel gewissermaßen relativiert wird: „Gott ist in seinem Wesen ‚Vater'. Sein ‚Königtum' ist sein Instrument"[13]. Die Kontinuität ist also da.

Es geht aber andererseits nicht an, aus ideologischen oder theologischen Gründen sozusagen eine Selbstzensur zu errichten, die für das Besondere an der Gestalt und Botschaft Jesu blind macht. In meinen letzten Arbeiten zum Thema, glaubte ich festhalten zu können, dass 1. Jesus der Vaterbezeichnung eine zentralere Rolle zugeschrieben hat, als es sich im sonstigen Judentum verifizieren lässt[14], und 2. dass die bis jetzt bestehende Eigentümlichkeit der Bezeichnung und Anrede *abba* in ihrer Bedeutung nicht unterschätzt werden darf[15].

Auf dem Hintergrund der fundamentalen Kontinuität der Gottesverkündigung Jesu, an die meine vorausgehenden Ausführungen kurz erinnern sollten, scheinen sich tatsächlich in der Jesustradition einige Besonderheiten bemerkbar zu machen. Das möchte ich im ersten Teil meines Beitrags zeigen, indem ich auf zwei Sachverhalte hinweise: auf die Relativierung der Heilsgeschichte und auf die Promotion der Schöpfung. Im zweiten, kürzeren Hauptteil versuche ich einige theologischen Verbindungslinien aufzuspüren.

I. Besondere Akzente

Durch den recht bescheidenen Untertitel „besondere Akzente" versuche ich meine Gesamtproblematik kurz anzudeuten[16]. Die Originalität braucht nicht unbedingt Paradigmawechsel, um zu existieren; eine andere Akzentuierung oder Beleuchtung kann schon ausreichen, wobei es dann nicht zu einer krassen Opposition kommt, sondern zu einer besonderen Gewichtung. Lässt es sich feststellen, dass Jesus manche Akzente, in positiver wie in negati-

---

[12] Strotmann, *Vater*, 369 und 370.

[13] Theissen / Merz, *Jesus* 248–251 (s. Anm. auf S. 251).

[14] Vgl. Klausner, *Jesus*, 525: „Immerhin macht Jesus einen sowohl quantitativ häufigeren wie auch nachdrücklicheren Gebrauch von den Ausdrücken ‚Vater', ‚mein Vater', ‚mein Vater im Himmel', als die Pharisäer und Tannaiten".

[15] Schlosser, J., Art.: *abba*, in: LThK^3, I 10–11; Ders. *Jésus*, 184–185.

[16] Vgl. Dupont, J., *Le Dieu de Jésus*, NRTh 109 (1987), 321–344.323.

ver Sicht, anders gesetzt hat, als es in seiner Umgebung üblich war, so dass ein eigentümliches Gottesbild entstehen konnte?

Die Relativierung der Vergangenheit

Wenn Jesus die Herrschaft Gottes nicht nur zu-sagte, aber auch zuhandelte, wie es Helmut Merklein schön formulierte[17], dann dürfen wir die offenbarende Dimension der Tätigkeit Gottes, so wie sie in der Jesustradition zu Sprache kommt, nicht vernachlässigen. Der Doppelpoligkeit jesuanischer Eschatologie gemäß, richtet sich der Blick Jesu nach der Zukunft, nach dem ersehnten Kommen Gottes zur Vollendung durch Gericht und Heil, aber auch auf die Gegenwart, als die Zeit der vorgreifenden Intervention Gottes zum Heil durch Jesu Wirken. Das braucht hier nicht näher dokumentiert zu werden[18]. Aber wie steht es mit der Vergangenheit?

Der deuteronomistischen Geschichtskonzeption zufolge, führen Ungehorsam und Sünde das Volk Gottes immer wieder an den Rand des Abgrunds. Das drohende Gericht oder gar das schon eingetroffene, wird aber nicht als eine definitive Zerschlagung angesehen. Der Blick in die Vergangenheit und die *memoria* der Heilsgeschichte garantieren gewissermaßen dem Volk immer wieder eine neue Chance[19]. Wie tief diese Überzeugung den Volksglauben zur Zeit Jesu tatsächlich prägte, wissen wir nicht genau. Immerhin lässt uns die Verkündigung des Propheten Johannes durch seine Kritik indirekt vermuten, dass die Berufung auf die Heilsgeschichte im damaligen Israel eine wichtige Rolle spielte: „… Schlangenbrut! Wer hat euch in Aussicht gestellt, dass ihr dem bevorstehenden Zorngericht entkommt? Bringt darum Frucht, die der Umkehr entspricht, und bildet euch nicht ein, sagen zu können: Wir haben Abraham zum Vater. Denn ich sage euch: Gott kann aus diesen Steinen dem Abraham Kinder erwecken“ (Q 3,7–8)[20].

Wie verhält sich nun aber Jesus zur Vergangenheit und zur Geschichte seines Volkes? Es würde zu weit führen, hier alle in Frage kommenden Texte der Jesustradition vorzustellen[21] und kritisch zu sichten. So müssen wir uns mit einigen Andeutungen begnügen.

---

[17] Siehe z. B. MERKLEIN, H., *Die Umkehrpredigt bei Johannes dem Täufer und Jesus*, BZ 25 (1981), 26–46.42.

[18] Das wichtigste Material ist bei SCHLOSSER, *Dieu*, 63–76, zusammengestellt.

[19] Vgl. BECKER, *Jesus*, 46–47.

[20] Übersetzung nach ROBINSON / HOFFMANN / KLOPPENBORG (Hrsg.), *The Critical Edition of Q*, 9.11.

[21] Näheres bei SCHLOSSER, *Dieu*, 64–69.

Dass Jesus ein im allgemeinen positives Verhältnis zur heiligen Vergangenheit hatte, lässt sich auf den ersten Blick nicht gut bezweifeln. Zwar wird die Vergangenheit als ganze durch die Gegenwart weit übertroffen, aber wir dürfen nicht vergessen, „daß Jesu Wirken und Verkünden nach der Seligpreisung Lk 10,23f. Erfüllung der an Israel ergangenen Verheißungen ist“[22]. Die Patriarchen sind, wenn auch selten, so doch mit klarer Anerkennung erwähnt[23]. So auch Moses als Gesetzgeber und Lehrer[24]. Bei genauerer Durchsicht fallen aber mehrere Besonderheiten auf. David, den z. B. Jesus Sirach (47,2–11.22) so sehr lobt, führt in der ältesten Jesustradition nur ein Schattendasein. Die Propheten erscheinen fast nur als kollektive Größe, spielen aber kaum eine Rolle, wenigstens nicht außerhalb der Q-Überlieferung. Ist es reiner Zufall, dass Jesus aus dem Schatz der Schrift solche Geschehnisse hervorholt, die sich zwar in Israel abgespielt haben, die aber in der Relecture kaum zum Ruhm Israels beitragen: die Erzkatastrophen der Sinflut und Sodomas (Q 17, 26–29; Q 10,12), die Mordtaten gegen Abel und Zacharias (Q 11,50–51), die Heilstaten zugunsten des Syrers Naaman und der Witwe aus Sarepta (Lk 4,26–27)?

Neben diesen Beispielen mehr oder minder positiver Rezeption der Vergangenheit, muss nun auch festgestellt werden, dass manches überraschenderweise fehlt. Vom „Volk“ spricht Jesus anscheinend nicht selbständig[25]. Für das „Land“, ein dem Judentum sehr wichtiges Thema, zeigt er kein Interesse[26]. Im Alten Testament wird das besondere Gottesverhältnis Israels vortrefflich mit dem Begriff Bund angegeben. Ob Jesus explizit vom Bund gesprochen hat, ist mehr als fraglich, wie die sehr schwierige Diskussion über die Abendmahlsworte immer wieder zeigt[27]. Auch die im Judentum beliebte Bezeichnung Gottes als „Gott unserer Väter“[28] fehlt in der Jesustradition, und die allgemeine Berufung auf die „Väter“ kommt fast nur aus kritischer Distanz zum Ausdruck („eure Väter“, „ihre Väter“)[29]. Was aber besonders auffällt, ist das fast völ-

[22] ZELLER, *Jesusbücher*, 58. – Vgl. Q 7,18–23.

[23] Mk 12,26; Q 13,28; Lk 13,16; 16,19–31.

[24] Mk 1,44; 7,10; 10,3; Mt 23,2; Lk 16,29.31.

[25] Mk 7,6 und Mt 13,15 sind Zitate aus dem Alten Testament .

[26] Siehe DAVIES, W.D., *The Gospel and the Land. Early Christianity and Jewish Territorial Doctrine*, Berkeley / Los Angeles / London 1974, 336–365.

[27] Ich selbst habe mich der Meinung angeschlossen, nach der das Becherwort mit dem Thema Bund an Stelle von Mk 14,25 sekundär in die Tradition eingefügt wurde. Siehe SCHLOSSER, *Jésus*, 287–298.

[28] Vgl. z. B. das *Liber Antiquitatum Biblicarum:* 10,4; 22,3.5.7; 24,4; 25,6; 27,7; 30,4; 39,4; 43,7; 47,1.2.

[29] Q 6,23; Lk 6,26; Q 11,47–48.

lige[30] Fehlen der „alttestamentliche(n) Haupttradition von Yahwe, der im Exodus Israel aus dem Lande Ägypten erlöste"[31]. Nun ist die Tragweite eines *argumentum ex silentio* bekanntlich immer schwer zu bestimmen, es könnte nämlich sein, dass die Exodus- und Erwählungstradition einfach nicht erwähnt wird, weil sie selbstverständlich war[32]. Folgendes sollte aber bedacht werden. Es ist kaum zu bestreiten, dass das Buch Deuterojesaja für die Botschaft Jesu – vielleicht auch für sein Selbstverständnis – eine große Bedeutung hatte. Es gibt sogar gute Gründe anzunehmen, dass „die Quelle der prophetisch-apokalyptischen Erwartung einer endzeitlichen Königsherrschaft Gottes" bei Jesaja zu finden ist[33]. Nun ist aber für Deuterojesaja „das wichtigste Ereignis in der Geschichte Israels der Auszug aus Ägypten ...So sehr steht dieses Ereignis im Vordergrund, dass alle anderen Ereignisse der Geschichte Israels davor in den Schatten treten"[34]. Es scheint von daher doch plausibel, dass Jesus diese Haupttradition bewußt nicht aufgenommen hat. Aufs Ganze gesehen ist Gott für Jesus, in vollem Einklang mit seiner eigentümlichen Eschatologie, vor allem der jetzt Handelnde und der Kommende[35]. Kommt es so bei Jesus, wie teilweise in der frühjüdischen Apokalyptik[36], zu einer „heilsgeschichtliche(n) Abstinenz"?[37] Der Ausdruck ist vielleicht überspitzt, es bleibt aber jedenfalls „auffallend, wie wenig Jesus von Israels Heilsgeschichte im Sinne der heiligen Traditionen über die Vergangenheit Gebrauch machte"[38]. So scheint er schließlich doch einigermaßen Abstand zu nehmen von dem Gottesbild derer, die ihren Gott vor allem in der heiligen Vergangenheit des Gottesvolkes fanden.

---

30 Siehe immerhin Mk 12,26–27.29–30.

31 CHILDS, *Theologie 2*, 32. Vgl. PEDERSEN, *Concept*, 259–260.

32 Mit diesem Problem sieht sich auch jüngst HEIL, *Beobachtungen*, 657–658, konfrontiert.

33 MERKLEIN, *Einzigkeit*, 158.

34 WESTERMANN, C., *Das Buch Jesaja. Kapitel 40–66,* ATD 19, Göttingen 1966, 21.

35 Im Keim ist eine ähnliche Bevorzugung der Zukunft schon in der aufkommenden Eschatologie der Exilszeit gegeben. Vgl. SCHMIDT, *Glaube*, 184–185.

36 Vgl. zum Thema MÜLLER, K., *Studien zur frühjüdischen Apokalyptik,* SBA 11, Stuttgart 1991, 175–193.

37 Der Ausdruck stammt von BECKER, *Jesus*, 317.

38 CHILDS, *Theologie 2*, 107. Siehe auch THÜSING, W., *Die neutestamentlichen Theologien und Jesus Christus. I, Kriterien aufgrund der Rückfrage nach Jesus und des Glaubens an seine Auferweckung*, Düsseldorf 1981, 86–87; HOFFMANN, P., *Das Erbe Jesu und die Macht in der Kirche. Rückbesinnung auf das Neue Testament*, Mainz 1991, 22; BECKER, *Jesus*, 158–161; MARGUERAT, D., *Jésus le sage et Jésus le prophète*, in: MARGUERAT / NORELLI / POFFET (Hrsg.), *Jésus*, 301–320.307.

Vom kanonischen Standpunkt aus, darf man folgendes nicht übersehen: „obwohl Israel zweifellos Jahwe erstmals in historischen Taten der Erlösung aus Ägypten kennenlernte, gab die Endgestalt der Tradition Gottes uranfänglicher Handlung bei der Schöpfung des Himmels und der Erde den Vorrang“[39]. Bund und Heilsgeschichte kommen erst an zweiter Stelle ins Spiel, sie brauchen die Schöpfung als Grund und Basis. Aber auch von den Traditionen her, und nicht nur über die Gesamtkomposition, behauptet die Schöpfungstheologie[40], in der doppelten Entfaltung der *creatio prima* und der *creatio continua*, durchaus ihren Platz im Glauben Israel; den ersten Platz wird man ihr aber nicht einräumen dürfen[41], denn dominierend ist die Heilsgeschichte. Nun ist es aber für Israel besonders charakteristisch, dass die Schöpfung in die Heilsgeschichte integriert wird, so vor allem in jüngeren, exilisch-nachexilischen Texten[42]. Es sei hier nur, und wiederum aus oben genannten Gründen, auf Deuterojesaja hingewiesen[43]. Der universale und kosmische Horizont der Schöpfung wird zwar von ihm nicht vergessen[44], er dient aber vor allem dazu, beim kleinmütigen, verzagenden Volk Vertrauen und Glauben zu wecken an den rettenden Gott und an seine Verheißung. Ja, „die Rede von der Schöpfung läuft bei Deuterojesaja auf eine Wiedergründung der Existenz des Volkes Jahwes hinaus“[45]. Und so ist es auch zu erklären, dass an manchen Stellen das Thema „partikularistisch“ angewendet wird, nämlich als Schöpfung Israels[46]. In dieser Hinsicht hat das Thema Schöpfung eine dienende, begründende Funktion.

Im Frühjudentum erscheint die Schöpfung meist als *creatio continua*, als Fürsorge und Verpflegung der Lebewesen, und nicht selten wird sie mit der Vaterbezeichnung Gottes verbunden[47]. Altes Testa-

---

[39] Childs, *Theologie 2*, 54.

[40] Eine reich dokumentierte Übersicht bietet Schreiner, *Theologie*, 132–163.

[41] Mit Schmidt, *Glaube*, 178–179; Dohmen, Ch., Art. *Schöpfung* (AT) in: BThW (1994), 493; Gunneweg, A.H.J., *Biblische Theologie des Alten Testaments. Eine Religionsgeschichte Israels in biblisch-theologischer Sicht*, Stuttgart / Berlin / Köln 1993, 138–143; Schreiner, *Theologie*, 132–133.

[42] Vgl. Seebass, *Gott*, 152. 156–159.

[43] Vgl. Cazelles, H., *La Bible et son Dieu,* Jésus et Jésus-Christ 40, Paris 1989, 92–95.

[44] Jes 40,26.28; 42,5.18; 44,24; 45,7.12.

[45] Schreiner, *Theologie*, 154.

[46] Jes 43,1; 44,24; 45,11; 51,13. Vgl. Mal 2,10.

[47] Strotmann, *Vater*, 365–367.

ment und Frühjudentum finden in der Schöpfung den Anlass zum Gotteslob[48].

„Vielleicht ist der Glaube an den Schöpfer das Haupterbe Israels an die Christenheit“[49]. Jesus von Nazareth jedenfalls, so urteilt der Alttestamentler Horst Seebaß[50], hat „mit ganz großer Eindringlichkeit Gottes Schöpfung zur Deutung des Willens und des Sinnes Gottes herangezogen“[51]. Ist die textliche Basis breit und solide genug, um ein so eindeutiges Urteil zu stützen? Das wollen wir im folgenden Arbeitsgang, aber nur an den Hauptzügen, untersuchen[52].

Da in thematischer Hinsicht die Schöpfung nicht nur, und sogar nicht zuerst, an der einmaligen Schöpfungstat Gottes „am Anfang“ orientiert ist, fehlen die eindeutigen Kriterien für die Textauswahl. Was wir mit dem modernen Begriff „Natur“ bezeichnen, gehört sicher irgendwie hier her; so wäre aus den Gleichnissen Jesu, wo die Natur nicht selten als Bildspender fungiert, gar manches zu vermerken, zum Beispiel und vor allem in den Saat- und Wachstum-Gleichnissen der Markustradition (Mk 4,3–8.26–29.30–32), wo doch sicher auf die Schöpfermacht Gottes angespielt wird[53]. Wir wollen uns aber auf die Traditionen beschränken, in denen Gott direkt genannt wird.

Im Anschluss an alttestamentlichen Gebrauch[54] würdigt die jüdische Tradition die Schöpfertätigkeit als Gottesattribut[55], ein Attribut das sogar im Stil der partizipialen Gottesprädikation und nicht selten in Verbindung mit dem Merismus „Himmel und Erde“ einem wirklichen Gottesnamen entspricht[56]. Für die Jesustradition wären in dieser Hinsicht Mt 19,4 (ὁ κτίσας) und Q 10,21 („Vater, Herr des Himmels und der Erde“) zu erwähnen, aber nur der Text aus Q hat Anspruch auf Authentizität[57].

Die einzige wichtige Stelle aus der Markustradition, nämlich Mk 10,2–9, betrifft die *creatio prima*. Es handelt sich um ein klassisches Streitgespräch, das im jetzigen Kontext den ersten, klar isolierbaren Teil der thematischen Einheit (Mk 10,1–12) über Ehe-

48 Schreiner, *Theologie*, 146–147; Becker, *Jesus*, 118–121 (mit Textbeispielen).
49 Schmidt, *Glaube*, 179.
50 Seebass, *Gott*, 173.
51 Auch bei Paulus ist die Bindung von Schöpfung und Theologie zentral. Vgl. Pedersen, *Concept*, 243–266.
52 Mehr bei Schlosser, *création*.
53 Lohfink, *Gott*, 57–58.
54 Z. B. Ps 115,15; 124,8; Jes 37,16.
55 So z. B. Eupolemos, Frg 33,1 ; 34,1.
56 Vgl. Schlosser, *Dieu*, 26.
57 Mt 19,4 stammt von der Redaktion, so wie ὁ ποιήσας in Lk 11,40. Als strikt jesuanisch sind wohl auch Mk 13,19 und Mt 25,34 nicht anzusehen.

scheidung und Wiederheirat bildet. Auf eine Fangfrage der Pharisäer über die zu erfüllenden Bedingungen der Ehescheidung antwortet Jesus mit der Relativierung der Moseregelungen aus Dt 24, und mit dem Hinweis auf die von Gott gewollte Schöpfungsordnung aus Gen 1 und 2; so kommt er zum Schluß: was Gott verbunden hat, das darf der Mensch nicht trennen. Das Streitgespräch, urteilt Joachim Gnilka in Übereinstimmung mit der Mehrheit, „entstand in einer judenchristlich bestimmten Gemeinde. Da die Schrift nach der griechischen Bibelübersetzung (LXX) zitiert wird, ist für hellenistisches Judenchristentum zu plädieren“[58]. Aber so sicher ist das nicht, denn einerseits gibt es für die zitierten Texten aus Gen 1,27 und 2,24 keine gewichtigen Unterschiede zwischen Septuaginta und massoretischem Text, und andererseits weist die bekannte Parallele aus Qumran (CD 4,20–21), wo Gen 1,27 ebenfalls zitiert wird, eher nach Palästina. Es bleibt sogar möglich, dass, wenigstens der Sache nach, die Überlieferung auf Jesus selbst zurückreicht[59]. In diesem Fall würde sich Jesus auf den ursprünglichen, den „in die Schöpfung hineinverfügten“[60] Willen Gottes beziehen, um ihm eine Verpflichtung zu entnehmen, die für alle und überall gültig ist. Auch Moses kann sie nicht endgültig in Frage stellen.

Im allgemeinen wird die Schöpfung als dauerhafte Fürsorge des Schöpfers empfunden, so besonders in der Logienquelle, worüber ich hier nur das Allernötigste sagen will. Ich stelle die Texte der Reihe nach vor, und befrage sie kurz nach ihrem theologischen Gehalt.

1. In seiner vermutlich urspünglichen Gestaltung, wird das Gebot der Feindesliebe unmittelbar mit dem Tun des gütigen Schöpfers motiviert: „Liebt eure Feinde, und betet für die, die euch verfolgen, damit ihr Söhne eures Vaters werdet, denn er lässt seine Sonne aufgehen über Böse und Gute, und er lässt regnen über Gerechte und Ungerechte“ (Q 6,27–28.35c-d)[61]. Wie es im Glauben und in der Frömmigkeit der Bibel üblich ist, überspringt hier Jesus das Problem der Kausalität, und sieht in den Naturerscheinungen direkt die Unterschrift Gottes selbst. Bei den beiden konkret erwähnten Beispielen wird nur die positive Seite aktiviert – die Sonne wärmt, aber verbrennt nicht, und der Regen tobt nicht wie ein Wolkenbruch. Nur vom Segen Gottes ist also die Rede. Dass die-

---

[58] Gnilka, *Markus II*, 70.

[59] So, in letzter Zeit, z. B. Holtz, T., *„Ich aber sage euch“. Bemerkungen zum Verhältnis Jesu zur Tora*, in: Broer, I. (Hrsg.), Jesus und das jüdische Gesetz, Stuttgart 1992, 135–145 (139–143); Sanders, E. P., *Sohn Gottes. Eine historische Biographie Jesu*, Stuttgart 1996, 297; Trocmé, E., *L'évangile selon saint Marc,* CNT, Genf 2000, 259.

[60] Gnilka, *Mk II*, 72.

[61] Vgl. Robinson / Hoffmann / Kloppenborg, *The Critical Edition of Q*, 56–59.

ser Segen allen zu Gute kommt, überrascht den modernen Menschen nicht, für den die Natur eben blind und neutral ist. Der Mensch der Bibel ist aber überzeugt, dass es auch anders gehen kann. „Über der einen Stadt ließ ich es regnen, über der anderen nicht; das eine Feld bekam Regen, das andre nicht, so dass es verdorrte“, spricht Gott bei Am 4,7[62]. Das Frühjudentum lobt und bewundert, oft durch Erinnerung an Ps 145,9, die maßlose Güte Gottes; diese kann aber auch störend wirken oder gar Empörung auslösen[63]. Wenn also die Schöpfung die alles umfassende Güte Gottes bezeugt, ist das keineswegs eine banale, nur so mitgeschleppte Botschaft. Die Pointe ist klar: es „erweist sich die Vollkommenheit, die vollkommene Liebe des Vaters gerade darin, dass er allen die Gaben seiner Schöpfung spendet“[64].

2. Die beiden Verben „bitten“ und „geben“ rahmen die kleine Einheit Q 11,9–13. In der zweiten Hälfte ist der Q-Wortlaut zwar umstritten, aber nur in einem einzigen Fall ist die Restitution für unser Thema von Belang: gibt der himmlische Vater den „heiligen Geist“ (so Lk) oder einfach „Gutes“ (so Mt)? Die besten Argumente sprechen für „Gutes“[65]: „wenn nun ihr, die ihr böse seid, euren Kindern gute Gaben zu geben wisst, um wieviel mehr wird der Vater vom Himmel denen Gutes geben, die ihn bitten“[66].

Das Gute, das von Gott kommt, ist hier wahrscheinlich primär von selber Art als die Gaben der irdischen Väter an ihre Söhne, das heißt Brot und was man so im alltäglichen Leben noch unbedingt braucht, also nicht die eschatologische Heilsgabe. Darauf weist auch die Brotbitte des Vaterunsers, das in Q vorangeht (Q 11,2–4)[67]. Im Hintergrund steht wohl der Glaube an die Fürsorge Gottes für seine Schöpfung. Aber sogar bei der Schöpfung im eigentlichen Sinn, bei der *creatio prima*, die doch mit dem Macherweis Gottes zusammenfällt, scheint die Güte Gottes durch, wie Philo im Anschluss an eine Mahnung zur Nachfolge Gottes vermerkt: „Der Allführer und –vater nämlich kümmert sich um das Gewordene. Denn wer wüßte nicht, dass Gott sich auch vor der Entstehung der Welt genug war und dass er nach der Entstehung der Welt derselbe blieb und sich nicht wandelte? Warum machte er nun, was nicht war? doch weil er gut und schenkfreudig war“[68].

[62] Vgl. Sir 39,25–27; äthHen 41,8.
[63] Belege in SCHLOSSER, *Dieu*, 256–259.
[64] GNILKA, *Gottesgedanken*, 157.
[65] Die Formel „Gutes geben“ hat Tradition. Vgl. EBNER, *Jesus*, 308 Anm. 27.
[66] ROBINSON / HOFFMANN / KLOPPENBORG, *The Critical Edition of Q*, 221.
[67] Bekanntlich ist der eschatologische Bezug der Wir-Bitten sehr umstritten.
[68] *De mutatione nominum* 45–46 (übers. W. Theiler).

3. „Nur Gott soll man fürchten". So könnte man das Thema der kleinen Einheit Q 12,4–7, die eben durch „fürchtet nicht" gerahmt ist, auf den ersten Blick zusammenfassen. Das auch sonst gut durchkomponierte Stück ist aber kaum, traditions- und literarkritisch gesehen, aus einem Guss[69]. Vom Thema her interessiert uns direkt nur die zweite Hälfte, so wollen wir uns auf sie konzentrieren; genauer noch, da der Hinweis auf die Haare wahrscheinlich sekundär ist, auf den Kontrast zwischen den angesprochenen Leuten und den Spatzen: „werden nicht fünf Spatzen für zwei Asse verkauft? Und doch wird nicht einer von ihnen auf die Erde fallen ohne euren Vater. Fürchtet euch nicht, ihr seid mehr wert als viele Spatzen" (Q 12,6+7b)[70].

Die Spatzen sind nicht teuer, und ihr seid wertvoller als eine ganze Menge Spatzen. Dieser Kontrast ist klar vorhanden, aber wie funktioniert er eigentlich? Sollen wir verstehen, dass den Spatzen nichts Schlimmes passieren kann, weil sie sich unter der Obhut Gottes befinden? Das können wir kaum, wenn wir der doch wohl urprünglicheren Fassung des Mt folgen, wonach vom Sturz der Spatzen zur Erde die Rede ist (Mt 10,29). Dass Vögel auf den Boden fallen und verenden[71], weiß jeder aus der alltäglichen Erfahrung[72]; es kann aber auch primär der Vogelfang[73] im Hintergrund stehen, also ein Vorgang der nicht unbedingt den Tod impliziert[74]. Klar ist nur, dass nie etwas passiert, was *euer* Vater nicht wüßte, zuließe oder gar wollte. In diesem Fall gehört der Blick auf die Natur oder auf die Schöpfung nicht zur üblichen Art weisheitlicher Betrachtung. So ist dem Spruch vorerst nichts über die Güte und über die Fürsorge Gottes für alle Wesen zu entnehmen; Thema ist vor allem Gottes Macht und Allwissenheit. Für die angesprochenen Menschen aber liegt der Ton auf der Güte und Fürsorge Gottes, wie der Vaternamen und das „fürchtet euch nicht" andeuten. Die Macht gibt der Liebe ihre Mittel, und motiviert auf diese Weise den Aufruf, nicht zu fürchten. So ist in diesem Fall die Schöpfung Anlass und Grund für einen prophetischen Zuspruch.

4. „Sorgt euch nicht". So lautet das Leitmotiv der Q-Einheit Q 12,22–31, wo der Rekurs auf die Schöpfung mit größtem Nachdruck und besonders eindrucksvoll geführt wird[75]. In literarkriti-

---

[69] Siehe SCHLOSSER, *création*, 334–335.

[70] ROBINSON / HOFFMANN / KLOPPENBORG, *The Critical Edition of Q*, 301–303.

[71] Vgl. GNILKA, *Gottesgedanken*, 157.

[72] Siehe z. B. Am 3,5

[73] Auf diesen Kontext weist jedenfalls die enge Parallele aus dem Talmud Yerushalmi, Shevi 9,38^{d},22 (BILLERBECK I, 582–583).

[74] So EBNER, *Jesus*, 293.

[75] Vgl. SCHLOSSER, *création*, 336–344.

scher Hinsicht lässt der Text einige Nähte erkennen. So wird meistens angenommen, dass der Hinweis auf die ἡλικία[76] (Q 12,25) und die Erwähnung der Heiden (Q 12,30) Zusätze sind. Immer noch umstritten ist die Frage, ob die abschließende Mahnung (Q 12,31: „sucht hingegen sein Reich"), mit den vorausgehenden eine organische Einheit bildet, wofür manches spricht, wenn auch der Trend der heutigen Exegese in die andere Richtung führt[77]. Die ursprüngliche Einheit hat demnach etwa so ausgesehen:

- Mahnung: keine Sorge um Essen und Kleidung (V. 22),
- erste Motivation: sogar die Raben verhungern nicht (V. 24),
- zweite Motivation: die Lilien sind prächtig (V. 27–28),
- Mahnung in verkürzter Form (V. 29),
- Motivation durch die väterliche Güte Gottes (V. 30bc),
- Schlussmahnung: sucht das Reich (V. 31).

Die Argumentationsstruktur des Textes stellt die Tragfähigkeit der kreatürlichen Wirklichkeit schon gut heraus. Zusätzlich kommen einige Verdeutlichungen aus der biblischen Tradition dem Verständnis zugute. Die Raben sind als unreine Tiere und als Raubvögel bekannt; doch ist in der Schrift auch die Rede von der Fürsorge Gottes für die Raben. Dass die Lilie in punkto Schönheit über Salomo eingestuft wird, stellt schon etwas dar, wenn man bedenkt, dass Salomo ein Paradigma war für Reichtum und Glorie. Und doch ist auch die Lilie nur Gras; die Angesprochenen sind offenbar mehr wert. Wenn schon *Gott* über die Kreaturen, auch über die etwas fragwürdigen wie die Raben, seine Fürsorge walten lässt, um wieviel mehr wird *euer Vater* für euch sorgen. Habt also Vertrauen!

Der Übergang von *Gott* zu *Vater* zeigt ein Problem an, das sich eigentlich nicht nur hier, sondern für die Interpretation des Vaternamens in der Jesusüberlieferung überhaupt stellt: wem gilt das Vaterverhältnis Gottes?[78] So hat z. B. Dieter Zeller verschiedentlich und entschieden die Meinung vertreten, dass der Israelbezug der Vaterbezeichnung für die ältere Jesustradition maßgeblich ist[79]. Dieser These kann ich mich im Großen und Ganzen anschlie-

---

[76] Das Wort bedeutet entweder die Körpergröße (so die englische und die französische Übersetzungen in ROBINSON / HOFFMANN / KLOPPENBORG, *The Critical Edition of Q*), oder die Zeitspanne (so die deutsche Übersetzung).

[77] Angaben bei EBNER, *Jesus*, 257 Anm. 48.

[78] Vgl. SCHLOSSER, *Dieu*, 177.

[79] Vgl. ZELLER, D., *Die weisheitlichen Mahnsprüche bei den Synoptikern*, FzB 17, Würzburg 1977, 170–172 ; DERS., *God as Father in the Proclamation and in the Prayer of Jesus*, in: FINKEL, A. / FRIZZEL, L. (eds.), *Standing Before God. Studies on Prayer in*

ßen[80]. Ich würde aber trotzdem die Möglichkeit eines schöpfungstheologischen Ansatzes gelten lassen. Der Schluss *a minori ad maius*, worauf sich D. Zeller bezieht, impliziert nämlich nicht zwingend heilsgeschichtliche Koordinaten; in unserem Text scheint die Gegenüberstellung von Pflanzen und Tieren einerseits und Menschen andererseits gut zu funktionieren[81], besser als die Opposition Israel *versus* Völker. Zudem ist auch im Frühjudentum, wenigstens in seiner hellenistischen Prägung, die Vaterbezeichnung Gottes mit seiner universalen Schöpfungstätigkeit verbunden. So bei Josephus zum Beispiel, wo Gott zwar „der Gott und Vater und Herrscher des Volkes der Hebräer" ist (*Antiquitates* V,93), aber auch der „Vater des ganzen Menschengeschlechts" (*Antiquitates* IV,262)[82].

Unsere Einheit wird allgemein zu den typischen Weisheitsstoffen der synoptischen Tradition gezählt. Nun ist aber diese weisheitliche Prägung nicht so eindeutig, wie gewöhnlich angenommen wird[83]. Wie dem auch sei, der Hinweis auf die Basileia, der die Komposition abschließt, darf nicht überhört werden[84]. Ich will jetzt nicht in die klassische Diskussion über Weisheit und Eschatologie /Apokalyptik in der Verkündigung Jesu abgleiten. Von unserem Thema her soll die Frage nur folgende sein: hat die allgemeine, durch die Schöpfung ermöglichte Erfahrung der Güte Gottes sozusagen für Jesus eine Ausgangsposition geliefert, oder wurde sein Gottesbild vor allem durch die Heilstonalität der Reichsbotschaft und durch die Erfahrung ihrer schon geschehenden Wirkungen bestimmt? Auf diese Frage habe ich keine eindeutig begründbare Antwort anzubieten. Sicher kann „weisheitliche Betrachtung ... anhand der gegenwärtigen Erfahrung des Schöpferhandels dem Hinweis auf das eschatologische Handeln dienen"[85]. Ich würde mich aber eher denen anschließen, die von der erfahrenen Gottes-

---

Scriptures and in Tradition with Essays in Honor of John M. Oesterreicher, New York 1981, 117–129.119–122 ; Ders., *Jesusbücher*, 58.

80 Vgl. Schlosser, *Dieu*, 177.

81 Vgl. Grelot, P., *Dieu, le Père de Jésus Christ,* Jésus et Jésus-Christ 60, Paris 1994, 119 ; Schlosser, *création*, 343.

82 Vgl. Philo, z. B. *Legatio ad Gaium* 115 ; *De Decalogo* 64. – Zu den Pseudepigraphen s. Strotmann, *Vater*, 368–367.

83 Vgl. Tuckett, C. M., *Q and the History of Early Christianity. Studies on Q*, Edinburgh 1996, 152.

84 Das Problem stellt sich auch dann, wenn der Hinweis auf die Basileia literarisch als sekundärer Anhang angesehen wird ; es betrifft die meiner Ansicht nach unleugbare Zentralität der Basileiabotschaft Jesu.

85 Von Lips, H., *Weisheitliche Traditionen im Neuen Testament,* WMANT 64, Neukirchen-Vluyn 1990, 252.

herrschaft ausgehen. Weil Jesus, wahrscheinlich vor allem aufgrund seiner Heilungen und Exorzismen, den gütigen, helfenden Vater jetzt konkret am Werk sieht, schärft er zugleich seinen eigenen Blick und findet so auch den guten Gott in seiner Schöpfung[86].

Als Ergebnis dieser flüchtigen Durchsicht des Themas sei festgehalten, dass Jesus vor allem an der Dauerfürsorge Gottes interessiert ist, und dass auch insofern keine besondere Verklammerung mit der Heilsgeschichte zum Ausdruck kommt.

II. Theologische Verbindungslinien

Im wichtigen Jesusbuch von Joseph Klausner trägt ein größerer Abschnitt aus dem Kapitel über die Lehre Jesu folgende Überschrift: Die Gegensätze zwischen dem Judentum und der Lehre Jesu[87]. In Anschluß an das Wort über die Raben und die Lilien stellt Klausner fest, dass Jesus zwar „jüdischer als die Juden" sei, aber, so fügt er hinzu „nichts ist dem nationalen Judentum gefährlicher als übertriebenes Judentum: es bedeutet den Ruin seiner nationalen Kultur, seines nationalen Staates und Lebens. Wo keine Notwendigkeit mehr besteht für Gesetze und irdische Gerechtigkeit, für nationale Politik und gewerbliche Arbeit, wo der Glaube an Gott und die Befolgung einer extremen und einseitigen Ethik allein zu genügen scheinen, da hören das nationale Leben und der nationale Staat gänzlich auf"[88]. Was direkt das Gottesbild betrifft, erweist sich Jesus für Klausner im großen und ganzen als ein „echter Jude"[89]. Da aber Jesus allen Nachdruck auf die Barmherzigkeit legt, wird nach Klausner's Empfinden[90] im Endeffekt dieses Gottesbild sehr einseitig. Als „für das Judentum unannehmbares Element in Jesu Gottesbegriff" sieht der Autor das Gebot der Feindesliebe an: „Hier geht Jesus über jene Rechtfertigung vor den Pharisäern hinaus, die ihn wegen seines Umgangs mit Zöllnern und Sündern angegriffen hatten und denen er antwortete: ‚Die Kranken bedürfen des Arztes, nicht die Gesunden'. Hier gibt es überhaupt keine Kranken mehr: vor dem Angesichte Got-

[86] Näheres bei SCHLOSSER, création, 346–347 (mit Hinweis auf HOFFMANN, P., *Zukunftserwartung und Schöpfungsglaube in der Basileia-Verkündigung Jesu*, RHS 31 (1988) 374–384) .
[87] KLAUSNER, *Jesus*, 513–523.
[88] KLAUSNER, *Jesus*, 520.
[89] KLAUSNER, *Jesus*, 525.
[90] Schon KÜMMEL, W.G., *Die Gottesverkündigung Jesu*, Jud. 1 (1945), 40–68.59 hat auf diese Äußerungen aufmerksam gemacht.

tes sind Zöllner und Sünder ‚gesund'; Sünder und Nichtsünder, Gute und Böse, Gerechte und Ungerechte – sie alle sind gleich vor Gott. Daraus folgt, dass Gott nicht die *absolute Gerechtigkeit* ist, sondern nur das *Gute,* vor dem niemand böse ist …Er ist nicht mehr der ‚Gott des Gerichts' …; mit anderen Worten: *er ist nicht mehr der Gott der Geschichte*"[91]. Im Judentum gilt das Gleichgewicht, das Sowohl –, Als – auch: Gott „ist nicht nur ‚der barmherzige Vater', sondern auch ‚der König des Gerichts' –der Gott der sozialen Ordnung, der Gott der Nation, der Gott der Geschichte. Jesu Gottesbegriff steht zu all dem in genauem Gegensatz"[92]. So scharf wie Klausner ihn darstellt, ist der Kontrast zwischen dem Gottesbild der Pharisäer und dem Gottesbild Jesu wahrscheinlich doch nicht, aber ein echtes Problem wird durch diese Überlegungen Klausner's schon angezeigt. David Flusser hat seinerseits darauf hingewiesen, dass die „jüdische Religion" eine „moralische Religion ist, in der das Prinzip der Gerechtigkeit unerläßlich ist. Darum ist für sie Einteilung in Gerechte und Sünder so wichtig"[93]. Dieses rigorose Prinzip wird zwar im Frühjudentum auf verschiedene Weise gemildert, vor allem auf dem Weg der Liebesparänese. Mit dem Gebot der Feindesliebe, „Jesu Eigentum", ging Jesus aber noch ein gutes Stück weiter „und zerbrach die letzte Schranke des antiken jüdischen Gebots der Liebe zum Nächsten"[94], „er führte den Weg weiter, zur unbedingten Liebe gerade dem Feind, dem Sünder gegenüber"[95].

Bultmann hat seinerseits in der Eschatologie Jesu ein Defizit an nationalen Elementen festgestellt, und meiner Meinung nach ist seine Aussage zur Sache immer noch gültig: „kein Wort Jesu redet vom Messiaskönig, der die Feinde des Volkes zerschmettern wird; kein Wort von der Herrschaft des Volkes Israels über die Erde, von der Sammlung der zwölf Stämme oder von dem Glück im reichen, vom Frieden gesegneten Lande"[96].

An einigen Stellen des Alten Testaments, wird zwar eine Linie sichtbar, „die darum weiß, dass Jahwe sein Volk erwählt hat, damit es für ihn ein Mittel werde, den Völkern der Erde das Heil zu künden, und so die ganze Welt zur Anerkennung der Herrlichkeit Gottes zu bringen. Von der Grundverheißung in Gen 12 her, auch von den späteren Aussagen in Ex 19 her, führt diese Linie zu

---

91 Klausner, *Jesus*, 527. Hervorhebung steht im Original.
92 Klausner, *Jesus*, 528.
93 Flusser, *Jesus*, 64.
94 Flusser, *Jesus*, 68.
95 Flusser, *Jesus*, 72.
96 Bultmann, R., *Theologie des Neuen Testament,* UTB 630, Tübingen ^{8}1980, 3.

Jes 60"[97]. Auch in der Vorstellung der großen, eschatologischen Völkerwallfahrt nach dem Berg Sion ist diese positive Sicht für die Völker und ihr Heil vorhanden[98]. Sie verschwindet auch im Frühjudentum nicht völlig[99]. Dominierend ist aber eine andere Linie. Nach prophetisch-eschatologischer Tradition steht nämlich die Herrschaft Israels mit der Herrschaft Gottes in enger Verbindung, und die Niederlage oder die Unterwerfung der Feinde, sprich: der Heiden, gehört als klares Korrelat zur Herrschaft Israels[100]. Im Frühjudentum[101] wird diese zweite Linie eher noch verschärft, besonders im palästinischen Bereich[102]. Wenn Jesus die Heilsgeschichte relativiert, und wenn sein Blick intensiver bei Gottes Schöpfung verweilt, ist es verständlich, dass die traditionelle Eschatologie, insofern sie die nationale Pracht des Gottesvolkes als Entmachtung der Feinde in Aussicht stellt, bei ihm nicht durchschlägt.

Wird auf diese Weise der im Erwählungsmotiv[103] begründete radikale Unterschied zwischen Israel und den Heiden bei Jesus stark vermindert, so ist zu fragen, aus welchem tieferen Grund. Ein kurzer Umweg über die Bußpredigt des Täufers, bei dem, zugespitzt gesagt, Jesus seine theologische Basisausbildung genossen hat, hilft hier weiter. Dem Wüstenpropheten nach hat ganz Israel seine Chance verspielt, eine „Nullpunktsituation" (J. Becker) erreicht, und nur noch, falls es die erforderte Buße verweigern sollte, das Gericht zu erwarten[104]. Jesus dürfte sich dieser Analyse ange-

[97] Hulst, A.R., Art. *Volk,* in: THAT II, Kol. 323.

[98] Vgl. Zeller, D., *Das Logion Mt 8,11f. / Lk 13,28f. und das Motiv der „Völkerwallfahrt"*, BZ 15 (1971), 222–237 ; 16 (1972), 84–93 ; Schlosser, J., *Le règne de Dieu dans les dits de Jésus,* EtB, Paris 1980, 618–620.

[99] Vgl. z. B. Tob 14,6 (B,A) ; Weish 6,7 ; Sib 3,616–623 ; äthHen 10,21–22 ; 90,28–42.

[100] Siehe Merklein, Einzigkeit, 15–16 ; Grappe, Ch., *Le Royaume de Dieu. Avant, avec et après Jésus*, Le Monde de la Bible 42, Genf 2001, 51.

[101] Vgl. Sanders, *Practice*, 280–298.

[102] Vgl. 2 Chr 20,5–12 ; Sir 36,1–9 ; Jub 24,29–30 ; PsSal 17 ; Sib III,46–62 ; 1QM VI,5–6 ; XII,7–16 ; 4Q504, Frg. 2, IV,8–12 ; 4 Es 13,32–49 ; syrBar 72,6.

[103] Nach Sanders, *Practice*, 265–266, ist im Frühjudentum ein gewisser Exklusivismus mit der Erwählungstheologie eng verbunden, wie auch, als Waffe gegen die fremden Götter, mit dem Monotheismus.

[104] Vgl. Merklein, *Botschaft*, 28–30; Müller, K., *Gott als Richter und die Erscheinungsweisen seiner Gerichte in den Schriften des Frühjudentums. Methodische und grundsätzliche Vorüberlegungen zu einer sachgemäßeren Einschätzung*, in: Klauck, H.-J. (Hrsg.), *Weltgericht und Weltvollendung. Zukunftsbilder im Neuen Testament,* QD 150, Freiburg 1994, 23–53 (51–52); Meier, J.P., *A Marginal Jew. Rethinking the Historical Jesus*. Volume Two: *Mentor, Message, and Miracles*, AncB.RL, New York 1994, 30; Becker, *Jesus*, 56–58; Ebner, *Jesus*, 421–422; Theissen / Merz, *Jesus*, 188. – Eine Gegenstimme findet sich bei Reiser, M., *Die Gerichtspredigt Jesu. Eine Untersuchung zur eschatologischen Verkündigung Jesu und ihrem jüdischen Hintergrund,* NTA.NF 23, Münster 1990, 181–182, wo aber der Unterschied zwischen der Aus-

schlossen haben[105], auch für ihn steht ganz Israel „in einem ausweglosen Negativverhältnis zu seinem Gott“[106]. Nun verkündet aber Jesus, viel deutlicher und viel positiver als Johannes, eine neue Heilsinitiative Gottes: die Gnade der Gottesherrschaft.

Nach übereinstimmender Meinung der Fachleute betreibt Jesus keine Heidenmission; er wendet sich nur Israel zu. Aber Israel wird jetzt in seiner ganzen Breite gesehen, als Zwölfstämmevolk, wie es die Auswahl der „Zwölf“, „eine prophetische Zeichenhandlung ..., die den Anspruch Jesu auf ganz Israel öffentlich darstellen will“[107], symbolisch zum Ausdruck bringt. Entspricht das einer Restitution des Gottesvolkes oder einer „Restoration of Israel“[108], einer Wiederherstellung Israels? Da hier in der Tat ein Bezug zur Heilsgeschichte vorhanden ist, können solche Ausdrücke berechtigt sein. Nur sollte man das Gewicht der Vergangenheit nicht überbetonen. Der von Jesus mit der Gottesherrschaft verkündete Neuanfang bringt wirklich auch Neues mit sich, sei es nur wegen der wenigstens impliziten Verschränkung von Gottesherrschaft und Schöpfungstheologie[109]. Es besteht z. B. ein Unterschied zwischen Jesus und den zeitgenössischen, von Josephus[110] erwähnten Propheten. Diese knüpfen an heilige Traditionen an, wenn sie in die Wüste ziehen, um die Wunder des Exodus und der Landnahme zu wiederholen[111]. Für Jesus hingegen „ist diese - Gegenwart Gottes weder an heilige Zeiten oder heilige Orte gebunden, noch verlangt sie außerordentliche Machttaten oder den Heiligen Krieg“, sie ereignet sich im Alltag der Welt und im Rahmen der Schöpfung[112].

---

gangssituation und der durch die Annahme der Täuferbotschaft eröffnete Möglichkeit vielleicht ein wenig übersehen wird.

105 Siehe Lk 13,1–5 (das doppelte „alle“ [V.3.5] ist zu beachten); möglicherweise auch Mt 10,6 und 15,24, wo die „verlorenen Schafe“ wahrscheinlich mit dem „Haus Israel“ identifiziert werden (epexegetischer Genitiv). Weiteres bei THEISSEN / MERZ, *Jesus*, 245–256. Vgl. die oben erwähnte Unterbetonung der Heilsgeschichte bei Jesus.

106 BECKER, *Jesus*, 63–70.64; MERKLEIN, *Botschaft*, 33–34.

107 LOHFINK, *Gott*, 59.

108 So besonders SANDERS, E.P. *Jesus and Judaism*, London 1985.

109 Wieder liefert Deuterojesaja eine gewisse *praeparatio evangelica.* Siehe z. B. Jes 44,24–45,8; 45,9–13; 45,18.

110 *Antiquitates* 20,188 ; *Bellum* 2,259–260 ; 2,261–263.

111 Siehe ROCHAIS, G., *L'influence de quelques idées-forces de l'apocalyptique sur certains mouvements messianiques et prophétiques populaires juifs du 1er siècle*, in: MARGUERAT / NORELLI / POFFET (Hrsg.), *Jésus,* 177–208 (203); KRIEGER, K.-S., *Die Zeichenpropheten – eine Hilfe zum Verständnis des Wirkens Jesu*, in: HOPPE, R / BUSSE, U. (Hrsg.) *Von Jesus zum Christus. Christologische Studien.* Festgabe für Paul HOFFMANN, Berlin 1998, 175–188 (183–185).

112 HOFFMANN, *Rede*, 159.

In Hinblick auf das faktische Israel bekundet sich dieses Neue etwa durch die Preisgabe des Restgedankens, aber besonders dadurch, dass zwischen Gerechten und Sündern keine Barriere mehr besteht, insofern die Sünder (Dirnen, Zöllner usw.) vorbehaltlos in die Gottesherrschaft aufgenommen werden und Sündenvergebung erfahren dürfen[113]. „Schon dadurch, dass die Gottesherrschaft als Heil bedingungslos zugesprochen wird, erweist sie sich als universal“[114]. Es dürfte ausgemacht sein, dass Jesus Gott beschreibt „als den, der den verlorenen, den verirrten Menschen sucht und sich freut, wenn er diesen findet – ohne Wenn und Aber“[115]. Genau dagegen haben die „Gerechten “ protestiert. Jesu Selbstverteidigung ist zugleich ein fast dramatischer Versuch, die Protestler für sein Gottesbild zu gewinnen. Jesus „wirbt um Sympathie für die Sympathie Gottes für die Armen, Entrechteten, das gemeine Volk“, er „wirbt um Barmherzigkeit bei den Unbarmherzigen, die privilegiert sind, sich als etwas Besseres dünken und die anderen verachten“[116]. Erinnert sei nur an die großen Gleichnisse aus Lk 15 (der Vater und die zwei Söhne) oder Mt 20 (die Arbeiter im Weinberg). Gott „schafft jetzt mit Jesus durch gegenwärtige Güte neue Verhältnisse, indem er durch Erwählen des Verlorenen den Menschen mit seiner missratenen Geschichte nicht allein lässt“[117].

Von dieser Güte sind sogar die Heiden nicht ausgeschlossen[118]. Das Reich Gottes besiegt die Herrschaft des großen Gegners, des Satans, aber Sieg und Niederlage werden nicht, wie es in alttestamentlich-jüdischer Tradition zu erwarten wäre, auf der sozial-politischen Ebene mit Israels Ruhm und der Schmach der Heiden identifiziert. Von solch nationaler Eschatologie lässt sich bei Jesus, wie wir sahen, kaum etwas finden. Es gibt für ihn keine Verachtung der Heiden, auch wenn er durchaus auf manche ihrer Defiziten aufmerksam macht (Mt 6,7–8; Q 12,30; Mk 10,42–44). Eine radikale Absage an die Heiden ist eigentlich bei Jesus nicht denkbar, wenn wir mit H. Merklein davon ausgehen dürfen, „dass bei den ἐχθροί, die nach Mt 5,44f.par. zu lieben sind, nicht nur die persönlichen individuellen Feinde gemeint sind, sondern dass zugleich die Heiden als die angestammten Feinde Israels miteingeschlossen

113 Dupont, *Dieu*, 328–329; Ebner, *Jesus*, 424; Theissen / Merz, *Jesus*, 246–248.
114 Lohfink, *Gott*, 60.
115 Heil, *Beobachtungen*, 656.
116 Gnilka, J., *Das Matthäusevangelium. II. Teil. Kommentar zu Kap. 14,1–28,20 und Einleitungsfragen,* HThK I,2, Freiburg 1988, 181.
117 Becker, *Jesus*, 93.
118 Ich nehme hier Ansätze von Merklein, *Einzigkeit*, 20–23, auf.

sind“[119]. Diese pauschale Opposition zwischen „Israel“ und „den Heiden“ ist an sich in dieser Formulierung zu allgemein ausgedrückt, und steht auch so nicht im Text. Sie kann aber ohne weiteres konkretisiert werden, wie S. Légasse sehr schön gezeigt hat[120]: es gab zur Zeit Jesu genug Situationen, wo die Galiläer insbesondere mit heidnischen „Feinden“ in Verbindung kamen, also mit Leuten, die auf persönlicher wie auf „nationaler“ Ebene, zu den Feinden gehören konnten. Da Jesus sein Spitzengebot von der Theo-logie her motiviert, ist es *eo ipso* eine Illustration seines Gottesbildes, zumal ja im Text explizit auf die Güte Gottes hingewiesen wird, wie sie unbestreitbar in der Schöpfung Tag für Tag und Jahr für Jahr ausstrahlt. Als radikal gütiger wird aber Gott besonders in der Jetztzeit erfahren, im Wirken Jesu in Wort und Tat. Es ist nämlich zwischen dem Aufruf zur Feindesliebe und der Eschatologie ein Zusammenhang zu vermuten, den man mit Heinz-Wolfgang Kuhn so ausdrücken kann: „Die hyperbolische Formulierung des Gebots der Feindesliebe ist nur aus Jesu sonstiger Botschaft und seinem Tun verständlich, vom Einbruch der Gottesherrschaft her in seinem Wirken. Dieses Einbrechen des Eschaton in Jesu Wirken musste die Liebe schrankenlos machen“[121]. So kommt es wenigstens tendenziell zu einer Aufhebung der Grenzen, denn „für Jesus ist auch der ‚Feind‘ Gottes Geschöpf; auch ihm gilt die jedem Menschen sich vorbehaltlos zuwendende Güte Gottes“[122]. Dieser Grundzug der extravaganten Liebe, der sich, wie die oben erwähnten Bedenken Klausner's gezeigt haben, in das traditionelle jüdische Gottesbild nicht ganz leicht integrieren lässt, bestimmt auch den optimistischen Blick auf die lebenspendenden Gaben des Regens und der Sonne, die für alle da sind. Der Trend zum Universalen, der auf verschiedene Weise – etwa von der Weisheit her oder über die Verbindung mit der Eschatologie – dem Schöpfungsthema innewohnt[123], ist auch hier bemerkbar: „der Rekurs auf die Schöpfungsordnung durch-

---

[119] MERKLEIN, *Einzigkeit*, 23.

[120] LÉGASSE, S., *„Et qui est mon prochain?“. Etude sur l'objet de l'agapè dans le Nouveau Testament*, LeDiv 136, Paris 1989, 129–145.

[121] KUHN, H.-W., *Das Liebesgebot Jesu als Tora und als Evangelium. Zur Feindesliebe und zur christlichen und jüdischen Auslegung der Bergpredigt*, in: FRANKEMÖLLE, H. / KERTELGE, K. (Hrsg.), *Vom Urchristentum zu Jesus*. Für Joachim GNILKA, Freiburg 1989, 194–230.227.

[122] HOFFMANN, P., *Tradition und Situation. Zur „Verbindlichkeit“ des Gebots der Feindesliebe in der synoptischen Überlieferung und in der gegenwärtigen Friedensdiskussion*, in: KERTELGE, K. (Hrsg.), *Ethik im Neuen Testament*, QD 102, Freiburg 1984, 50–118.115.

[123] Vgl. SCHMIDT, *Glaube*, 185–186.

stösst die vom Menschen errichtete Welt der Unterschiede, der Ungleichheiten und Gegensätze und zeigt eine Welt auf, in der sich alle in gleicher Weise von Gottes Fürsorge getragen erfahren können“[124].

Vor allem bei Deuterojesaja[125], aber nicht nur bei ihm, wie es z. B. die Gottesprädikation „der Himmel und Erde erschaffen hat“ beweist, ist Gottes Kompetenz unbegrenzt. Seine Übermacht enthüllt sich als Dominanz in der Führung der Geschichte zugunsten Israels, im Kampf gegen die Völker und für Israel[126]. Das ist sicher die dominierende Sicht, aber nicht die ganze Wahrheit. Yahweh offenbart sich nämlich auch durch sein Wohlwollen und Wohltun für alle Menschen[127], für alle Völker. Nur, so scheint es, wurden die praktischen Konsequenzen dieser universalen Sicht nicht radikal gezogen, und der heilsgeschichtliche Drang erwies sich faktisch als Hemmung. Erst vom Christusereignis her wurde es endlich klar, dass der Zugang zu Gott allen offen stand, und zwar durch den Glauben allein, ohne jede Vorbedingung. Infolgedessen kam es zwangsläufig zu klaren Aussagen. So bei Paulus, etwa in Röm 3,29f.: „Ist er der Juden Gott allein? Nicht auch der Völker? Doch – auch der Völker! Denn Gott ist einer … “ (übers. F. Stier). So auch bei seinen Schülern, etwa in Eph 2,14: „Denn: Er (sc. Christus) ist unser Friede. Er, der aus den beiden eins gemacht und die trennende Mauer – die Feindschaft – aufgelöst …“ (übers. F. Stier).

Als Ergebnis meines Beitrags glaube ich, formulieren zu dürfen: nicht nur durch sein Sterben und seine Auferstehung, sondern auch schon durch sein Wirken und durch seine Verkündigung, die sein Gottesbild widerspiegeln, hat Jesus die Aufhebung der Grenzen entweder schon verwirklicht zugunsten der Sünder und der Verstoßenen, oder, was die Heiden betrifft, entscheidend vorbereitet und ermöglicht.

---

124 Hoffmann, *Rede*, 174.

125 Vgl. Schreiner, *Theologie*, 236–242.

126 Vgl. z. B. 2 Chr 20,1–12; Sir 36,1–22.

127 Vgl. z. B. Ps 145; Weish 6,7.

Literatur

BECKER, J., *Jesus von Nazareth*, Berlin / New York 1996.

CHILDS, B.S., *Die Theologie der einen Bibel. 2. Hauptthemen*, Freiburg 1996.

EBNER, M., *Jesus – ein Weisheitslehrer? Synoptische Weisheitslogien im Traditionsprozeß*, HBS 15, Freiburg 1998.

FLUSSER, D., *Jesus in Selbstzeugnissen und Bilddokumenten*, Hamburg 1968.

GNILKA, J., *Das Evangelium nach Markus*. 2. Teilband, *Mk 8,27–16,20*, EKK 2, Zürich / Neukirchen-Vluyn 1979.

–, *Zum Gottesgedanken in der Jesusüberlieferung*, in: KLAUCK, H.-J. (Hrsg.), *Monotheismus und Christologie. Zur Gottesfrage im hellenistischen Judentum und im Urchristentum*, QD 138, Freiburg 1992, 144–162.

HEIL, Ch., *Beobachtungen zur theologischen Dimension der Gleichnisrede Jesu in Q*, in: LINDEMANN, A. (Hrsg.), *The Sayings Source Q and the Historical Jesus*, BEThL 158, Leuven 2001, 649–659.

HOFFMANN, P. *„Er weiß, was ihr braucht ... " (Mt 6,7). Jesu einfache und konkrete Rede von Gott*, in: MERKLEIN, H. / ZENGER, E. (Hrsg.), *„Ich will euer Gott werden". Beispiele biblischen Redens von Gott*, SBS 100, Stuttgart 1982, 151–176 = DERS., *Studien zur Frühgeschichte der Jesus-Bewegung*, SBAB 17, Stuttgart [2]1995, 15–40.

KLAUSNER, J., *Jesus von Nazareth. Seine Zeit, sein Leben und seine Lehre*, Jerusalem [3]1952.

LOHFINK, G., *Gott in der Verkündigung Jesu*, in: HENGEL, M. / REINHARDT, R. (Hrsg.), *Heute von Gott reden*, München / Mainz 1977, 50–65.

MARGUERAT, D. / NORELLI, E. / POFFET, J.-M. (Hrsg.), *Jésus de Nazareth. Nouvelles approches d'une énigme*, Le Monde de la Bible 38, Genève 1998.

MERKLEIN, H., *Jesu Botschaft von der Gottesherrschaft. Eine Skizze*, Stuttgart [3]1984.

–, *Die Einzigkeit Gottes als die sachliche Grundlage der Botschaft Jesu*, in: *Der eine Gott der beiden Testamente*, JBTh 2, Neukirchen-Vluyn 1987, 13–32 = DERS., *Studien zu Jesus und Paulus*, WUNT 105, Tübingen 1998, 154–173.

PEDERSEN, S., *The Concept of God as Theme of Biblical Theology*, in: DERS. (Hrsg.), *New Directions in Biblical Theology*, NT.S 76, Leiden 1994, 243–266.

ROBINSON, J.M. / HOFFMANN, P. / KLOPPENBORG, J.S. (Hrsg.), *The Critical Edition of Q. Synopsis including the Gospels of Matthew and Luke, Mark and Thomas with English, German, and French Translations of Q and Thomas*, Leuven 2000.

SANDERS, E.P., *Judaism. Practice and Belief. 63 BCE – 66 CE*, London / Philadelphia 1992.

SCHLOSSER, J., *La création dans la tradition des logia*, in: MARGUERAT / NORELLI / POFFET (Hrsg.), *Jésus*, 1998, 319–348.

–, *Jésus de Nazareth*, Paris [2]2002.

–, *Le Dieu de Jésus. Etude exégétique*, LeDiv 129, Paris 1987.

SCHMIDT, W.H., *Alttestamentlicher Glaube in seiner Geschichte*, Neukirchen-Vluyn [4]1982.

SCHREINER, J., *Theologie des Alten Testaments*, NEB.E 1, Würzburg 1995.

SEEBASS, H., *Der Gott der ganzen Bibel. Biblische Theologie zur Orientierung im Glauben*, Freiburg 1984.

STROTMANN, A., *„Mein Vater bist Du!" (Sir 51,10). Zur Bedeutung der Vater-*

schaft Gottes in kanonischen und nichtkanonischen frühjüdischen Schriften, FThS 39, Frankfurt 1991.
THEISSEN, G. / MERZ, A., *Der historische Jesus. Ein Lehrbuch*, Göttingen 1996.
ZELLER, D., *Zwei neue Jesusbücher im Vergleich*, ThQ 178 (1998), 52–60.

Theologie und Christologie in drei Evangelien

Ulrich Busse
(Essen)

Seit langem kann man den Verdacht hegen, dass aus gutgemeinten Gründen, aber in ihren Konsequenzen unbedacht, bedeutende Vertreter der neuzeitlichen Theologie der christologischen Reflexion den Vorzug vor dem theologischen Nachsinnen gegeben haben. Gegen den Ansturm der aufklärerischen Infragestellung einer traditionell philosophisch geprägten Gottesvorstellung und eines dementsprechenden Weltbildes hat die Theologie doch – wenn auch zuweilen zögerlich – die anthropologische Wende der Moderne[1] mitvollzogen. Mit dieser wuchsen ihr vermeintlich neue Argumente zu, um auf die von ihr als Gotteskrise (J.B. Metz) diagnostizierten Fragestellungen[2] intellektuell angemessen reagieren zu können. Indem sie über einen im Rahmen einer eigentlich gezielt anthropologischen Argumentationskette ihren Jesus des Glaubens zunehmend divinisierte, hoffte sie den traditionellen, in Zweifel gezogenen oder sogar zunehmend abgelehnten Gott-Glauben rechtfertigen und festigen zu können.

Im Rückblick auf diese treibende Kraft der neuzeitlichen Christologie lässt sich heute unumwunden festhalten, dass anstelle der anvisierten Stärkung des Bewusstseins von dem in Christus offenbaren Gott die Entzauberung der Welt durch fortschreitende Säkularisierung und die Ablösung von der orientierenden jüdisch-christlichen Tradition aufgrund wissenschaftlicher Rationalität die christliche Theologie nicht nur das Verhältnis zu ihren jüdischen Wurzeln gefährdet, sondern auch durch die Christologisierung der Gottesfrage zur Erosion wie Inflation der eigentlichen Rede von Gott beigetragen hat. In der Gegenwart, wo der Mensch bei anhaltender globaler Ausbeutung der natürlichen Ressourcen sowie mit der ihm eigenen in der Neuzeit zugewachsenen, naturwissenschaftlich-technischen Intelligenz nun in seine eigene human-

---

1 J.W. von Goethe nennt in seinen *Annalen 1806* die mit Napoleon aufziehende Epoche ein „individualistisches Zeitalter“.

2 P. Clayton, *The Problem of God in Modern Thought*, Grand Rapids 2000, gibt dazu einen Überblick.

genetische Substanz einzugreifen beginnt und damit die letzte Grenze zwischen Schöpfung und Selbstproduziertem zu fallen droht, leidet er zugleich unter der Angst, dass sich seine letzten Sinnreserven in der Wissensgesellschaft mit ihren rationalen Funktionssystemen verflüchtigen und sich sein Sinnbedürfnis als eine fata morgana herausstellen könnte, das – eigentlich wertlos – sich aus Zerfallpartikeln eines religiös-humanistischen Weltbildes in seinem Bewusstsein abgelagert hat. Wenn aber eine ganz und gar „erklärte" Welt noch keinen Lebenssinn erzeugt, keine Antwort gibt auf Erfahrungen von Zeit und Vergänglichkeit, von Gut und Böse, keine Orientierung für ein glückendes Leben in einer gerechten Gesellschaft, keinen roten Faden an die Hand gibt, an dem Lebensepisoden und –stadien zur biographischen Kontinuität und damit zur individuellen Identität geleitet werden, dann könnte sich aufs Neue die Frage nach der Bedeutsamkeit und den Sinnzusagen stellen, die den jüdisch-christlichen Traditionszusammenhang ausgezeichnet haben und dessen Sinnpotential noch nicht gänzlich erschöpft sein könnte.

Unter dieser Vorgabe stellt sich dem en détail verliebten Exegeten die kritische Frage, ob es berechtigt war, die drei Evangelien (Mk, Lk und Joh) vorrangig christozentrisch zu lesen. Man hat sich so daran gewöhnt, das Matthäusevangelium auf eine Weise zu rezipieren, dass in diesem Jesus in Abgrenzung zum Gott des alten Bundes eine nova lex durchsetze (5,17–48) und er in seinem Gehorsam exklusiv die ganze Gerechtigkeit erfülle (3,15), dass im Markusevangelium die Theorie vom Messiasgeheimnis vorherrsche[3], dass bei Lukas die heilsgeschichtliche Darstellung der „Mitte der Zeit" die Erzählintention bestimme und dass schlussendlich im Johannesevangelium Jesus als „ein über die Erde wandelnder Gott" dargestellt werde. Aber die Evangelisten sind aus meiner jetzigen Sicht alle Judenchristen, die mit Ausnahme von Matthäus überwiegend in der galut gelebt haben. Bei ihnen liegen auch keine Indizien vor, die beweisen könnten, dass sie das Šma Israel und das Unser-Vater, täglich zu beten, aufgegeben hätten. Unter diesen Prämissen stellt sich eine doppelte Aufgabe: Einmal sollte eruiert werden, welche theologischen Kernaussagen das damalige Diasporajudentum bestimmten und auf welche Weise sich andererseits die Theologien der Evangelien in diesen Gesamtzusammenhang hineinkopieren lassen. Dass diese Aufgabe hier nur selektiv und

[3] Vgl. G. Dautzenberg, Zwei unterschiedliche „Kompendien" markinischer Christologie? Überlegungen zum Verhältnis von Mk 15,39 zu Mk 14,61f., in: FS Cornelis P. Mayer, Giessen 1989, 17–32.17.

impressionistisch zugleich geleistet und an ausgewählten Textbeispielen erfolgen kann, versteht sich von selbst.

I.

Selbstredend bezeugen die diesbezüglichen diasporajüdischen Texte das Credo Israels von dem *einen* Gott. Der Hohepriester Eleazar (Arist. 132) lässt Mose drei Aussage über Gott formulieren: „προϋπέδειξε γὰρ πάντων πρῶτον ὅτι μόνος ὁ θεός ἐστι, καὶ διὰ πάντων ἡ δύναμις αὐτοῦ φανερὰ γίνεται, πεπληρωμένου παντὸς τόπου τῆς δυναστείας, καὶ οὐθὲν αὐτὸν λανθάνει τῶν ἐπὶ γῆς γινομένων ὑπ᾽ ἀνθρώπων κρυφίως, ἀλλ᾽ ὅσα ποιεῖ τις αὐτῷ φανερὰ καθέστηκε, καί τὰ μέλλοντα γίνεσθαι –" D. h. der Aristeasbrief betont die unzerbrüchliche Einheit, die Allmacht und die Allwissenheit Gottes[4], die alles, auch die Zukunft der Menschenwelt umspannt. Ebenso denkt auch der erste uns bekannte, sehr selbstbewusst als Theologe agierende Aristobulos. Für ihn, der – βουλόμενος συντηρεῖν τὸν περὶ θεοῦ λόγον[5] – sich um eine angemessene theologische Begrifflichkeit bemühen will, ist Gott über allen Dingen (ἐπι πάντων)[6], aber zugleich durch alles (διά πάντων) mit seiner göttlichen Kraft[7] wirksam, wobei er dessen Macht vorrangig in den Naturphänomenen und nicht so sehr in der Menschenwelt wirken sieht. Dabei benutzt er mit Vorliebe Abstraktlexeme (z. B. Gott ist ἀκίνητος) sowie unpersönliche anstelle von persönlichen Begriffen, wie sie sonst in der biblischen Tradition üblich sind, und zitiert bereits griechische Autoren (Homer, Hesiod und Aratos), so dass man neben seiner jüdischen auch eine hellenistische Bildung deutlich spürt. Aber nicht nur er führt einen von der griechischen Philosophie beeinflussten kosmologischen Gotteserweis, sondern dieser lässt sich auch Weish 13,1ff. nachlesen: „Sie hatten die Welt in ihrer Vollkommenheit vor Au-

---

[4] Vgl. Sir 16,17; 17,19f.; 23,18f.; 42,20 ; Weish 1,6ff.

[5] Euseb, praep. ev. 8.10.12f.

[6] Vgl. Philo, post. 5 mit Plato, Tim. 42e: „Denn alle Kreatur umspannt der Himmelskreis und hält sie in sich fest. Werden doch auch in ihre Elemente zerfallenden Toten wiederum in die Kräfte des Alls aufgelöst, aus denen sie entstanden ..." mit „Nach dieser Aussaat aber überließ er es den jungen Göttern, die sterblichen Leiber zu gestalten und im übrigen das, was von der menschlichen Seele noch hinzukommen musste, und alles damit Zusammenhängende herzustellen und dann zu herrschen und nach Kräften möglichst schön und gut das sterbliche Lebewesen fortwährend zu leiten, soweit es nicht selbst Urheber der es selbst betreffenden Übel würde."

[7] Euseb, praep. ev. 8.10.10; 10.17; 12.4,12; Vgl. Jos., c. Ap. 2.293f.: „Gott ist überall und beobachtet und dirigiert alles."

gen, ohne den wahrhaft Seienden erkennen zu können ..." Den hohen Stand der philosophisch-theologischen Reflexion in neutestamentlicher Zeit referiert Philo[8], wenn er schreibt: „Das Seiende gehört nämlich als Seiendes nicht zu dem Relativen; denn von sich selbst ist es voll und sich selbst genug, vor der Entstehung der Welt und nach der Entstehung des Alls in gleicher Weise. Denn es ist wandlungslos und änderungslos, bedarf überhaupt nicht eines andern, so dass ihm selbst alles gehört, er selbst eigentlich keinem."

Diese ontologische Argumentation hat logischerweise Auswirkungen auf die Weltsicht insgesamt. Gott ist dementsprechend der Schöpfer und Erhalter des Kosmos[9]. Er ist unabbildbar[10] und sollte aus diesem Grund nur in *einem* Tempel[11] und mit einer ihm genehmen Ethik[12] verehrt werden, die wiederum theozentrisch gedacht werden kann, wenn z. B. der Aristeasbrief[13] formuliert: „Die Erkenntnis, dass Gott alles beherrsche und dass bei den herrlichsten Handlungen wir nicht selbst die Entschlüsse ausführen, sondern dass Gott in seiner Macht alles leite und vollende." Denn er ist wohltätig[14], gut und rettet insbesondere sein Volk aus drohender Gefahr. Wiederum kann Philo[15] diesen Gedankengang zusammenfassen, wenn er formuliert: „Denn was aus der bewährtesten Philosophie denen erwächst, die ihr obliegen, das wird den Juden durch ihre Gesetze und Bräuche vermittelt, die Erkenntnis von dem höchsten und heiligsten Urgrund aller Dinge, da sie die Irrlehre von den geschaffenen Göttern verwerfen; denn kein Geschaffener ist ein Gott der Wahrheit, er ist es nur in der Meinung der Menschen, da ihm die wesentlichste Eigenschaft fehlt, die Ewigkeit." Dieses Zitat legt u. a. offen, dass trotz der Bereitschaft einiger diasporajüdischer Autoren[16] sich in die hellenistische Umwelt im unterschiedlichen Maße zu assimilieren und aus diesem Grund kulturelle Konvergenz signalisieren, sie dennoch auf ihre

---

[8] Philo, mut. 27f.

[9] U. a. Arist. 16–19.132f.201.

[10] Arist. 135–138; Jos., ant. 3.179; 4.137f.; 12.126; c. Ap. 2.65–67.79.117.

[11] Vgl. Philo, Gai. 347; Jos., c. Ap. 193.

[12] Arist. 142–169.193–197.205–207.

[13] Arist. 195: τὸ γινώσκειν ὅτι θεὸς δυναστεύει τῶν ἀπάντων, καὶ ἐπὶ τῶν καλλίστων πράξεων οὐκ αὐτοί κατευθύνομεν τὰ βουλευθέντα· τελειοῖ τὰ πάντων καὶ καθηγεῖται δυναστεύων. Vgl. Weish 12,17f. ; 13,9 ; Philo, cher. 31.

[14] Ez. Trag. 35.50.106.204–213.236–240 ; Philo, op. 72.78.169 ; all. 1.34 ; 3 Makk 6,1–15 ; Jos., ant. 4.176–195.

[15] Philo, virt. 65.

[16] Vgl. Aristobulus in Euseb, praep. ev. 13.12.7; Arist. 16; Philo, virt. 65; spec. 1.67; 2.165; Jos., c.. Ap. 2.193: Diese Autoren rechnen damit, dass auch andere eine rechte Gottesvorstellung haben können. Andere verhalten sich gegenüber ihrer hellenistischen Umwelt antagonistisch: vgl. Weish., 3 Makk, JosAs und Or Sib.

Tradition stolz sind und sie zumeist der Umwelt überlegen betrachten. Zwar kennen die Griechen Gott (z. B. als θεὸς ὕψιστος) an, die Juden hingegen akzeptieren nicht jeden Aspekt der hellenistischen Gottheiten.[17]

Erwartungsgemäß bleibt deshalb die biblische Ethnozentrik der Bundestheologie in der frühen diasporajüdischen Theologie nicht nur erhalten, sondern sie wird sogar verstärkt. Der eine Gott wird mit dem Genitiv „Gott Israels" bzw. „Gott der Vorfahren" in 3 Makk 5,13; 7,16; 4 Makk 12,17; Ez. Trag. 213; JosAs 7,5; 11,10; Jos., bell. 7.50; ant. 4.137f. in Absetzung zu den Gottheiten der neuen Umgebung spezifiziert und damit zugleich der Erwählungsgedanke thematisiert. Besonders Ezechiel Tragicus legt großen Wert auf die Feststellung, dass der Bund ein Geschenk göttlicher Erwählung war (35[18].106[19]). Auch legt der jüdische Autor des fiktiven Briefes von Aristeas[20] an Philokrates wiederum dem Hohenpriester Eleazar die Definition in den Mund, die Juden seien „Männer Gottes"[21], die Er aus den Völkern selbst zu seiner Verehrung ausgegrenzt habe (140). Nur Josephus spielt aufgrund seiner Biographie den Bundesgedanken[22] herab und hat die Diaspora als eine „permanente Wohnung" (ant. 4.116) zu betrachten gelernt. Die golah konnte für ihn diese Qualität erhalten, weil aus seiner Sicht Gott wegen der Verunreinigung seines Wohnsitzes in Jerusalem[23] für eine unbestimmte Zeit seine Sympathie den Römern zugewandt hat. Für ihn hat die sündige Hybris, die sonst die Bedränger Israels[24] charakterisiert, dieses selbst eingeholt. So sieht man hier wiederum eine ethische Grundüberzeugung des Aristeasbriefes wie des Frühjudentums sich bewahrheiten: „Wähle die Gottesfurcht zum Ausgangspunkt, dann wirst du niemals fallen."[25]

---

[17] Vgl. Arist. 42.135–138.170.184.234. Der Islam spricht zuweilen von den 99 Namen Allahs.

[18] ἐπεὶ δὲ καιρὸς νηπίων παρῆλθέ μοι, ἦγέν με μήτηρ βασιλίδος πρός δώματα, ἅπαντα μυθεύσασα καὶ λέξασά μοι γένος πατρῷον καὶ θεοῦ δωρήματα.

[19] ἐγὼ θεὸς σῶν, ὧν λέγεις, γεννητόρων, Ἀβραάμ τε καὶ Ἰραάκ καὶ Ἰακώβου τρίτου. μνησθεὶς δ᾿ ἐκείνων καὶ ἔτ᾿ ἐμῶν δωρημάτων πάρειμι σῶσαι λαὸν Ἑβραίων ἐμόν, ἰδὼν κάκωσιν καὶ πόνον δούλων ἐμῶν. Vgl. auch 4 Makk 12,17.

[20] Arist. 140: Ὅθεν οἱ Αἰγυπτίων καθηγεμόνες ἱερεῖς, ἐγκεκυφότες εἰς πολλὰ καὶ μετεσχηκότες πραγμάτων, ἀνθρώπους θεοῦ προσονομάζουσιν ἡμᾶς· ὃ τοῖς λοιποῖς οὐ πρόσεστιν, εἰ μή τις σέβεται τὸν κατὰ ἀλήθειαν θεόν, ἀλλ᾿ εἰσὶν ἄνθρωποι βρωτῶν καὶ ποτῶν καὶ σκέπης·

[21] Nach Dtn 33,1 LXX ist Mose „ein Mann Gottes" wie 1 Kön 17,18 LXX Elias und Weish 18,13 werden so die Israeliten in Ägypten genannt.

[22] Vgl. Gen 15 diff. Jos., ant. 1.183–185 und Gen 17 diff. Jos., ant. 1.191–193.

[23] Jos., bell. 3.354; 5.363–418; 6.110.

[24] Vgl.z. B. Ez. Trag. 148: παύσω δ᾿ ὕβριν ἀνθρώπων κακῶν.

[25] Arist. 189: Πῶς ἂν ἕκαστα πράττοι; Ὁ δὲ ἀπεκρίθη <ὅτι> τὸ δίκαιον εἰ πρὸς

II.

Vor diesem nur grob skizzierten Hintergrund muss die Entwicklung der theologischen Reflexion vom historischen Jesus zu den Autoren der Evangelien betrachtet werden. Jesus selbst hatte aufgrund einer visionären Widerfahrnis (Lk 10,18)[26] den lebendigen Gott erfahren und sich aus diesem Grund zum Propheten berufen gefühlt. Er sah sich genötigt, eine für viele paradox klingende Neuigkeit zu verbreiten: Gott habe unter den äußerst widerwärtigen Konditionen der Gegenwart (Q 17,21) begonnen, die Sehnsucht Israels zu stillen und seine gnädige Herrschaft aufzurichten. Er habe Jesus seinen Finger geliehen, die menschenfeindlichen Dämonen (Q 11,20) zu vertreiben. Viele unter seinen Landsleuten reagierten auf diese unerwartete Nachricht skeptisch und suchten ihren Wahrheitsgehalt zu ergründen, indem sie Jesus in Diskussionen und Streitgespräche verwickelten, von denen Bruchstücke in der synoptischen Tradition erhalten sind. Paul Hoffmann[27] skizziert die Folgen seines Auftretens m. E. korrekt, wenn er schreibt: „Die Gottesfrage bildet im Streit mit seinen Gegnern bis zur Hinrichtung am Kreuz den zentralen Punkt der Auseinandersetzung. Jesu Wirken in Wort und Tat, auch seine Gleichnisse, seine Gesetzesauslegung, seine Gemeinschaft mit den Verachteten und Ausgestoßenen lassen sich wie die Rede vom Reich Gottes von diesem seinem Gott nicht trennen. Die verschiedenen Aspekte seines Auftretens zeigen vielmehr nur die vielfältige Brechung dieser mit Jesus aufgeworfenen Gottesfrage in den konkret-historischen Situationen seines Lebens und seiner Zeit." Seine als gewaltsames Prophetengeschick deutbare Lebensgeschichte[28] belegt einmal seine unabtrennbare Zugehörigkeit zur Glaubensgeschichte seines Volkes wie auch die Auffälligkeit seines Auftretens mit provokativen Zeichenhandlungen, paradoxer Parabelrede und radikalisierender Torainterpretation die nachösterlichen Evangelisten ver-

---

ἅπαντας διατηροῖ, [ἑαυτῷ] καλῶς τὰ ἕκαστα πράξει, διαλαμβάνων ὅτι πᾶν ἐννόημα σαφές ἐστι θεῷ (vgl. 132.235): καταρχὴν δὲ θείου φόβου λαμβάνων ἐν οὐδενὶ διαπίπτοις. Zum Motiv „Gottesfurcht" vgl. Spr 1,7; Sir 1,11–30; mAbot 1,3: „Seid nicht wie Knechte, die dem Herrn dienen in der Absicht, Lohn zu empfangen, sondern wie Knechte, die dem Herrn dienen ohne die Absicht, Lohn zu empfangen, und es sei Gottesfurcht über euch. …"

[26] Zur Interpretation dieses Verses siehe U.B. Müller, *Vision und Botschaft. Erwägungen zur prophetischen Struktur der Verkündigung Jesu*, ZThK 74 (1977) 416–448.

[27] P. Hoffmann, *Die Basileia-Verkündigung Jesu und die Option für die Armen*, neuerdings in: Ders., *Studien zur Frühgeschichte der Jesus-Bewegung*, SBA 17, Stuttgart 1994, 41–72.50.

[28] Auf diese Weise Q, Lukas und Johannes.

anlasst, die Bekenntnisfrage nach der Bedeutsamkeit Jesu in einem umfassenderen, theologischen Rahmen zu stellen.

Dieses Bemühen charakterisiert schon den Ältesten, der zuerst seine Schrift Evangelium nennt: Markus. Obwohl der nun schon ein Jahrhundert die Markusinterpretation bestimmende William Wrede[29] in seiner noch immer faszinierend zu lesenden Abhandlung herausgefunden zu haben glaubte, dass das Markusevangelium von zwei Gedanken beherrscht wird: „1. Jesus hält seine Messianität, so lange er auf Erden ist, geheim. 2. Den Jüngern freilich offenbart er sich im Gegensatz zum Volke, aber auch ihnen bleibt er in seinen Offenbarungen einstweilen unverständlich. Beiden Gedanken, ..., liegt die gemeinsame Anschauung zu Grunde, dass die wirkliche Erkenntnis dessen, was er ist, erst mit seiner Auferstehung beginnt. Dieser Gedanke der geheimen Messianität hat bei Markus eine bedeutende Ausdehnung. Er beherrscht viele Worte Jesu, zahlreiche Wundergeschichten und überhaupt den gesamten Verlauf der Geschichtserzählung"; ist die angebliche Messiasdogmatik von Markus selbst unter eine weit umfassendere missionarische Überschrift gestellt worden: das Evangelium. Seine zentrale Bedeutung für die Intention des Verfassers signalisiert das 13. Kapitel, in dem sich der Autor über die erzählte Jesuszeit hinaus direkt an den Leser[30] wendet. Denn das Messiasgeheimnis wird für einen christlichen Leser nicht vom heidnischen Hauptmann unter dem Kreuz (Mk 15,39)[31], auch nicht von den ersten Osterzeugen aufgelöst, die sich doch der Aufforderung des Engels verweigern, den Jüngern und Petrus über das Ereignis der Auferweckung zu berichten (16,6–8). Beide Texte weisen vielmehr in die bereits erzählte Welt Jesu zurück, so dass auf diesem Informationsstrang das Osterzeugnis den Leser nicht erreicht haben kann.

Man findet einen befriedigenderen Zugang zur Lösung des Problems über einen anderen Text, der von der feministischen Exegese erst allmählich in seiner Bedeutsamkeit erkannt wird. Seine vorgezogene Totensalbung[32] durch eine anonym bleibende Frau wird Mk 14,9 von Jesus selbst so kommentiert: „Wahr ists, ich sage euch: Wo in aller Welt das Evangelium verkündigt wird, da wird auch besprochen werden, was sie getan hat – ihr zum Gedächtnis."

---

[29] W. Wrede, *Das Messiasgeheimnis in den Evangelien. Zugleich ein Beitrag zum Verständnis des Markusevangeliums*, Göttingen ¹1901.³1963, 114.

[30] Vgl. E. Brandenburger, *Markus 13 und die Apokalyptik*, FRLANT 134, Göttingen 1984, 74–161.

[31] Das angebliche Bekenntnis ist im Präteritum formuliert, resümiert und weist ebenso wie Mk 16,7 (vgl. 14,28) auf das erzählte Wirken Jesu zurück.

[32] Die Salbungsabsicht der drei Frauen Mk 16,2 ist mit Blick auf Mk 14,3–9 überflüssig.

Unumwunden wird von Jesus selbst zugestanden, dass diese Frau zum Bestandteil der missionarischen Verkündigung nach ihm geworden ist. Demnach reicht die Verkündigung des Evangeliums über die Lebensdaten Jesu hinaus (vgl. 13,10) und ihr Inhalt ist nicht ausschließlich auf ihn begrenzt. Diese weitreichende Aussage wurde bereits vorher Mk 13,10; 10,29 (diff. Mt 19,29; Lk 18,29b) und 8,35 (diff. Mt 16,25; Lk 9,24) vorbereitet, wo strikt zwischen Jesus und dem Evangelium unterschieden wurde, um deren beider willen man sein Leben schon jetzt zu Jesu Lebzeiten und in der missionarischen Zukunft verlieren kann. Wenn aber Jesus nicht allein der ausschließliche Inhalt des Evangeliums ist, was ist dann sein gemeinsamer Nenner? Dieser wurde programmatisch Mk 1,14f. definiert: Jesus verkündigt nicht sich selbst, sondern das Evangelium Gottes[33] in einer bereits nachösterlich geprägten missionarischen Version einer Umkehrpredigt, welche auf die Parusie des Menschensohnes (13,26f.) ausgerichtet ist. Aus dieser Sicht gewinnt die Überschrift Mk 1,1 erst ihr volles Gewicht: Das Evangelium des „historischen" Jesu[34] ist ein anfängliches Evangelium, dessen Vollendung vom Leser nicht absehbar ist, aber für dessen Verkündigung der Gottesherrschaft und deren bleibende Aktualität er, wie Jesus vor ihm, unter widrigen Umständen in seiner jeweiligen Gegenwart die Verantwortung übernehmen soll.

Gerade das 13. Kapitel legt die markinische Gottesvorstellung offen. Sie ist kurz nach der Zerstörung des zweiten Tempels erwartungsgemäß stark vom apokalyptischen Gedankengut geprägt. Die Eingangsfrage der Jünger (Mk 13,4) nach dem Zeitpunkt, wann die Tempelherrlichkeit endgültig zerstört werde, beantwortet der markinische Jesus nämlich ganz im apokalyptischen Sinne (vgl. 4 Esr 11,44[35]): Die Dauer dieses bis in die Wurzeln korrupten Äons ist von Gott bemessen und seine widerwärtige Geschichte wird von dessen Absicht, endgültig ordnend einzugreifen, noch gehalten, aber aufgrund der unergründlichen Bemessungsgrundlage von ihm sicher bald beendet. Doch sollte man die zeitbedingten en vogue gewordenen Zeichendeutungen und Terminfestlegungen

[33] Vgl. die Aufsätze von G. Dautzenberg, *Die Stellung des Markusevangeliums in der Geschichte der urchristlichen Theologie*, Kairos 18 (1976) 282–291; Ders., *Die Zeit des Evangeliums. Mk 1,1–15 und die Konzeption des Markusevangeliums*, BZ 21 (1977) 219–234; 22 (1978) 76–91; Ders., *Das Wort von der weltweiten Verkündigung des Evangeliums (Mk 13,10) und seine Vorgeschichte,* in: FS W. Trilling, Freiburg 1990, 150–165.

[34] Man beachte den gen. subj.

[35] „Da sah der Höchste seine Zeiten an: siehe, sie waren zu Ende, und seine Äonen: sie waren voll."

von Menschen nicht ernst nehmen. Denn nach 13,32f. kennt niemand den genauen Termin, aber Jesus ist gewiss, Er wird handeln und seinen Menschensohn zum Gerichtsprozess über diesen Äon schicken, in dem nur die Gerechten, d. h. die Umkehrwillige und an das Evangelium Gottes Glaubende und für es Zeugende (vgl. 1,15 mit 13,19), freigesprochen werden. Da ihnen aber der Termin der Äonenwende unbekannt ist, sollen sie allzeit wachsam sein. Aus markinischer Perspektive[36] ist Gott Herr der Welt, damit ihr überlegen und folglich in der Lage, sein Recht ihr und ihrer Geschichte gegenüber durchzusetzen. Da er stellvertretend seinen Menschensohn zum Gerichtstag senden wird, thront er souverän jenseits von Welt und Mensch. Wenn nun der Menschensohn nachösterlich mit dem auferweckten und erhöhten Jesus identifizierbar wurde, dann wurde zugleich auch dessen Erstverkündigung vom Reich Gottes hoheitlich legitimiert und infolgedessen für die Endzeit extrem gewichtig. Deshalb „muss"[37] das Evangelium Gottes trotz aller Widerstände von Synedrien und Synagogen „zuerst" global verkündigt werden.

III.

Wenn Markus das Fieber der Naherwartung mit Hilfe einer Periodisierung der Endzeit dämpfen will, indem er der Verkündigung des Evangeliums Gottes die Priorität vor den kosmischen Zeichen, die die Äonenwende begleiten werden, einräumt, dann legt es sich nahe, den Gebrauch des Stichwortes πρῶτον im Sinn von einer qualifizierenden Epochenbildung auch bei Lukas zu studieren. Denn dieser steht seit langem im Verdacht, die Endzeit nur unter einem ekklesialen Aspekt im Rahmen einer umfassenderen Heilsgeschichte zu betrachten, die in der Jesusgeschichte schon ihre Klimax erreicht habe. Auf den ersten Blick scheint der Textbefund dem von Markus zu entsprechen. Doch bei näherem Hinsehen bietet sich doch ein etwas anderes Bild. Im Evangelium werden die Verfolgungsansagen prägnanter personalisiert (17,25; 21,9), der missionarische Anlass in 21,9 unterschlagen, aber der endzeitliche Rahmen im Kontext hervorgehoben. Der Menschensohn *muss zuerst* aufgrund göttlichen Ratschlusses ebenso wie nach ihm seine Jünger leiden (vgl. 24,26 mit Apg 14,22), bevor die Äonenwende eintritt. Erst in der Apostelgeschichte wird die Missionsgeschichte

[36] Vgl. BRANDENBURG, s. Anm. 369, 147.
[37] Die Verkündigung steht unter einem göttlichen „Muss".

periodisiert. Apg 3,26 unterstreicht noch einmal das Privileg Israels, dass sie aufgrund des Abrahambundes und -verheißung Jesus *zuerst* empfangen durften, damit sie sich bekehrten. Doch 13,46 ist der diasporajüdische Widerstand gegen das Wort Gottes so stark geworden, dass Paulus sein Zeugnis (vgl. Apg 1,8) einstweilen bei ihnen einstellen muss, weil er – wie vor ihm schon Mose (Apg 7,27.39) – sich den Völkern zuwenden *müsse*[38], damit auch diesen (vgl. Lk 2,32 mit Apg 26,18.23) aufgrund der Schrift (Is 49,6) das Licht des Heils (Lk 1,78f.) angeboten würde. Die Gründe für die nächste Etappe, die die Völkermission auslöst, werden von ihm 18,6 wiederholt. Aber er stellt trotzdem 20,21 und 26,20 klar, dass seine Predigt unter den Völkern mit der des Täufers Lk 3,3–6 inhaltlich identisch ist. Auch für die Völker trifft das zu, wozu Israel von Jesus zuerst aufgefordert wurde: „Sie sollten Buße tun und sich Gott zuwenden und der Umkehr entsprechend handeln." (vgl. Apg 26,20 mit Lk 24,47; 5,8)

Bislang wurde in der Auslegungsgeschichte aus der Parallelität der Umkehrbotschaft zumeist der einseitige Schluss gezogen, dass der lukanische Paulus Israel das göttliche Wohlwollen endgültig ab- und den Völkern zuspreche. Dabei wird geflissentlich eine gedankliche Option außer Acht gelassen, dass nämlich nicht nur Teile Israels, sondern auch Teile der Völker Gottes Wort ablehnen könnten. Dass diese Möglichkeit durchaus im Denkhorizont des Autors lag, dafür sprechen einige Indizien: Die Zuhörer auf dem Areopag reagieren auf die Auferstehungsbotschaft ebenso gespalten wie vorher die Juden (Apg 17,32–34; vgl. 25,20); die Silberschmiede in Ephesus sehen ihre ökonomische Grundlage durch die christliche Botschaft gefährdet (Apg 19,23–40; vgl. 16,19–22). In der Rede in Milet (Apg 20,29–31) sagt Paulus voraus, „dass nach meinem Abschied reißende Wölfe zu euch kommen, die die Herde (vgl. Lk 12,32) nicht verschonen werden. Auch aus eurer Mitte werden Männer aufstehen, die Verkehrtes lehren, um die Jünger an sich zu ziehen" (vgl. Lk 21,8.15–17.34f.; 12,41–48). Der korrupte Prokurator Felix (Apg 24,22–26) erschrickt über die Konsequenzen der christlichen Botschaft, deren ethische Prinzipien einzuhalten, er nicht imstande zu sein scheint. Jesus selbst sagt Paulus bei seiner Erscheinung vor Damaskus voraus, dass „ich dich retten will vor deinem Volk und vor den Heiden, zu denen ich dich sende" (Apg 26,17). Schon diese wenigen Beispiele aus dem zweiten Teil der Apostelgeschichte hätten vor dem vorschnellen Urteil warnen müssen, der Heidenmission wäre ein bes-

[38] Αναγκαῖον Apg 13,46 entspricht hier dem sonst bei Lk üblichem δεῖ.

seres Ergebnis beschieden als der Mission unter Juden. Vielmehr schätzt Lukas den Ausgang der Heidenmission realistischer als seine christlichen Ausleger ein. Denn schon in der großen eschatologischen Rede (Lk 21,24) fügt er von sich aus eine ominöse Terminansage ein, dass zwar Jerusalem von den Heiden zertreten werde, aber diesem nationalen Unglück von Gott her ein Ende gesetzt sei. Es dauere nur solange, „bis die Zeiten der Heiden erfüllt sind." Auf diesen Termin kommt Jakobus in seiner Rede auf dem Apostelkonzil (Apg 15,14–18) erneut zu sprechen: „Simon hat berichtet, wie Gott zuerst darauf gesehen hat, dass er aus den Völkern ein Volk für seinen Namen bekomme. Und damit stimmen die Worte der Propheten überein, wie geschrieben ist: Danach kehre ich zurück, und wieder erbaue ich Davids zerfallenes Zelt. Und seine Trümmer erbaue ich wieder, und wieder richte ich es auf: auf dass die übrigen Menschen den Herrn (auf Zion) suchen, und alle Völker, über denen mein Name ausgerufen – spricht der Herr, der dieses tut. Ihm ist es kund von Weltzeit her." Damit spricht Jakobus wie später Paulus die eschatologische Erwartung Israels[39] an, dass am Ende der Tage Gott alles (Apg 3,21), d. h. auch die Integrität Israels (Apg 26,6f.) wiederherstellen werde, die sich bereits in Jesus als dem *Ersten* der Auferstehung (Apg 26,23) angekündigt hat.

Vor diesem dramatischen Hintergrund einer in Epochen gegliederte und vom Willen Gottes geleiteten Endzeit muss die besondere Rolle Jesu gewürdigt werden. Anna (Lk 2,37) betet wie die Väter Israels (Apg 26,7; vgl. 13,32) Tag und Nacht im Tempel in Erwartung der Erfüllung der biblischen Verheißung, die sie in dem Jesuskind aus Davids Geschlecht sich zu erfüllen zu sehen beginnt. Über dessen zukünftige Relevanz hatte der Engel Maria (Lk 1,32f.), den Hirten (Lk 2,11) und folglich dem Leser hoheitlich proklamiert, er werde den Thron Davids besteigen, über das Haus Jakob dauerhaft herrschen und der Messias Gottes (vgl. 2,11 mit 26) sein. Aber dieser sei nicht exklusiv der Retter Israels, sondern auch der Völker (vgl. 2,11 mit 30–32). Mit diesen Ankündigungen hat der Evangelist die Basis für sein Doppelwerk gelegt. Denn für

[39] Die Erwähnung der Pharisäer im Kontext der Aussage von der „Hoffnung Israels" (vgl. Apg. 23,6; 24,15; 26,6f.) legt die Anspielung auf deren Lehre von der Auferstehung der Toten nahe. Zum korporativen und keineswegs nur individuellen Verständnis des Hoffnungsgedankens vgl. R.C. TANNEHILL, *The Narrative Unity of Luke-Acts: A Literary Interpretation.* Vol. II: *The Acts of the Apostles*, Minneapolis 1990, 317–320: „Thus the hope and promise of which Paul speaks in 26:6–7 is not merely a hope for individual life after death but a hope for the Jewish people to be realized through resurrection."

den Bericht über die Heidenmission hat er den letzten Teil seines œuvre reserviert. Analog zu diesem Spannungsbogen entwickelt sich auch die etappenweise Inkraftsetzung der hoheitlichen Ansprüche Jesu. Zu Lebzeiten war er als endzeitlicher Prophet (Lk 24,19) nur der designierte Messias (Apg 2,22), der in seinem Leiden das Hauptkriterium für sein vorherbestimmtes Messiasamt erfüllt (Lk 24,26; Apg 2,23ff.), so dass Gott ihn nach seiner Himmelfahrt zum Vasallenkönig (Lk 19,11–27)[40] salben kann. Denn noch steht er als Ratgeber rechts neben dem Thron des einen Himmelkönigs (Apg 2,33; 7,56) und sendet als Vorboten seiner zukünftigen Weltherrschaft den Geist auf die Jünger herab, die seinen bevorstehenden Herrschaftsantritt im Rahmen der Himmel und Erde umspannenden eschatologischen Gottesherrschaft weltweit (Apg 1,8; 13,47) ansagen. All dies hat sich am Erzählende noch nicht realisiert, weil sich „die Zeit der Heiden" eben noch nicht erfüllt hat. Deshalb endet das Doppelwerk auch mit einem offenen Schluss: „So verkündete er das Königtum Gottes und lehrte über den Herrn Jesus den Messias – mit allem Freimut, ungehindert." (Apg 28,31)

Die auffallende Betonung der Verkündigung und nicht der heilsgeschichtlichen Realisierung der Gottesherrschaft bei Lukas[41] und ihres jenseitigen[42] und eschatologischen[43] Charakters ergibt erst Sinn, wenn der weit umfassendere, kosmische und eschatologische Denkhorizont seines theologischen Gesamtentwurfes realisiert und akzeptiert wird. Lukas will mit narrativen Mitteln darstellen, dass der Wille Gottes nur ein Ziel kennt, nämlich die endgültige Durchsetzung seiner Herrschaft im Himmel wie auf Erden. Diese Absicht hat mit dem Auftreten Jesu die endzeitliche Qualität eines zielgerichteten „Weges" gewonnen. Denn in ihm hat aus lukanischer Sicht Gott die Person aus edelstem Geschlecht Israels gewonnen, die seine biblischen Verheißungen, seine Rechte und seinen Heilswillen mit endzeitlicher Relevanz dokumentiert hat. Durch seinen Gehorsam bis in den Tod (Lk 23,46) hat Jesus sich den Anspruch auf ein Vasallenkönigtum (Lk 23,42) erworben. Bevor er aber seine von Gott durch himmlische Salbung legitimierten Herrschaftsrechte in dem ihm zugewiesenen Kosmos mit richterlicher Gewalt (vgl. Lk 19,27 mit Apg 13,46) auf Dauer

[40] Zu diesem Gleichnis im lukanischen Kontext, siehe: U. Busse, *Dechiffrierung eines lukanischen Schlüsseltextes (Lk 19,11–27)*, in: FS P. Hoffmann, *Von Jesus zum Christus*, BZNW 93, Berlin 1998, 423–441.

[41] Lk 4,43;8,1; 9,2.11.60; 16,16; Apg 1,3; 8,12; 19,8; 28,23.31.

[42] Lk 7,23; 9,27; 13,28f.; 14,15; 18,24; 22,16.18; Apg 14,22.

[43] Lk 9,27; 10,9.11; 17,20; 19,11; 21,31; 23,15.

durchsetzt, muss erst der universale Rechtsanspruch Gottes auf seine Schöpfung global verkündet werden und all denen, die in diesem zeitraubenden Prozess unter die Räder der gottfeindlichen Mächte gekommen sind, Heil und Rettung zugesagt, und denen, die dessen Oberherrschaft wie die Vasallenherrschaft Jesu ablehnen, das Gericht angekündigt werden. Diese strapaziöse Arbeit leisten nach Jesu Tod seine Anhänger, denen je nach ihrem Arbeitseinsatz gestaffelter Einfluss im eschatologischen Herrschaftsbereich Jesu zugesagt ist. So formuliert Paulus in Milet (Apg 20,24) seinen Auftrag: „Doch keines Wortes wert halte ich für mich das Leben, gegen dies, dass ich zu Ende bringe meinen Lauf und den Dienst, den ich vom dem Herrn Jesus empfangen habe: zu bezeugen das Evangelium von der Gnade Gottes.“ Auf diese Weise erfüllt Gott und nicht Jesus die Hoffnung Israels auf die Apokatastasis pantôn (Apg 3,21).

IV.

Seit F. C. Baur für die historisch-kritische Exegese des Johannesevangeliums dekretiert hat, dass in diesem Jesus als „ein über die Erde wandelnder Gott“ dargestellt werde, hat diese Frage die Ausleger bis zu E. Käsemann kontrovers bewegt. Aus dem fast zweihundertjährigen Dilemma führt die seit langem bekannte Einsicht heraus, dass das vierte Evangelium ein „Gegenwartsbuch“[44] ist, das nicht einen geschichtlichen Hergang schildern, sondern dessen tiefere Bedeutung für die Erzählwelt ausloten will.

Wenn man der Sache auf den Grund geht, stößt man unweigerlich auf Denkvoraussetzungen, die das Verhältnis zwischen Gott und Jesus entweder vertikal, d. h. ontologisch, oder horizontal, d. h. ontisch, zu bestimmen versuchen. Aber sind diese Kontrapunkte die einzigen Denkmöglichkeiten? Wenn die Annahme stimmt, dass der Autor die Jesusgeschichte nicht nacherzählen, sondern aus der Retrospektive mit Hilfe einer biblischen Hermeneutik (u. a. 2,22; 7,37–39; 20,9) deuten will, muss die Frage erlaubt sein, ob die Schrift allein in diesen Kategorien denkt oder ob es noch andere Möglichkeiten gibt, mit denen sie das Verhältnis zwischen Gott und Mensch bzw. Israel definieren kann.

Die Vertreter einer Sendungschristologie scheinen in dieser Richtung am weitesten vorgedrungen zu sein, wenn sie die Bezie-

---

[44] M. Dibelius, *Die urchristliche Überlieferung von Johannes dem Täufer*, FRLANT 15, Göttingen 1911, 99.

hung zwischen Vater und Sohn funktional im prophetischen Sinne verstehen, dass eben der Sohn als Gesandter des Vaters nur das redet und tut, was ihm aufgetragen wurde. Doch ist dies ein rein einseitiges Abhängigkeitsverhältnis, welches wiederum dem johanneischen Text nicht umfassend gerecht wird, weil die Differenz von Himmel und Erde nicht mitbedacht wird. Der Evangelist denkt in der Tat funktional-soteriologisch, aber übergreifend in der relationalen Deutekategorie der Liebe: Gott liebt die Menschenwelt so, dass er ihr zur Rettung seinen einzigen Sohn gegeben hat (3,16; 10,17[45]); Gott mag zudem seinen Sohn in besonderer Weise, dass er ihm wie ein guter Ausbilder seinem Auszubildenden alles gezeigt hat (5,20), was er für seinen Beruf braucht; Jesus wiederum liebt ihn umgekehrt so, dass er sein Leben freiwillig hinzugeben bereit ist (10,18; 14,31), damit die Menschenwelt die Qualität dieser Vater-Sohn-Beziehung richtig und zu ihren Gunsten einzuschätzen lernt (3,14–16) und entsprechend reagiert (3,21); Jesus liebt seine Jünger mit der gleichen Intensität. Deshalb bittet er seinen Vater, sie in ihre Beziehung als mit ihm gleichberechtigte Geschwister einzubeziehen, was dann auch 20,17 geschieht. Sie sind als Kinder in die Familie Gottes aufgenommen, die wiederum in der Familie des Lieblingsjüngers ihr von Jesus gestiftetes symbolisches Pendant hat (19,26f.).

Wenn man darüber hinaus den Rat von H. Thyen[46] beherzigt, der angeregt hat, „allen Versuchen zu widerstehen, die poetisch-metaphorische Sprache des Johannes auf ihren vermeintlich christologischen Begriff zu bringen, sei es im Sinne solcher Identitätsbehauptungen, sei es durch die Reduktion des Sohnes zum bloßen Funktionär des Vaters, oder sei es im Sinne irgendeines Adoptianismus“, und die johanneische Metaphorik unter diesem Aspekt untersucht, dann stößt man unweigerlich auf eine weitere Beschreibungsart des Verhältnisses, in dem Gott und Mensch über die Person Jesu miteinander kommunizieren: die Tempelmetaphorik.

In einem Vortrag über die Tempelmetaphorik[47] hier in Leuven

---

[45] Zu diesen Stellen merkt G. Heinrici, *Ist das Urchristentum eine Mysterienreligion?*, IWW 5 (1911) 417–430.426, passend an: „Der Kreuzestod wird deshalb als eine Offenbarung der Liebe Gottes für die Sünder gewertet. Durch diesen Tod lernen sie an die Liebe Gottes glauben (Joh 3,16. Röm 5,6–8).“

[46] H. Thyen, *Ich bin das Licht der Welt. Das Ich- und Ich-Bin-Sagen Jesu im Johannesevangelium*, JAC 35 (1992) 19–46.31.

[47] U. Busse, *Die Tempelmetaphorik als ein Beispiel von implizitem Rekurs auf die biblische Tradition im Johannesevangelium*, in: C.M. Tuckett (ed.), *The Scriptures in the Gospels*, BEThL 131, Leuven 1997, 395–428. Neuerdings wird M. L. Coloe, *God Dwells with Us: Temple Symbolism in the Fourth Gospel*, Collegeville 2001, diese Thematik vertiefen.

habe ich die theologische Aufmerksamkeit auf diesen durchgängigen Topos zu lenken versucht. Was trägt nun die johanneische Interpretation der Jesusgeschichte mit Hilfe der Tempelmetaphorik für die christologische Frage aus? Dazu bedarf es nur einiger weniger Zusatzinformationen zum frühjüdischen Wohnstatt-Tempel-Verständnis, um ihre Relevanz aufzudecken. Bekanntlich gab es keine einheitliche Vorstellung über die geheimnisvolle Gegenwart Gottes im Allerheiligsten[48]. Einige mögen sie sich ganz handfest und massiv vorgestellt haben, andere glaubten ihn nur gelegentlich, etwa beim Sabbatopfer oder am Jom-Kippur, präsent, wiederum ein andere Gruppe sah im Tempel lediglich seine symbolische Residenz inmitten seines Eigentumvolkes. Er selbst aber wohne über der „Himmelsfeste“ (Ps 104,3). Doch im vierten Evangelium werden zwei Ideen besonders hervorgehoben: einmal die kultischen Aktivitäten im Tempel und zum anderen dessen Funktion als Begegnungszelt. Beide spielen auch in der frühjüdischen Literatur eine bedeutsame Rolle.

Israel war – von Gott erwählt – sein Eigentumsvolk, um seinen Willen zu realisieren, d. h. ihn allein zu ehren[49]. Die kontinuierliche Verehrung geschah nicht nur für das Kollektiv Israel allein, sondern auch universal zugunsten der Schöpfungswelt[50] zentral im Jerusalemer Tempelkult wie individuell im Lebensvollzug jedes einzelnen Juden gemäß der Tora. Kultisch bedeutsam waren die kontinuierlichen sowie die für spezielle Anlässe durch Priester dargebrachten Opfer unterschiedlichster Art. Sie hielten die Schöpfungsordnung[51] intakt, indem sie die Chaoskräfte bannten. Wenn die Priester das Opfer darbrachten, wurden sie Partner in einer irdisch-himmlischen Liturgie zur Ehre Gottes, so dass ihnen der Beiname „Engel“ (hebr. *mal'ak*)[52] beigelegt werden konnte. Diese auf den ersten Blick rätselhafte Vorstellung ist jedoch Bestandteil einer dezidiert kultischen Weltsicht, die sich auch im Jubiläenbuch und in den Sabbatopfer-Gesängen aus den Qumran-

[48] Vgl. nur das spätnachexilische Weihegebets Salomos 1 Kön 8,27ff.

[49] Die Verehrung Gottes geschieht parallel zu der der himmlischen Engel: TLevi 3,8; äthHen 61,10–12; 4Q405,23 etc.

[50] Vgl. u. a. P. Schäfer, *Tempel und Schöpfung. Zur Interpretation einiger Heiligtumstraditionen in der rabbinischen Literatur*, Kairos 16 (1974) 122–133; J. Maier, *Self-Definition, Prestige, and Status of Priests Towards the End of the Second Temple Period,* BTB 23 (1993) 139–150.146.

[51] Beachte nur Sir 50,19: dort wird der Kosmos durch und im kontinuierlichen Tamid-Opfer „*vollendet*“ bzw. Jub 1,10; 32,10; 49,19–21, wo die Nachkommen Jakobs einen Tempel bauen dürfen, in dem der Name Gottes wohnt, durch den gerade auch die gesamte Schöpfung geschaffen wurde (Jub 36,7).

[52] Mal 2,7; Tob 8,15; Dan 3,53–59 [1,30ff. LXX].

Höhlen (4Q400–407) äußert.[53] Abgeleitet aus Ex 19,5f., dem Bundesangebot Gottes an Mose, er wolle das Haus Jakob zu seinem Eigentumsvolk, zu einem „Reich von Priestern und zu einem heiligen Volk“ machen, wird Jub 33,20 (vgl. 16,18) betont: „Denn ein heiliges Volk ist Israel Gott, seinem Herrn, und ein Volk des Erbes ist es und ein priesterliches Volk ist es und ein königliches Volk ist es und sein Besitz ist es, und es soll nicht sein, dass dergleichen Unreines inmitten des heiligen Volks erscheint.“ Deutlich hat sich gegenüber Ex 19,5f. die kultische Heiligkeitsvorstellung[54] in den Vordergrund gedrängt. Da per definitionem Gott der Heilige ist, wird auch die jeweilige Nähe eines Wesens zu Gott an dem Maß seiner Heiligkeit gemessen. Im himmlischen Bereich, wo Gott residiert, kennt das Jubiläenbuch zwei Engelklassen, die dem Heiligen besonders nahe sind, „die Engel des Angesichts“[55] und „die Engel der Heiligung“ (2,18). Beide sind dazu bestimmt, mit seinem Eigentumsvolk den Sabbat zu halten (2,19f.31). Außerdem teilen sie mit Israel das Bundeszeichen, die Beschneidung (15,24–28). Wenn man nun noch bedenkt, dass nicht nur nach der Vorstellung der Tempelrolle (=11Q19/20; 1Q32; 2Q24; 4Q554–55; 5Q15 und 11Q18) der Tempel inmitten der heiligen Stadt Jerusalem das Allerheiligste birgt, das nur der Hohepriester[56] als „Go-between“ am Jom Kippur betreten durfte, und den weiteren Opferbezirk, den nur Priester gemäß den entsprechenden Heiligkeitsvorschriften[57] betreten durften, dann sticht die komplette Parallelität zwischen den Qualitätsmerkmalen derer hervor, die Gott im Himmel und auf Erden besonders nahe sind. Das bestimmende Motto „wie im Himmel, so auf Erden“ findet seine Entsprechung in den entsprechenden Kulthandlungen, die der Sohn Jakobs, Le-

[53] CD 16,2–4 zeigt, dass das Jubiläenbuch für einige Texte in der bei Qumran versteckten Priesterbibliothek eine autoritative Schrift war.

[54] Vgl. auch J. Maier, *Die Tempelrolle vom Toten Meer und das „Neue Jerusalem“*, UTB 829, München ^{3}1997, 198ff. und Ders., s. Anm. 50, 143.

[55] Man beachte die Nähe der Vorstellung von den Angesichtsengeln mit der von Joh 1,1, wo vom Logos gesagt wird, er sei Gott zugewendet gewesen!

[56] M. Himmelfarb, *Ascent to Heaven in Jewish and Christian Apocalypses*, Oxford 1993, 18, merkt zur Kleidung des Hohenpriesters am Versöhnungstag mit Bezug auf Lev 6,3 / 16,4 an: „These garments serve to indicate a kind of dialectical elevation into that sphere which is beyond even the material, contagious holiness characterizing the tabernacle and its accessoires.’ Not coincidentally, in Ezekiel (9:2–3,11; 10:2) and Daniel (10:5, 12:6–7) angels wear garments of linen (*bad*).“ Am Jom Kippur wird also der Hohepriester, wenn er das Allerheiligste betritt, zum Grenzgänger, der zeitweilig den göttlichen Bereich betreten darf. Diese Grenzgängervorstellung scheint im Johannesevangelium auf Jesus übertragen worden zu sein.

[57] Diese graduellen Heiligkeitsregelungen werden sogar noch von mKel 1,6–9 (vgl. mBer 9,5) tradiert.

vi, vollziehen wird: „Dich segne der Gott aller, der Herr aller Ewigkeiten, dich und deine Söhne in alle Ewigkeiten. Und Gott gebe dir und deinem Samen Größe und großen Ruhm und dich und deinem Samen bringe er sich nahe vor allem Fleisch, damit sie in seinem Heiligtum dienen wie die Engel des Angesichts und wie die Engel der Heiligung."[58] Der priesterliche Dienst im Tempel entspricht in allem dem, was die dem Heiligen nahen Engel im Himmel auch vollziehen. Die Vorstellung, dass ein irdischer Kult nur im Einklang mit der himmlischen Liturgie vollzogen werden könne, bewegt auch die Sabbatopfer-Gesänge aus der vierten Höhle bei Qumran.[59] Dort werden die Engel in ihrem priesterlichen Dienst im himmlischen Tempel (11Q17 Kol. D; vgl. TLevi 3,5; bTChag 12b) klar beschrieben. Sie werden „immerwährend Heilige, Allerheiligste, damit sie für Ihn werden zu Priestern (der) Nähe, ... Angesichtsdiener im *Debir*[60] Seiner Herrlichkeit in einer Gemeinde für alle Göttlichen"[61] (4Q400 Frg. 1.3f.) genannt. Demnach sichern sie die Reinheit des Kultvollzuges dem göttlichen Willen gemäß und versöhnen alle Umkehrwilligen mit Gott. Auch hier wird eine funktionale Korrespondenz zwischen himmlischem und irdischem Kult, zwischen Engeln einerseits und Priestern andererseits vorausgesetzt. Da die Heiligkeit des Jerusalemer Tempels abgestuft dem der himmlischen Sphären entsprechen muss, ist er der Ort, wo eine Begegnung zwischen himmlischer und irdischer Welt nach antik-jüdischen Vorstellungen allein denkbar und realisierbar ist. Deshalb wird die Wohnstatt göttlicher Gegenwart auch als der Ort angesehen und geschätzt, an dem jederzeit einen Priester und besonders den Hohenpriester beim Kultvollzug göttliche Offenbarungen treffen konnten.[62] Dadurch wuchs ihnen die Kompetenz zu, das Volk zu instruieren. Zugleich war das Allerheiligste der Ort, wo man der Herrlichkeit Gottes, seiner *Kabod*, als Zeichen seiner Gegenwart ansichtig werden konnte (vgl. Sir 50,5–21; Arist. 96–99). Somit war in dieser Konzeption der Tempel einerseits die irdische Residenz der geheimnisvollen Gegenwart Gottes, andererseits der einzig denkbare Ort, wo Himmel und Erde miteinander kommunizierten, weil in ihm sich beide Sphären trafen und sogar ein Hin- und Herübergehen in beide Richtungen möglich war.

---

[58] Jub 31,13f.

[59] Vgl. C. Newsom, *Songs of the Sabbath Sacrifice: A Critical Edition*, Atlanta 1985, 29–38.

[60] Gemeint ist das Allerheiligste.

[61] Zitiert nach der Übersetzung von J. Maier, *Die Qumran-Essener: The Texte vom Toten Meer II*, UTB 1863, München/Basel 1995, 377.

[62] Vgl. J. Maier, s. Anm. 50, 147.

Die Kenntnis von der Deutung des Tempels als Sakralraum, dem man sich nur im Stand der angemessenen Heiligkeit nähern durfte[63], weil in ihm geheimnisvoll der Heilige selbst seine irdische Residenz aufgeschlagen hatte, hilft ebenso die christologische Konzeption des vierten Evangelisten weiter zu entschlüsseln wie das rudimentäre Wissen über die arkanen Prinzipien des Tempelkultes. Sie setzen vor allem eine funktionale Identifizierung des Kultdieners mit seinem himmlischen Antipoden voraus. Wenn nun im vierten Evangelium Jesus durchgängig in der Weise charakterisiert wird, dass er nur das tut, was er bei seinem Vater gelernt hat und wozu er einen himmlischen Auftrag besitzt, den er auf Erden loyal ausführt, dann ist damit nicht nur die notwendige Kongruenz zwischen himmlischen und irdischen Aktivitäten des Tempelpersonals in den synchronisiert gedachten beiden Tempeln vorausgesetzt, sondern auch Jesu besondere Nähe zu Gott. Diese aber wurde erst in der nachösterlichen Glaubensreflexion bewusst, wo das Jesusgeschehen als für den Glaubenden heilvolle rite de passage deutbar wurde: Danach hat der Logos als himmlisches Wesen bei der Erschaffung der Welt mitgewirkt (1,3) und garantiert fortwährend deren Bestand mit, indem er als Leben spendendes Licht kontinuierlich leuchtet. Diese Tätigkeit wurde ihm durch göttliche Zuneigung ermöglicht, welche er schon vor der Grundlegung des Kosmos besaß (vgl. 17,24 mit Arist. 89; 2 Makk 2,29). Damit ist nicht nur der kosmologische Aspekt der antiken Tempelidee angesprochen, sondern auch die Aussage von der Gottessohnschaft Jesu (1,18) vorbereitet, welche die besondere Nähe des Logos zu Gott auf den geschichtlichen Jesus überträgt bzw. parallelisiert. Auf diese Weise sind alle Voraussetzungen erfüllt, derer Jesus bedarf, um als einzigartige Kommunikationsschnittstelle zwischen Himmel und Erde dienen zu können (1,14.51). In seinen Aktivitäten, die seine Herrlichkeit (*kabod*) den Jüngern offenbaren (vgl. 2,11 mit 17,1–4), wird ihnen aber nicht nur die geheimnisvolle Gegenwart Gottes in seinem „Tempel" sichtbar, sondern Jesu „verzehrender Eifer für sein Vaterhaus" (2,17) führt zu dessen vorläufiger Zerstörung (*churban*), bis er ihn selbst in seinem Körper wiedererrichtet (2,19–22; 10,18). Die Zerstörung selbst wird als Passaopfer verstanden, das die chaotischen Weltmächte besiegt und gleichzeitig indirekt alle Glaubenden in der Weise reinigt, d. h. in einen Stand der Heiligkeit versetzt (13,8–10; 15,3), der ihnen Anteil am heilvollen

[63] Vgl. nur das Dekret Antiochus III in Jos., ant. 12 § 145f., wo der Seleukide ausdrücklich verbietet, den Tempel gegen die Reinheitsvorschriften des Landes zu betreten.

Jesusgeschick gibt, so dass sie dessen eigene (neue) Instruktion von der gegenseitigen Liebe in die Tat umsetzen lernen.

Die metaphorische Interpretation der Jesusgeschichte mit Hilfe zentraler Ideen des Tempelkultes löst den unüberbrückbar scheinenden Gegensatz innerhalb der johanneischen Christologie weitgehend auf. Da die Jesusgeschichte als Tempel im Vollzug gedeutet wird, hebt sich die Opposition zwischen den beiden in der Auslegungsgeschichte konkurrierenden Konzeptionen von selbst auf. Denn der Tempel war nach antiker Vorstellung Pforte zum Himmel und Treffpunkt von Himmel und Erde zugleich. Der Evangelist denkt also nicht in konkurrierenden, sich gegenseitig ausschließenden, sondern in relationalen Kategorien: Das Verherrlichungswerk Jesu (17,4) vereinigt die beiden Hemisphären zum Lobe Gottes, wie es so nur im Jerusalemer Tempel denkbar war. Niemand wäre damals auf die Idee gekommen, den Tempel als Gott selbst zu bezeichnen, aber als den Treffpunkt und exzeptionellen Ort seiner geheimnisvollen Gegenwart allemal. Falls das doch einmal wie bei Philo, fug. 75, passsiert, wenn dieser den Tempel-„Ort" als Asylort für einen unfreiwilligen Mörder (Ex 21,13) definiert und anschließend anmerkt: „Denn ‚Ort' nennt (die Schrift) hier nicht einen durch Körper erfüllten Raum, sondern allegorisch Gott selbst, da er ja umschließt, ohne umschlossen zu werden, und weil er eine Zuflucht des Alls ist", dann schwingt sogleich die Einschränkung mit, wie man sie auch GenR 68 findet: „R. Huna sagte im Namen von R. Ami: Warum gibt man Gott den Namen ‚Ort'? Weil er der Ort der Welt, nicht aber die Welt sein Ort ist."

Auf ähnliche Weise argumentiert der johanneische Jesus, wenn er quasi definitorisch 4,24 feststellt, „Gott ist Geist". In dieser Kurzform setzt er das biblische Pneuma-Verständnis (z. B. Ps 104,27–30; Sach 12,1) voraus, in dem der Geist die permanente Schöpferkraft Gottes darstellt, die göttliche Kraft, die in der Welt umfassend kreativ wirkt. Diese erhalten die Jünger erst 20,22 geschenkt und damit die Kraft, das Böse in der Menschenwelt weiterhin bekämpfen zu können. Damit ist das soteriologische Zentrum der Osterwiderfahrnis der Jünger markiert. Die Jünger werden nämlich exakt zu diesem Zeitpunkt neu geboren, als sie den göttlichen Lebensodem (vgl. Gen 2,7) vom Auferstandenen geschenkt bekommen. Aber davon hatte der Evangelist von Anfang an gesprochen (1,12f.; 3,3–5; 7,39) und ihnen für die Zeit nach seinem Weggang den „anderen" Parakleten (14,16) versprochen. Deshalb gilt auch hier: Nicht Er benötigt die Menschen, sondern sie ihn. Nur Er vermag ihnen „lebendiges Wasser" (u. a. Jer

17,13; Ps 36,10; 42,2f.)[64] zu geben und möchte so permanent (vgl. 5,17; 7,37f.) wirken – eine biblische und nahöstlich nachvollziehbare Metapher für „Leben", die gerade die Perikope von der Samariterin bestimmt.

V.

Der Überblick über die theologischen Entwürfe der drei ausgewählten Evangelien hat ihre größere konzeptionelle Nähe zur biblischen Tradition als zu den Entwürfen von manchen der diasporajüdischen Theologen aufgezeigt. Für die drei Evangelisten steht Gott zu seinem Wort. Er ist ein „lebendiger", d. h. ein beteiligter Gott, kein „unbewegter", abseits stehender Gott der philosophischen Reflexion. Wie er die für die Jesuszeit bestimmten Worte eingehalten hat, so wird er die Restmenge der für die Endzeit bestimmten wie auch die Jesus aufgetragenen Worte ebenfalls erfüllen. Er ist sich gleich geblieben in seinem ungebrochenen Engagement für die Rechte der Marginalisierten. Doch denken die Evangelisten weniger vom Sinai als von der Schöpfung her. Deshalb sind die Konzepte durchwegs eschatologisch und folglich universal bzw. global orientiert. Die ersehnte Herrschaft Gottes in Fülle ist der Horizont der urchristlichen Ethik[65]. In ihr werden nicht nur die Rechte der Armen, sondern vor allem aus lukanischer Perspektive Israel selbst restituiert. Jesus und die Christologie spielen demgegenüber nur eine dienende Rolle. Er wird als der angesehen und verehrt, der Gottes eschatologischen Willen ansagte, lebte und vermittelte, so dass er den direkten Zugang zu Gott ermöglicht und zugleich dessen Loyalität und Solidarität der Lebenswelt gegenüber als der Lebende schlechthin dokumentiert hat wie es das Johannesevangelium bezeugt.

Falls die religionssoziologische Diagnose, die westliche Zivilisation werde zunehmend nach-christlich und nach-religiös, zutreffend sein sollte, dann warnt die hier vorgelegte Analyse der drei Evangelien vor der Gefahr, im apologetischen Übereifer mit dem christologischen Stempel des Übermenschen Jesus seine unverkürzte Menschlichkeit zu nehmen. Vielmehr ist nun die rechte Zeit, wieder mehr an Gott zu denken (Karl Lehmann). Die Evangelien sprechen von dem einmal gegenwärtigen, d. h. potentiell je-

---

[64] Vgl. die Ausführungen von W.H. Schmidt in Anm. 95.

[65] Vgl. näherhin: W. Schrage, *Ethik des Neuen Testaments*, NTD.E 4, Göttingen 1982, 21–115.

derzeit erfahrbaren Gott. In solchen Fällen war und ist er stets ein persönlicher Gott: der Gott Abrahams, Isaaks und Jakobs wie auch der Gott Jesu. Dabei wird die bestürzende Erfahrung der Propheten akut, dass Gott, in der Zeit individuell erfahren, immer neu ist. Der stets Neue drängt danach, verkündigt zu werden. Es wird von den Zuhörern mit der religiösen Überlieferung verglichen und hat schon aus diesem Grund – zumal in der Antike – einen schweren Stand. Dass es zuweilen abgelehnt wird, mag nicht mehr überraschen. Zugleich sprechen die Evangelien auch von dem kommenden Gott. Er wird seine Rechte auf seine Schöpfung durchsetzen. Dies haben die Propheten bis auf Jesus angesagt. Letztlich hat dieser nur verkündigt, dass der Prozess der Wiederherstellung der Rechtsansprüche Gottes auf sein Eigentum bereits begonnen hat. Deshalb verkörpert die evangeliare Tradition meistens in Konkurrenz zur Tora-Tradition das charismatisch Prophetische, das immer gegen jede dauerhafte Stabilisierung der Theologie auf den lebendigen Gott verweist, der auch für die zu Beginn skizzierte Herausforderung der Modernen, auf ihn gänzlich zu verzichten, meistern wird. Diese theologische Einsicht formuliert Tanchuma zu Ex 33,21 zwar nur im Bezug auf den Tempel, aber in seiner Bedeutung weit darüber hinaus korrekt: „Mein ‚Ort‘ ist mir (Gott) nebensächlich, aber ich bin es nicht ihm."

Literatur

BRANDENBURGER, E., *Mk 13 und die Apokalyptik*, FRLANT 134, Göttingen 1984.

BUSSE, U., *Die Tempelmetaphorik als ein Beispiel von implizitem Rekurs auf die biblische Tradition im Johannesevangelium*, in: C.M. TUCKETT (Hrsg.), *The Scriptures in the Gospels*, BEThL 131, Leuven 1997, 395–428.

–, *Dechiffrierung eines lukanischen Schlüsseltextes* (Lk 19,11–27), in: FS P. HOFFMANN, BZNW 93, Berlin 1998, 423–441.

COLOE, M.L., *God Dwells With Us: Temple Symbolism in the Fourth Gospel*, Collegeville 2001.

DAUTZENBERG, G., *Die Stellung des Markusevangeliums in der Geschichte der urchristlichen Theologie*, Kairos 18 (1976) 282–291.

–, *Die Zeit des Evangeliums. Mk 1,1–15 und die Konzeption des Markusevangeliums*, BZ 21 (1977) 219–234; 22 (1978) 76–91.

–, *Zwei unterschiedliche „Kompendien" markinischer Christologie? Überlegungen zum Verhältnis von Mk 15,39 zu Mk 14,61f.*, in: FS C.B. MAYER, Giessen 1989, 17–32.

–, *Das Wort von der weltweiten Verkündigung des Evangeliums (Mk 13,10) und seine Vorgeschichte*, in: FS W. TRILLING, Freiburg 1990, 150–165.

DIBELIUS, M., *Die urchristliche Überlieferung von Johannes dem Täufer*, FRLANT 13, Göttingen 1911.

HEINRICI, G., *Ist das Urchristentum eine Mysterienreligion?*, IWW 5 (1911) 417–430.

HIMMELFARB, M., *Ascent to Heaven in Jewish and Christian Apocalypses*, Oxford 1993.

HOFFMANN, P., *Die Basileia-Verkündigung Jesu und die Option für die Armen*, in: DERS., *Studien zur Frühgeschichte der Jesus-Bewegung*, SBA 17, Stuttgart 1994, 41–72.

MAIER, J., *Self-Definition, Prestige, and Status of Priests Towards the End of the Second Temple Period*, BTB 23 (1993) 139–150.

–, *Die Qumran-Essener. Die Texte vom Toten Meer II*, UTB 1863, München / Basel 1995.

–, *Die Tempelrolle vom Toten Meer und das „Neue Jerusalem"*, UTB 879, München [3]1997.

MÜLLER, U.B., *Vision und Botschaft. Erwägungen zur prophetischen Struktur der Verkündigung Jesu*, ZThK 74 (1977) 416–448.

NEWSOM, C. (Hrsg.), *Songs of the Sabbath Sacrifice: A Critical Edition*, Atlanta 1985.

SCHÄFER, P., *Tempel und Schöpfung. Zur Interpretation einiger Heiligtumstraditionen in der rabbinischen Literatur*, Kairos 16 (1974) 122–133.

SCHRAGE, W., *Ethik des Neuen Testaments*, NTD.E 4, Göttingen 1982.

TANNEHILL, R.C., *The Narrative Unity of Luke-Acts: A Literary Interpretation*, 2 vol., Minneapolis 1990.

THYEN, H., *„Ich bin das Licht der Welt". Das Ich- und Ich-bin-Sagen Jesu im Johannesevangelium*, JAC 35 (1992) 19–46.

WREDE, W., *Das Messiasgeheimnis in den Evangelien. Zugleich ein Beitrag zum Verständnis des Markusevangeliums*, Göttingen [1]1901, [3]1963.

Der Gott Israels in Röm 9–11

Gerhard Dautzenberg
(Giessen)

Im neunten Kapitel des Römerbriefs begegnen Gottesaussagen, die den Leser verunsichern und seine Stellungnahme, sein Urteil, seinen Glauben herausfordern. Vor dem Hintergrund von V. 18: „Er erbarmt sich also, wessen er will, und macht verstockt, wen er will" erscheint sogar das göttliche Erbarmen als Ausfluß reiner Willkür. Angesichts des Bildes vom Töpfer, seiner unbeschränkten Macht über den Ton und schließlich auch über das aus dem Ton Gebildete und angesichts einer Anwendung dieses Bildes auf das Verhältnis Gottes zu den Menschen, Gott könne zum Erweis seiner Macht „Gefäße des Zorns" zur schließlichen Vernichtung und andererseits zum Erweis des Reichtums seiner Herrlichkeit „Gefäße des Erbarmens" bilden (V. 21–23), habe ich mich schon vor aller Exegese oft gefragt, ob dieses despotische Gottesbild den harten Kern oder die nackte Wahrheit der Beziehung zwischen Gott und Mensch zutreffend beschreibt, ob hier das semitische Substrat der christlichen Gottesaussage zutage tritt.

Während in exegetischen Arbeiten zu Röm 9 nur gelegentlich[1] die Qualifikation „Willkür" gebraucht wird, hat *O. Kuss*, der seinen Kommentar zu Röm 9–11 in bewußter Distanz zur Exegese als einer theologischen Disziplin geschrieben hat[2], seinem Entsetzen über die Gottesaussagen von Röm 9 breiten Ausdruck gegeben. Schon zu Röm 8,28–30 stellt er fest: „Der Gottesbegriff nimmt ungehemmt tyrannische Züge an, und alle scheinbar demutsvollen Bekenntnisse, daß Gott jedenfalls niemals ‚ungerecht' sein könne und daß sein ‚Geheimnis' und also auch das Geheimnis der Prädestination nicht zu durchdringen sei, vermögen die Schrecken und das Entsetzen nicht zu lindern, welche ein so barbarisches Gottesbild im Übermaß mit sich bringt"[3]. Paulus stelle in Röm 9 „seinen Lesern das urtümliche, düster-dämonische Jahwe-Bild der jüdi-

[1] ZELLER, *Römer*, 178 zu Röm 9,19–21: „Es entsteht der Eindruck einer absoluten Willkürherrschaft Gottes, menschliche Verantwortung entfällt"; MUSSNER, *Verstockung Israels*,191 zu Röm 9,18: „Ist sein ‚Wollen' also das Wollen eines Willkürgottes?".

[2] S. die „Vorbemerkung" in: KUSS, *Römerbrief*, iii-xiv.

[3] KUSS, *Römerbrief,* 649.

schen ‚Schriften' in seiner herausfordernden Unbegreiflichkeit vor Augen", werde „zugleich nicht müde, auf den beharrlichen Glauben an die zuverlässige Treue dieses gleichen Gottes hinzuweisen", der freilich jetzt anders verstanden werden müsse, als es ein „verstockter Nationalaberglaube" wahrhaben wolle[4]. Der Gebrauch der Metapher vom Ton und vom Bildner zeige nach Duhm[5], daß „die Allmacht des Schöpfers den Semiten leicht zu einer despotischen Auffassung des Verhältnisses zwischen Gott und Menschen führe", in der Anwendung bei Paulus werde sie schlechthin barbarisch und verfälsche die Situation in hohem Grade. Denn wie sehr es auch zutreffe, daß der Gott Jahwe der Schrift der Juden der Schöpfer sei, so sei in der gleichen Schrift doch ebenso die Überzeugung lebendig, daß mit dieser Erschaffung nicht einfach ein Inventarstück des Himmels und der Erde zustande komme, sondern der Mensch, geschaffen nach dem Bilde Gottes und als Bild Gottes[6]. Kuss warnt vor einer apologetisch gemeinten oder modernisierenden Verharmlosung der zweifellos schockierenden und grausamen Texte etwa dadurch, daß man Röm 9,19–21 nur als ein Element in einem größeren Argumentationszusammenhang betrachte, und besteht darauf, daß Paulus vor dem Hintergrund der in 9,19–21 enthaltenen Prädestinationslehre vom Bilde Gottes den Vorwurf „der Ungerechtigkeit, des Despotischen, Tyrannischen, Sultanhaften kaum wirksam" habe abwehren können[7]. In dem großen abschließenden Exkurs „Zu der Problematik um die Prädestination"[8] rekurriert er ständig[9] auf das mit der Prädestinationslehre einhergehende oder durch sie provozierte „altsemitische und jüdisch-apokalyptische tyrannische Gottesbild, das in den Schriften der Juden und der frühen Jesusanhänger immer wieder – nicht nur

[4] Kuss, *Römerbrief,* 664.

[5] Vgl. Duhm, *Jesaja*, 343f. zu Jes 45,9.

[6] Kuss, *Römerbrief,* 728f.

[7] Kuss, *Römerbrief,* 729f.

[8] Kuss, *Römerbrief,* 828–935.

[9] Beispiele: (S. 831) nach der antipelagianischen Lehre des Augustinus ist das Heil der einen wie das Unheil der anderen einzig in der „Willkür Gottes" begründet; (S. 839) Augustins Gnadenlehre nach Altaner von einem „schauererregenden Gottesbegriff" getragen; (S. 867) „Die Überzeugung Luthers von dem Willkürwalten Gottes, so wie es sich aus seinem Bibelverständnis ergibt, bestimmt seinen Gottesbegriff"; (S. 868) „Gott ist für Luther der Gott von Röm 9, der frei Verfügende, souverän das ewige Schicksal der Menschen Bestimmende, der den Pharao verhärtet, der den Esau verwirft und Jakob annimmt"; (S. 885) an Calvins Darstellung dessen, was die Schrift über das Los der Verworfenen lehrt, wird deutlich „welche finsteren Möglichkeiten eines Verständnisses dessen, wer oder was ‚Gott' ist, in den Schriften der Juden und der frühen Jesusgläubigen enthalten sind oder doch aus ihnen entwickelt werden können und eben auch entwickelt worden sind".

Ehrfurcht und Vertrauen, sondern eher – Schrecken und Abscheu erregend sichtbar wird“[10].

Wie immer man zu den exegetischen und theologischen Positionen von O. Kuss stehen mag – ich teile zum Beispiel nicht seinen theologischen Antijudaismus und auch nicht seine theologischen und weltanschaulichen Bedenken gegen die Aufnahme des AT in den christlichen Kanon[11] – seine Exegese von Röm 9 macht ebenso wie sein wirkungsgeschichtlicher Exkurs zur Prädestinationslehre schmerzhaft bewußt, daß in Röm 9 in einer besonders radikalen und anstößigen Weise vom Gott Israels die Rede ist. Die Gottesfrage in Röm 9–11 ist meines Wissens bisher nie ausdrücklich Thema exegetischer oder biblisch-theologischer Arbeiten gewesen. Immerhin haben einige wenige Exegeten und Theologen die von Kuss aufgeworfene Problematik aufgenommen und bearbeitet. Darüber werde ich im Folgenden berichten und hoffe, daß meine Referate zu Arbeiten über Röm 9–11 bzw. diese Arbeiten selbst zugleich den von Kuss geäußerten Verdacht widerlegen, daß redliche theologische Exegese angesichts der Verwerfungsproblematik nicht möglich sei[12].

I. Willkür und „Erwählung“

„Die dunklen Seiten Gottes“

Wolfgang Dietrich, evangelischer Alttestamentler, und *Christian Link*, evangelischer Systematiker, haben gemeinsam ein Buch zum Thema „Die dunklen Seiten Gottes. Band 1: Willkür und Gewalt“ geschrieben. Die erste Auflage ist 1995 erschienen, die dritte im vergangenen Jahr. Die Nachfrage nach dem Buch ist ein Anzeichen dafür, wie sehr diese Aspekte der biblischen Gottesaussagen über den Kreis der akademischen Theologie hinaus Bibelleser und Christen

---

[10] Kuss, *Römerbrief,* 930f.

[11] Kuss, *Römerbrief,* x: „Mit der Bezeichnung AT war die Schrift der Juden angenommen und deklassiert zugleich Dem Jesusglauben wurden damit schwere Lasten völlig unverdaulichen Gedankengutes zugemutet ... Die Schrift der Juden, zunächst gewaltsam assimiliertes Gotteszeugnis, später durch das NT als das AT in die Schranken gewiesen und hermeneutisch fügsam gemacht, bekommt heute ein neues Gewicht; manch einer will an das trojanische Pferd denken“.

[12] Kuss, *Römerbrief,* 915: „Alle diese Stellungnahmen, welche .... zu einer Bezweiflung, Reduzierung oder Verwerfung des gewiß schockierenden Dogmas von einer ewigen Qualenhölle kommen ..., müssen, soweit sie den Glauben an ‚Offenbarung‘ in der ‚Bibel‘ noch in irgendeinem strengeren Sinne aufrechtzuerhalten suchen, zu Mitteln ihre Zuflucht nehmen, welche das solide exegetische Handwerk nicht billigen kann“.

beschäftigen oder beunruhigen. Im Nachwort zur zweiten Auflage teilen die Verfasser mit, daß die Diskussion über den göttlichen Bannbefehl gegen Amalek 1 Sam 15,3 und damit der Themenkreis „Gewalt“ den Ausgangspunkt für ihre Zusammenarbeit gebildet hat[13]. Das Buch setzt aber mit der Frage nach der Willkür Gottes ein, und zwar mit dem Verweis auf Mal 1,2f. so, wie es in Röm 9,13 zitiert wird: „Jakob habe ich geliebt, Esau aber gehaßt“ – Menschen und Völker scheinen ein „Spielball in Gottes Hand“ zu sein[14]. In Röm 9,16: „So [liegt es] nun nicht an dem Wollenden, noch an dem Laufenden, sondern an dem erbarmenden Gott“ habe Paulus das Faszinierende, aber auch Erschreckende der Erkenntnis ausgesprochen, daß die freie Willkür zum exklusiven Gottesprädikat werden könne[15]. Die Autoren fragen weiter, ob dann nicht ein denkerischer Zwang bestehe, nicht nur von der unbegründbaren Gnade, sondern auch von der unbegründbaren und willkürlichen Ungnade zu sprechen, wie es mit der Folge einer nachhaltigen Verdunklung des Gottesbildes in den Gnadentraktaten der protestantischen Theologie[16] und – das wäre zu ergänzen – in der Römerbriefexegese und Gnadenlehre des Augustinus[17] geschehen sei.

Die Perspektive des Erwählungsglaubens

Immerhin sei zu bedenken, daß Paulus mit ἐκλογή / Erwählung (Röm 9,11; 11,5.7.28) die Erwählungserfahrungen Israels (z. B. Am 3,2; Dtn 7,7), welche Israel zugleich aus dem Status der anderen Völker heraushoben, auf den Begriff gebracht habe. Im Kontext von Röm 9–11 diene der Begriff der „Erwählung“ nicht nur dazu, diesen besonderen Status Israels zu beschreiben (9,11) und zu sichern (11,28). Sein Gebrauch in 9,11 ziele auch schon darauf, daß es nun „neben und mit Israel griechische und römische Gruppen gibt, die in denselben Bund Gottes aufgenommen sind“ (vgl. 11,7)[18].

---

13 Dietrich – Link, *Die dunklen Seiten,* 237.
14 Dietrich – Link, *Die dunklen Seiten*, 17.
15 Dietrich – Link, *Die dunklen Seiten*, 18.
16 Dietrich – Link, *Die dunklen Seiten*, 19.
17 S. dazu Kuss, *Römerbrief*, 831–840. Interessant (ebd. 717) das Referat über die Exegese der Kirchenväter vor Augustinus: Origenes, Theodor von Mopsuestia, Hieronymus, Ambrosiaster, Pelagius verstanden Röm 9,15–18 als aus dem Sinne eines Gegners gesprochen, bei Röm 9,20–21 nahmen sie entweder eine *deductio ad absurdum* an, also nicht *ex mente apostoli* gesprochen, oder sie wiesen auf das unerforschliche Dunkel der göttlichen Geheimnisse, von deren dreister Erforschung abgewehrt werde (Origenes, Chrysostomus, Ephräm, Ambrosiaster).
18 Dietrich – Link, *Die dunklen Seiten*, 22.

Israels „Innensicht der Erwählung" wird dann unter den drei Grundaspekten: „Glück der Erwählung", „Gefahren der Erwählung" und „Ziel der Erwählung" beschrieben und zwar jeweils bezogen auf Israel, den Zion und das Königtum[19]. Von der Erwählung Abrahams an und immer deutlicher bis zu Dt-Jesaja sei das Ziel der Erwählung Israels der Segen Gottes für, die Vermittlung seines Willens und seines Rechts an die Völkerwelt. Dahinter trete die belastende Frage nach dem Schicksal des einzelnen Menschen, nach ewigem Heil und Unheil, fast ganz zurück. Sie werde in dieser Zuspitzung in der hebräischen Bibel gar nicht gestellt. Hier stehe vielmehr die Erwählung eines Volkes im Zentrum der Auseinandersetzungen[20]. Es gebe keine Möglichkeit hinter die Erfahrung der Erwählung auf einen „Prolog im Himmel", d. h. wohl auf einen vorzeitlichen den einzelnen betreffenden Heilsratschluß, zurückzugehen, man könne vielmehr die Sache nur auf den Spuren der biblischen Erfahrung, in der Innenperspektive Israels und der Kirche zu Gesicht bekommen.

Der erwählende Gott gibt sich als entschieden parteilicher Gott zu erkennen, der sich in provozierend einseitiger Weise für Israel entschieden hat (vgl. Dtn 7,7). Die Zusammengehörigkeit Israels mit seinem Gott sei aber auch das auffallendste, vielleicht belastendste Merkmal, das die hebräische Geschichtsschreibung sichtbar gemacht hat. Daher die Frage: „Kann ein Erwählungsglaube, der Rückschläge und Krisen bis hin zum eigenen nationalen Untergang aus Gottes Hand hinzunehmen bereit ist, für ein modernes Bewußtsein etwas anderes als eine unerträgliche Zumutung sein?"[21] Und eine weitere Frage: „Wo muß man stehen, ... um in die Perspektive des Erwählungsglaubens hineinzuwachsen?"[22] Man verstehe das Geheimnis der Erwählung erst dann, wenn man von den *Erfahrungen* ausgehe, die Menschen dazu gebracht haben, von Gott reden zu müssen[23]. Dietrich und Link nehmen damit einen deutlich anderen Standort gegenüber den Erwählungs- und Gottesaussagen von Röm 9 ein als Kuss, der bewußt von außen zu fragen versucht hat.

Mit der Kontingenz der Geburten Röm 9,7–9.10–13 breche die Paulus und Augustinus so intensiv beschäftigende Frage einer Kontingenz auch im Erbe, im Erstlingstum auf. Doch sei in den alten Erzählungen, die seit Röm 9,13 zum Knotenpunkt des Prä-

[19] Dietrich – Link, *Die dunklen Seiten*, 23–36.
[20] Dietrich – Link, *Die dunklen Seiten*, 34–37.
[21] Dietrich – Link, *Die dunklen Seiten*, 39.
[22] Dietrich – Link, *Die dunklen Seiten*, 40.
[23] Dietrich – Link, *Die dunklen Seiten*, 71.

destinationsproblems geworden sind, wenig zu erfahren, was das spekulative Interesse an der Frage nach dem Warum befriedigen könnte. Man sollte daher nicht mit der Tradition die ausbleibende Antwort zum Dreh- und Angelpunkt der Erwählungslehre machen. Wenn die Frage nach dem *Warum* überhaupt eine Antwort finde, dann vom Ziel einer besonderen Berufung her, die Abraham bzw. Israel auf seinen Weg bringt[24].

Verwerfungs- und Verstockungsaussagen

Im Blick auf die Verwerfungs- und Verstockungsaussagen von Röm 9 gehen Dietrich und Link auf die ursprüngliche, historisch kritisch erschlossene Aussageintention der von Paulus benutzten Zitate zurück und markieren damit deutlich die Differenz zwischen den von Paulus aufgenommenen Traditionen und deren paulinischer verschärfender Interpretation. Der in Röm 9,13 zitierte Satz aus Mal 1,2f.: „Jakob habe ich geliebt, aber Esau habe ich gehaßt" gebe nicht alte israelitische Esau- bzw. Edomtraditionen wieder, sondern reihe sich in den seit 587 v. Chr. anschwellenden Strom von Anti-Edom Äußerungen im Alten Testament ein. Im Hintergrund stehen traumatische Erfahrungen Judas mit Edom in der Exilszeit[25]. Die Verstockung des Pharao durch Gott, von der Röm 9,18 spricht, begegne in der Priesterschrift erst nachdem anfänglich von der Selbstverhärtung des Herzens Pharaos die Rede gewesen sei. D. h. Gott verhänge nicht Verstockung über einen Gutwilligen, sondern verstocke einen Böswilligen weiter[26]. Die Rede von der Verstockung sei der Versuch, das Verhältnis von Gottes Macht und menschlicher Macht zu bestimmen und dabei weder den Menschen aus seiner Verantwortung zu entlassen noch den Glauben an Gottes Weltlenkung fahren zu lassen[27]. Daher lasse sich aus der hebräischen Bibel allenfalls der erste Teil von Röm 9,18 belegen: „So denn: wen er will, begnadigt er", erst recht wenn es um das Verhältnis Gottes zu Israel gehe[28].

---

[24] Dietrich – Link, *Die dunklen Seiten*, 41.
[25] Dietrich – Link, *Die dunklen Seiten*, 54 unter Verweis auf M.Weippert, *Edom und Israel*, in: TRE 9, 291–299; und W.Dietrich, *Obadja*, in: TRE 24, 715–720.
[26] Dietrich – Link, *Die dunklen Seiten*, 58.
[27] Dietrich – Link, *Die dunklen Seiten*, 61.
[28] Dietrich – Link, *Die dunklen Seiten*, 65.

Aus dem Vergleich wird deutlich, daß Paulus in Röm 9 das Moment der Willkür in der Gottesaussage gegenüber den atl. Aussagen verstärkt und verallgemeinert hat. Das gilt auch für einen weiteren Aspekt. Nach Dietrich und Link, die Erwählung und Verwerfung aus „dem realgeschichtlichen Kontext der Verkündigung, dem Drama von Anrede und Entscheidung" heraus zu verstehen suchen, gehen Aussagen, die auf einen vorgängigen göttlichen Erwählungs- oder Verwerfungsratschluß verweisen wie Röm 9,11b: „damit Gottes Vorherbestimmung (πρόθεσις auch schon 8,28) aus freier Wahl bestehen bliebe" und Röm 11,7: „Was nun? Was Israel sucht, das hat es nicht erlangt; aber die Auswahl hat es erlangt, die übrigen jedoch sind verstockt worden" gleichfalls über den atl. biblischen Befund hinaus. „Verliert die Erwählung mit ihrem innergeschichtlich bestimmbaren Ort der Begegnung von Gott und Mensch, von Mose und Pharao, ihren wohldefinierten Haftpunkt, kann sie für das nachdenkende Verstehen nur zu einer Sache reiner Willkür werden". Fast schwerer noch wiege die Zweideutigkeit, in die Gott selbst nun hineingerate, wenn er im Zusammenhang der Prädestination als grundlos verdammender Wille vorgestellt, in der Soteriologie aber als Inbegriff der in Christus erschienenen Gnade verkündigt werde[29]. Dennoch breche auch noch bei Paulus das Thema der Erwählung über der Klärung des eigenen geschichtlichen Weges auf und wandere nicht wie in der Prädestinationslehre Luthers und Calvins in den Rahmen einer beide Seiten neutral überblickenden Bestandsaufnahme ab[30].

Für unsere Frage nach dem „Gott Israels" in Röm 9–11 ergibt sich aus den bibeltheologischen Überlegungen von Dietrich und Link, daß Paulus sich an das biblische Erwählungsdenken anschließt. Die in Richtung „Willkür" gehenden Verschärfungen in der Gottesaussage stehen im Zusammenhang mit der besonderen Situation der urchristlichen Mission, mit dem weitgehenden Scheitern der Mission an Israel und mit der Entstehung der heidenchristlichen Gemeinden. Die Gottesaussagen von Röm 9 bedürfen aber in ihrer Einseitigkeit einer Rückbindung an das biblische Nachdenken über die Erwählung und über den erwählenden Gott.

---

[29] DIETRICH – LINK, *Die dunklen Seiten*, 69.
[30] DIETRICH – LINK, *Die dunklen Seiten*, 71.

II. „Vorherbestimmung"

Wahrnehmung Gottes in den Denkformen apokalyptischer Weisheit

Dietrich und Link äußern gegenüber der Vorstellung von einem vorgängigen göttlichen Erwählungs- oder Verwerfungsratschluß (vgl. Röm 9,11) und entsprechend gegenüber der Alternative „wen er will, begnadigt er, und wen er will, verhärtet er" (Röm 9,18) Vorbehalte, weil diese Aussagen sich nicht in die von ihnen entwickelte Perspektive einer atl. biblischen Theologie einfügen bzw. in Spannung dazu stehen. In der Studie von *Egon Brandenburger* zur paulinischen Schriftauslegung in Röm 9 sind diese Aussagen neben anderem Kennzeichen für die von Paulus in Röm 9–11 vorausgesetzten Denkformen der apokalyptischen Weisheit, d. h. einer sich erst am Ende der atl. Zeit durchsetzenden neuen Art der Wahrnehmung des Gottes Israels. Paulus biete gegen die Bestreitung seines Evangeliums und seiner Person in 9,7–21 die Schrift auf. Sie gebe den fundamentalen Raum für die im Diatribenstil gehaltene Disputation ab. 9,6–13 enthalte eine gedankliche Reflexion darüber, worin das *Wesen* des Rettung verheißenden *Wortes Gottes* zu sehen und wodurch das Volk Gottes konstituiert sei, in 9,14–21 werde die Fragen nach dem *Gottsein Gottes* akut[31].

Orientierung an Gott als Richter

Gott komme vor allem als Richter ins Spiel, zuerst in seinem Verwerfungs- bzw. Verstockungshandeln in den Versen 13.14–18, sodann in der Zurückweisung des Einwandes dazu (V. 19–21), danach im Sinne des andringenden Zornes Gottes (V. 22) und schließlich in der Reduzierung des geschichtlichen Israel auf einen kleinen Rest (V. 27ff.). Nur aufgrund des Erbarmens Gottes in Christus (9,22) und darum durch die gerichtsdoxologische Anerkennung des gegen Heiden und Juden universal andringenden Zornes Gottes hindurch gebe es auch für Rest-Israel den Weg zu dem in der Verheißung ursprünglich intendierten Gottesvolk[32].

Die paulinische Schriftauslegung in 9,10–13 (Jakob und Esau) setze die Wesensbestimmung des Wortes Gottes als Ruf (καλεῖ 9,7) und Versprechen ἐπαγγελία 9,9) voraus und fülle sie weiter

[31] Brandenburger, *Schriftauslegung*, 59.
[32] Brandenburger, *Schriftauslegung*, 60f.

inhaltlich (ἠγάπησα 9,13), setze dieser inhaltlichen Bestimmung ihr Widerspiel entgegen (ἐμίσησα 9,13), verquicke dies deutend mit Existenzweisen (9,12a) und verfolge dies alles doppelt, also betont bis in die Vorzeitigkeit der Existenz zurück (μήπω γὰρ γεννηθέντων ἢ πραξάντων ... 9,11a), ja dies werde als urzeitlicher Schöpfungsentwurf Gottes interpretiert, dem bleibende Gottesabsicht zukomme (ἵνα ἡ κατ᾽ ἐκλογὴν πρόθεσις τοῦ θεοῦ μένῃ 9,11b). In diesem Denkrahmen sei auch die den Text prägende Antithetik zu interpretieren. Sie setze Jakob und Esau als Symbolträger von Liebe und Haß, Gnade und Gericht Gottes, also als Repräsentanten einer *praedestinatio gemina* einander entgegen[33].

Die Einwände in 9,19 spiegeln ein Ausweichen des von der Gerichtsansage Betroffenen. Statt in die Gerichtsdoxologie einzustimmen werden die Voraussetzungen der Gerichtsansage in rationaler, objektivierender Betrachtung in Frage gestellt. Dieser gegenüber der Schuldansage eingenommenen Haltung des Disputanten werde in weisheitlichem Stil der Boden entzogen. Die V. 20f. haben nur die begrenzte Funktion, die Einrede V. 19 ad absurdum zu führen. Wer diese Sätze wie O. Kuss isoliere und darin einen willkürlich freien, despotischen Gottesgedanken finde, habe die inhaltlich bestimmte Grundordnung der Schöpfung übersehen, die Gott als Richter zu wahren trachte. In 9,22.24ff. werde erkennbar, was mit 9,14–18.19–21 gedanklich abgesichert werden sollte: Gott bleibt frei in seiner erbarmenden Zuwendung als dem Inhalt und Kriterium seiner Verheißung[34].

Sprache apokalyptischer Weisheit

In 9,22ff. werde in ordnender Antithetik gedacht. Es stehen sich gegenüber: einschreitender Vernichtungszorn Gottes – Gewährung seines Reichtums der Herrlichkeitssphäre; Gefäße des Zorns – Gefäße des Erbarmens; Erweis des Gerichts – Erweis der Gnade durch das καλεῖν Gottes im Evangelium, endzeitliche ἀπώλεια – endzeitliche δόξα. Dies alles gelte als in der Vorzeitlichkeit des Schöpfers „bereitet". Mit προετοιμάζειν V. 23 komme noch deutlicher als mit καταρτίζειν die Sprache apokalyptischer Weisheit zum Ausdruck[35]. Beide *termini* weisen in die Sphäre der

---

[33] Brandenburger, *Schriftauslegung*, 69.

[34] Brandenburger, *Schriftauslegung*, 73f; die Auseinandersetzung mit Kuss bezieht sich auf: Kuss, *Römerbrief*, 729f. (vgl. oben Anm. 411).

[35] Brandenburger, *Schriftauslegung*, 82, verweist zu προετοιμάζειν auf 4Esr 7,70; 6–1–6; 1 Kor 2,9; Eph 2,10 (mit Kontext 1,4–11; 3,11); Mk 10,40; Mt 25,34.41.

Weisheit Gottes, die bereits vor der Schöpfungswirklichkeit waltete. Von solcher Weisheit durchdrungen werden vor Zeit und Geschichte die Entscheidungen oder der Ratschluß in der himmlischen Thronsphäre Gottes gefällt (vgl. auch προγινώσκειν Röm 8,29, προορίζειν Röm 8,29.30). Das führe, wie 1 Kor 2 und Röm 11,25–36 zeigen, in den Bereich der verborgenen und damit nur esoterisch vermittelten Weisheit. Was Paulus in 1 Kor 2 als verborgene, dem gegenwärtigen Menschenwesen jenseitige Weisheit andeute, das komme in Röm 9,11 als πρόθεσις im Sinne der Gnaden- oder Rechtfertigungslehre zur Sprache. „Diese πρόθεσις, der jenseits von Zeit und Geschichte gefaßte Vorsatz Gottes, ist sowohl sein absichtsvoller Wille als auch zugleich darin seine Setzung, eine von Gott verordnete Grundordnung des Verhaltens“[36].

Eschatologischer Dualismus

Daß Paulus sich in Röm 9,6–21 an der Rechtfertigungslehre orientiere und diese mit der „Grundordnung der Schöpfung“ in enge Beziehung setze[37] ist allerdings umstritten[38] und mir nicht wahrscheinlich. Es ist aber wohl möglich, die von Brandenburger wahrscheinlich gemachte Nähe der Denkformen von Röm 9 zu Denkformen der apokalyptischen Weisheit (Gegenüberstellung von Urzeit und Endzeit) von dieser besonderen theologischen Interpretation abzuheben und sie für eine Erschließung der Gottesaussagen von Röm 9–11 zu nutzen. Brandenburger hat in einem anderen Zusammenhang unabhängig von seiner Exegese von Röm 9 an dem bekannten dualistischen Lehrstück 1QS III 13–IV 26 ein Modell apokalyptischer Weisheitstheologie entwickelt[39]: „In der Ur-Zeit, die der gegenwärtigen Schöpfungswirklichkeit voraus liegt, hat der Gott der Erkenntnisse alles Sein und Geschehen bis in die Endzeit durchgedacht. Das Ergebnis erscheint in der Geschichte dieses Äons als planvoller, vorherbestimmter Geschichtsablauf“[40].

Die im Stadium von 1QS vorliegende Zwei-Geister-Lehre antworte auf die Krise weisheitlicher Weltorientierung nach dem Muster von Gut und Böse, die als Erfahrungsweisheit nicht mehr

[36] Brandenburger, *Schriftauslegung*, 83.

[37] Dazu ausführlich Brandenburger, *Schriftauslegung,* 79–90.

[38] Zur Kritik vgl. Zeller, *Römer,* 79: „Paulus reflektiert hier gar nicht auf das menschliche Verhalten, sondern auf die Freiheit des göttlichen Handelns“.

[39] Brandenburger, *Schriftauslegung*, 83, verweist auf: Brandenburger, *Das Böse*, 33–50

[40] Brandenburger, *Das Böse,* 46.

zu vermitteln war. Daher biete die Zwei-Geister-Lehre ihre Belehrung über Gut und Böse als eschatologische Weisheit dar, d. h. im Rahmen des Weltordnungsdenkens apokalyptischer Theologie. Nach diesem wird am Ende vollzogen, was in der Urzeit vor der Schöpfungswirklichkeit durch die Scheidungen des Schöpfers angelegt ist. Neben Verarbeitungen der Weisheit dürften Bezüge zu Bekundungen und Erfahrungen JHWHs nicht unberücksichtigt bleiben, die ursprünglich nicht aus dem Bereich der Weisheit stammen: vielleicht das affektgeladene Gegenüber von Haß und Liebe Gottes, sicher sein Einschreiten zum Vernichtungsgericht bzw. die strafende Heimsuchung, sein rächender Zorngrimm[41].

Dieses Modell kann ohne Bezug auf die Rechtfertigungslehre zur Interpretation von Röm 9 in Anspruch genommen werden, zumal Paulus auch sonst Affinitäten zur apokalyptisch dualistischen Weltsicht von 1QS III 13–IV 26 aufweist[42]. Die für 1QS III 13–IV 26 charakteristische scharfe Antithetik verschiedener Qualitäten und Menschenklassen begegnet bei Paulus in der Gegenüberstellung von Tugenden und Lastern, von Geretteten und Verlorenen (2 Kor 2,15: σῳζόμενοι – ἀπολλύμενοι). Allerdings ist bei der Auflösung der von Brandenburger in seinem Aufsatz zu Röm 9 behaupteten Beziehung zwischen der Rechtfertigungslehre und der Ordnung der Schöpfung für die Argumentation von Röm 9 ein höheres Ausmaß göttlicher freier Vorherbestimmung oder „Willkür“ anzunehmen.

Brandenburger findet in der Gegenüberstellung: „den einen Geist liebt Gott für ewige Zeiten ... Den anderen – Er verabscheut sein Wesen und all seine Wege haßt er für immer“ (1QS III 26–IV 1) die nächste Analogie zu Röm 9,13: „Jakob habe ich geliebt, Esau aber gehaßt“. Die Antithetik von Liebe und Haß werde nicht dadurch zureichend geklärt, daß man sage, Paulus entnehme dieses Motiv der Schrift. Die Verknüpfung der entlegenen Schriftstelle Mal 1,2f. in den Kontext sei als Leistung der Interpretation zu beurteilen. Die Schriftaussage habe sich angeboten, weil sie sich in den Rahmen einer prädestinatianisch denkenden Schöpfungstheologie einfügen konnte, welche Menschentypen oder -klassen antithetisch dem vorzeitlichen Ja und Nein Gottes zuordnet (Röm 9,10–13.14–18.22f.)[43].

---

41 Brandenburger, *Das Böse,* 47f.

42 Vgl. die Nachweise der religionsgeschichtlichen Verwandtschaft von 2 Kor 2,11.15; 4,4; 11,3.14–15 mit der Konzeption von 1QS III-IV bei Dautzenberg, *Überlegungen,* 337–340.

43 Brandenburger, *Schriftauslegung*, 85.

Angesichts der Lösung, welche die Frage nach dem Heil Israels auf Grund des Mysteriums in Röm 11,25ff. findet, geht Brandenburgers auf einer Verknüpfung von Schöpfungsordnung und Rechtfertigungslehre beruhende Interpretation der Gottesaussagen von Röm 9 im Rahmen einer prädestinatianisch denkenden Schöpfungstheologie nicht ganz auf, am Ende heißt es doch: „und so wird ganz Israel gerettet werden" (Röm 11,26). Noch weniger kann eine Interpretation befriedigen, in welcher die Prädestinationsaussagen einzig auf den inhaltlich nicht weiter explizierten Willen des Schöpfers und Weltenherrn zurückführen. D. h. Paulus greift angesichts des Unglaubens des gegenwärtigen Israel und damit seines Ausschlusses vom Christusheil auf Denk- und Sprachformen apokalyptischer Weisheit zurück, um die Gültigkeit der Israel geltenden Verheißungen zu verteidigen, aber er kann dieses Modell mit seinen strikten Scheidungen zwischen Licht und Finsternis, Geretteten und Verlorenen nicht in aller Konsequenz durchhalten. Von da aus verlieren auch die Gottesaussagen von Röm 9 die Stringenz, welche sie in einem konsequent durchgeführten eschatologischem Dualismus haben würden. Auf den defensiven Charakter der Argumentation von Röm 9 wird noch einmal zurückzukommen sein.

III. Prädestination, Verstockung und menschliche Entscheidung

Günter Röhser setzt in seiner Habilitationsschrift „Prädestination und Verstockung" bei den negativen Implikationen an, welche diese Konzeptionen in der Geschichte der Theologie und der Frömmigkeit bis heute für das Gottesbild haben. Ein konkreter Anstoß[44] sind wieder die bereits oben[45] zitierten Äußerungen von O. Kuss in seiner Exegese von Röm 8,28–30. Vor einer ausführlichen Untersuchung von Röm 9–11 im Hinblick auf die Vorstellungsstrukturen von Vorherbestimmung und Verstockung Israels bei Paulus geht Röhser entsprechenden Vorstellungsstrukturen in den biblischen und frühjüdischen Texten nach, die das Zusammenwirken von Gott und Mensch zu Heil und Unheil betreffen. Aussagen und Konzeptionen im Zusammenhang von Vorherbestim-

---

[44] RÖHSER, *Prädestination*, 1f.

[45] S.o. S. 1: „tyrannische Züge", „barbarisches Gottesbild".

mung und Freiheit sollten nicht von vornherein als Ausdruck einer unlöslichen Spannung interpretiert werden[46].

Erwählung als israelitische Denkform

Seine Untersuchungen zur Vorherbestimmung setzen bei dem Komplex „Erwählung"als einer spezifisch israelitischen Konzeption und Denkform ein. Nachexilisch lassen sich Übergänge von Erwählung zu Vorherbestimmung beobachten. Nach Dtjes ist die Erwählung Israels nicht aufgehoben und niemals aufgehoben gewesen. Israels Erwählung und Heil stehen endgültig fest, unabhängig von und vorgängig zu der Bewährung der Erwählten[47]. Eine weitere Vertiefung solcher Erwählungsaussagen begegnet in frühjüdischer Literatur, wo die Erwählung protologisch verankert wird (Ps 73,2 LXX; JosAs 8,9; AntBib 28,4; 4Esr 6,54f.). In Qumrantexten (1QS IV 22f; 1QSb I 2f) wird die eschatologische Perspektive weiter ausgebaut, zugleich wird die Erwählung auf einen exklusiven Kreis von Individuen prädestinatianisch eingegrenzt[48]. Übergänge von „Schöpfung" zur Vorherbestimmung einzelner finden sich Röm 9,20ff. in der Bildrede vom töpferischen Handeln Gottes und in 1QH VII 17[49].

Die Beschreibung der Souveränität Gottes bestimmt von den sozialen Erfahrungen der fraglosen Übermacht des politischen Herrschers

Für ein den Gottesaussagen Röm 9,15.18–21 entsprechendes Verständnis der Souveränität Gottes als seiner Macht oder Freiheit, wirksam zu handeln, wie und an wem er will, finden sich mit Ausnahme der in Röm 9,15 zitierten Gottesrede aus Ex 33,19, die von Röhser unter Berufung auf Martin Noth als relativ jung eingeschätzt wird, erst Belege aus später Zeit (Dan 4,14.32; Jdt 8,14ff.; Sir 33,12f.; Arist 269)[50]. Anders als das AT biete die altägyptische Religion eine relativ große Anzahl von Belegen für diese Vorstellung, so daß mit einer Beeinflussung von dieser Seite – vermittelt durch das alexandrinische Judentum – gerechnet werden müsse.

[46] RÖHSER, *Prädestination*, 4.
[47] RÖHSER, *Prädestination*, 16.
[48] RÖHSER, *Prädestination*, 17f.
[49] RÖHSER, *Prädestination*, 23.
[50] RÖHSER, *Prädestination*, 26; R. weist darauf hin, daß Ex 33,19 von NOTH, *Das zweite Buch Mose*, 208.212 als „Nachtrag" eingeschätzt wird.

Die Beschreibung der Souveränität Gottes sei bestimmt von den sozialen Erfahrungen der fraglosen Übermacht des politischen Herrschers. Auch die in Israel seit dem Exil sich herausbildenden Vorstellungen vom souverän planenden und wirksam vorherbestimmenden Gott seien unter dem Eindruck von und in Auseinandersetzung mit solchen Macht-Erfahrungen entstanden. Aussagen über Gottes Souveränität (nach dem Schema: „Er tut, was er will") im biblischen Raum bis hin zu Röm 9,18: ἄρα οὖν ὃν θέλει ἐλεεῖ, ὃν δὲ θέλει σκληρύνει seien nicht ohne den Einfluß der ägyptischen Religion zu erklären. Das Bild von Gott als Töpfer, der seine Gefäße – die Menschen – nach Belieben formt und so ihr Geschick festlegt, begegnet lange vor Röm 9,21 in der ägyptischen „Lehre des Amenemope"[51] und dann in Sir 33,12f.[52]

Vorherbestimmung durch Gott

Im biblisch-jüdischen Raum finde sich zwar keine einheitliche Terminologie für den Sachverhalt „Vorherbestimmung", aber doch Vorstellungsstrukturen hinter den Texten, die für die Verarbeitung der religiösen Erfahrungswelt von großer Bedeutung waren[53]. In 1QH VII 17.19.20 seien alle Strukturelemente einer „Vorherbestimmung durch Gott" klar ausformuliert: Wer ist, seit wann, wozu, mit welcher Absicht, vorherbestimmt: die Gottlosen sind seit ihrer Erschaffung im Mutterleib zum Zorngericht vorherbestimmt und dazu, zum Zeichen zu werden, damit alle, die es sehen zur Erkenntnis der Herrlichkeit und Kraft Gottes gelangen (vgl. Röm 9,22f.)[54].

---

[51] Text des Abschnitts nach H. Brunner, *Altägyptische Weisheit*, Zürich-München 1988, neben anderen ägyptischen Belegen zum Wohltun Gottes, „wem er will" bei Röhser, *Prädestination*, 27; s. auch Shirun-Grumach, *Die Lehre des Amenemope*, 247.

[52] Röhser, *Prädestination*, 30, macht auf die Differenz in der Auswertung des Töpferbildes zwischen Jer 18,4–12 und Sir 33,12f. aufmerksam. Bei Jer richte sich der Töpfer nach dem vorgängigen Verhalten des Volkes, während in Sir nur von einem Handeln „nach Wohlgefallen" die Rede ist. Zu den Differenzen zwischen Jer 18,4ff. und Röm 9,21 s. auch Dietrich – Link, *Die dunklen Seiten* 23: „Aber sagt das Gleichnis in dem universalen Zusammenhang des Röm wirklich noch dasselbe, an dem es Israel als ein Spiegel seines eigenen, unverwechselbaren Verhältnisses zu Gott vorgehalten war?". Für Brandenburger (*Das Böse*, 35; *Schriftauslegung*, 83) ist Sir 33 mit den Versen 8, 11 und 14f. ein Beleg für das weisheitliche Ordnungsdenken welches die bestehenden Gegensätze von Gut und Böse, Licht und Finsternis etc. auf die Schöpfung zurückführt. Zur Problematik des Töpferbildes s. auch oben S. 1 die Ausführungen von B. Duhm.

[53] Röhser, *Prädestination*, 35.

[54] Röhser, *Prädestination*, 34.

Vorgängige und nachgängige Verstockung

Bei den biblischen Aussagen über die Verstockung des Menschen durch Gott ist zwischen „vorgängiger" und „nachgängiger" Verstockung zu unterscheiden[55]. Beispiel für die vorgängige Verstockung ist die Verstockung Pharaos nach Ex 3–15. Dort stehen in „scheinbarer semantischer Konkurrenz" eine Deutung des Verhaltens des Pharao als Weigerung und Sich-Verstocken und eine Deutung seines Verhaltens als zwangsläufige Folge der Verstockung des Herzens durch Gott. Wenn beide Deutungen in ein und demselben Zusammenhang vorkommen, müssen sie – zumindest nach dem Empfinden der Endverfasser – in einer gewissen Hinsicht „eins werden" können, ohne absurd zu wirken. Nichts im Text weise auf eine bewußte Paradoxie[56]. Göttliches und menschliches Wirken – Vorherbestimmung / Verstockung und Selbstverstockung – stehen nur in einer scheinbaren „Konkurrenz" zueinander. In Wirklichkeit stelle das Wirken Gottes den Raum dar, in dem das menschliche Wirken sich auf ein in diesem Raum „zwangsläufig" sich ergebendes Ende zu bewege – im Falle des Pharao: auf sein Unheil und seinen Untergang. Es gehe um eine spezifische Form von Verantwortlichkeit und Freiheit „unter Gott", für die Röhser die Bezeichnung „In-Wirken" verwendet[57]. Übergreifendes Ziel der ganzen Veranstaltung sei von Anfang an die Erkenntnis JHWHs, seiner Unvergleichlichkeit und seiner Macht (Ex 6,7; 7,5.17; 9,14–16; 10,2; 14,4.17f.; vgl. Röm 9,17.22)[58].

Beispiel für die „nachgängige" Verstockung des Menschen durch Gott ist Jesajas Verstockungsauftrag (Jes 6,1–13). „Nachgängige" Verstockung sei zu verstehen als nachgängiges, d. h. reagierendes Handeln Gottes auf vorausgehendes Verhalten von Menschen, als Gericht und Strafe für Abfall und Sünde, als Phase in einem Prozeß wechselseitigen Handelns von Mensch und Gott, der sein Ziel und seinen Abschluß in dem von Gott beschlossenen Endunheil (Vernichtungsgericht) findet. Die Selbstverstockung des Volkes sei Voraussetzung für die göttliche Verstockung[59].

---

[55] Röhser, *Prädestination,* 41.55f.
[56] Röhser, *Prädestination,* 44–47.
[57] Röhser, *Prädestination,* 50.
[58] Röhser, *Prädestination,* 51f.
[59] Röhser, *Prädestination,* 55.58.

Untersuchungen zu Jubiläenbuch, äthHen 81,1–4 und zu einer Reihe von Qumran-Texten[60] sollen die Konzeption von Vorherbestimmung Gottes und Handeln des Menschen im frühen Judentum weiter klären und die Anwendung der erzielten Einsichten auf die paulinischen Texte vorbereiten[61]. Aus diesem Komplex will ich nur Röhsers Deutung der Zwei-Geister-Lehre (1QS III 13–IV 26) vorstellen. Die Determinations- und Prädestinationsaussagen der Zwei-Geister-Lehre seien Aussagen über den *Sinn und das Ziel eines Ganzen*: der Geschichte des personifizierten Frevels in der Welt, in der Gemeinde der Erwählten und im Herzen des einzelnen Menschen. Dieses Ganze fordere entsprechende Aussagen über die personifizierte Gegenseite des Dualismus ebenso, wie es eine spezifische Freiheit und Selbständigkeit der beteiligten unteren Akteure (Geister und Menschen) immer schon mit einschließe. Nirgendwo machen die Texte das Verhältnis der oberen und der unteren Deutungslinien selbst zum Thema ... Es gehe in ihnen um einen theologischen Entwurf der vom Ende der Geschichte her (Vernichtung des Frevels, Durchsetzung der Wahrheit) das Ganze in den Blick nehme, um dort überall die *Herrschaft Gottes, sein umfassendes Wirken zu entdecken* – mit der *Intention, die Erwählten in ihrer existentiellen Anfechtung durch das Böse zu trösten* und sie gleichzeitig durch die Erinnerung an ihre positive Prädestination in ihrer Heils- und Zukunftsgewißheit zu bestärken, zum Widerstand gegen das Böse in der Gegenwart zu ermutigen[62].

„Vorherbestimmung" und „vorgängige Verstockung" seien darin miteinander verbunden, daß letztere wesentlich als eine Form der ersteren verstanden werden könne. Thema einer Prädestinationstheologie sei also nicht Gottes direktes Einwirken auf den Menschen in seinem Verhältnis zu dessen Willensfreiheit, sondern die Frage nach Gottes Herrschaft und Präsenz in der Geschichte, gerade auch in der Geschichte des Bösen und der Bösen. Diese Geschichte werde samt dem darin enthaltenen Handlungsspielraum der Menschen durch entsprechende Vorherbestimmungsaussagen der Gesamtleitung und Regie Gottes unterstellt („doppelte Prädestination") und dem Ganzen damit ein vorab bestehender,

[60] 1QH VII 13–20; IX 1–23; X 23–24; 1QS III 13–IV 26; XI 10f; CD II 3–13.
[61] RÖHSER, *Prädestination*, 63–85.
[62] RÖHSER, *Prädestination*, 84f.

von Anfang an gültiger Sinn und Zweck zugesprochen. Auf diese Weise werde nicht nur das Theodizeeproblem einer neuen Lösung zugeführt (vgl bes. 1QS III 13–IV 26), es könne zugleich Trost und Ermutigung für die bedrängten und angefochtenen Auserwählten und Gerechten gegeben werden[63].

Anders verhalte es sich mit der prophetischen Verstockungskonzeption nach Jes 6. Dem göttlichen Verstockungsauftrag und seinem Vollzug durch den Propheten gehe eine hinreichend lange Phase der Umkehrmöglichkeit und sittlichen Bewährung voraus, in welcher der weitere Verlauf der Geschichte Gottes mit seinem Volk als noch durchaus offen erscheine. Erst nach Ablauf dieser Phase erfolge mit der Verstockung das endgültige Festhalten des Menschen in seiner Selbstverstockung und Sünde durch Gott, welches immer neue Sünde zur Folge hat und das Vernichtungsgericht nur umso sicherer herbeiziehe. Intention einer solchen Verkündigung könne nur sein, ihre Adressaten vor einer Wiederholung dieser Katastrophe in ihrem eigenen Leben zu bewahren[64].

Die Prädestinations- und Verstockungsaussagen in Röm 9–11 vermitteln ein Bild vom geschichtsübergreifenden Handeln Gottes

Aus den detaillierten exegetischen Überlegungen, die Röhser im Anschluß an diese Darstellung der biblischen und frühjüdischen Vorstellungsstrukturen, zu Röm 9–11 unter der Überschrift „Vorherbestimmung und Verstockung Israels in Röm 9–11" vorlegt[65], werde ich nur herausheben, was für unsere Frage nach dem „Gott Israels" von besonderer Bedeutung ist. Röhser rechnet mit einer Entwicklung und Verschiebung der paulinischen Israel-Position innerhalb von Röm 9–11, verbindet dies aber mit der Frage, ob eine solche Entwicklung nur als Korrektur oder im Widerspruch zu dem vorher Überlegten vorstellbar sei, oder auch als ein in sich logischer Gedankenfortschritt, als konsequente Weiterentwicklung und Fortschreibung bisheriger Positionen, mit dem Ergebnis einer Synthese auf neuer Ebene[66]. Prädestinations- und Verstockungsaussagen in Röm 9–11 seien geeignet, ein bestimmtes Bild vom geschichtsübergreifenden Handeln Gottes zu vermitteln; und zwar bringen sie Gottes umfassende „Kontrolle" und

[63] Röhser, *Prädestination*, 89f.
[64] Röhser, *Prädestination*, 90.
[65] Röhser, *Prädestination*, 91–176.
[66] Röhser, *Prädestination*, 112.

„Regie" allen heils- und unheilsrelevanten Geschehens zum Ausdruck[67].

Röm 9,6–13 wird unter der Überschrift „Göttliche Festlegungen – bei den Erzvätern und heute" besprochen, 9,17f. unter der Überschrift „Israels teilweise Vorherbestimmung zur Verstockung nach Ex 9,16". Was das Schicksal des Pharao bzw. der nichtchristlichen Israeliten angehe, solle man sich auf das beschränken, was Paulus tatsächlich sage: Sie sind von Gott verhärtet, d. h. unfähig gemacht, seinen Ruf zu hören. Das sei eine Steigerung gegenüber 9,13, aber von „Verwerfung" oder „ewiger Verdammnis"[68] stehe nichts da. Das Argument des Paulus lasse sich wie folgt zusammenfassen: Gott ist nach beiden Seiten hin frei, heilvoll bzw. unheilvoll zu handeln, an wem immer er will[69]. Röm 9,19–21 erhält die Überschrift: „Gottes Recht auf freie Vorherbestimmung seiner Geschöpfe".

Die Schwierigkeiten von Röm 9,22 lösten sich erst, wenn man erkenne, daß in diesem Vers alle wesentlichen Elemente der Konzeption des In-Wirkens vereinigt sind: neben der vorgängigen göttlichen Unheilsabsicht erinnern die Begriffe Zorn und Langmut an die relative Selbständigkeit des menschlichen Handelns unterhalb und innerhalb der göttlichen Vorherbestimmung[70]. Mit F.Siegert könne man 9,23 als Apodosis zu V. 22 lesen: Gott verstocke und ertrage die nicht-christlichen Juden auch deshalb, um damit gleichzeitig die Größe seines Heilshandelns an den Berufenen nur um so deutlicher kundzugeben. Hier könnte schon der Gedanke von Röm 11 vorbereitet sein, daß Gott die Verstockung eines Teils von Israel als Instrument für die Heimholung der Heiden eingesetzt habe[71]. Hier werde zum erstenmal so etwas wie ein geschichtsübergreifender, auch das eschatologische Schicksal von Heiden und nichtchristlichen Juden mit umfassender „Heilsplan" Gottes explizit greifbar. Waren die Vorherbestimmungsaussagen vorher primär auf bestimmte einzelne Episoden der atl. Geschichte und die mit diesen verbundenen Heils- und Unheilsratschlüsse Gottes bezogen, so beschreiben sie nunmehr – vorbereitet durch 9,20f. – umfassend den *Raum* und die *Grenze*, die der geschichtlichen Existenz der betreffenden Menschen durch Gott gesetzt sind[72].

---

[67] RÖHSER, *Prädestination,* 113f.
[68] KUSS, *Römerbrief*, 724.
[69] RÖHSER, *Prädestination,* 124f.
[70] RÖHSER, *Prädestination,* 130.
[71] RÖHSER, *Prädestination,* 131.
[72] RÖHSER, *Prädestination,* 132f.

Röm 10,16–21 wird unter der Überschrift „Die Verankerung von Israels Unglauben in Gottes umfassendem Wirken“ besprochen. Letztlich gehe es Paulus nicht um eine „harte Anklage“ gegen Israel, sondern um den Versuch, den Ungehorsam und Widerspruch des Gottesvolkes – der als solcher schuldhaftes Versagen bleibe (V. 16a) – mit Hilfe der Schrift zu bewältigen: Auch in diesem Ungehorsam, in dem Widerspruch, den die apostolische Verkündigung erfährt, sei Gott am Werk. Dies sei die paulinische Lösung dessen, was man die Theodizeefrage angesichts des hartnäckigen Unglaubens Israels nennen könnte[73].

Röm 11,7–10 erwecke ohne Zweifel den Eindruck eines definitiven Gerichtsendes für das ungläubige Israel. Der Abschnitt ziehe damit auf den ersten Blick jene Konsequenz, die Paulus in 10,16–21 noch vermieden und durch 11,1 ausdrücklich zurückgewiesen habe. Die Verwendung der 3. Person Plural in jenen Versen („die übrigen“ usw.) weise sogar ganz deutlich in die Richtung einer individuellen Prädestination der ungläubigen Israeliten zum Unheil (vgl. 9,22). Doch sei zu beachten, daß – wie in 9,22f. – der negative Prädestinationsgedanke nicht losgelöst von dem Funktionalitätsgedanken erscheine, und d. h.: nicht ohne die Frage nach dem Sinn und Zweck solchen Handelns Gottes im Rahmen seines umfassenden „Heilsplans“ für Israeliten und Heiden (11,11). Auch in 11,7ff. erweise sich also, – und zwar deutlicher als je zuvor – das Unheilshandeln Gottes schließlich als über sich hinausweisend und im Dienste einer weiterführenden, positiven Absicht stehend[74].

Die Israel-Theorie des Paulus

Begrifflich lasse sich die Israel-Theorie des Paulus besonders an der Kombination von πώρωσις und σωθήσεσθαι in 11,25f. festmachen. Diese Kombination sei im ganzen frühen Judentum und Christentum einmalig und dürfe somit als der eigentliche Höhepunkt der paulinischen Israel-Erörterung und -Theologie in Röm 9–11 betrachtet werden. Habe Paulus seine Position in Röm 9 noch unter Rückgriff auf die Verstockungskonzeption des Buches Exodus entfalten können, sehe er sich in Röm 11 genötigt, zur Lösung der mit 10,16–11,10 aufgeworfenenen Problematik zu einer traditionsgeschichtlichen Neuschöpfung zu greifen: der Verbindung von Israels „vorgängiger Verstockung durch Gott“ und sei-

[73] Röhser, *Prädestination,* 137.

[74] Röhser, *Prädestination,* 142.

ner „Vorherbestimmung zum Heil" im Rahmen des Entwurfs eines umfassenden „Heilsplanes" Gottes mit Israel und den Heiden[75]. Nach den Regeln der Wortfeldanalyse müßten πώρωσις (11,25) und ἀσεβείαι / ἁμαρτίαι (11,26f.) als „Synonymbegriffe" aufgefaßt werden. Für die Gesamtkonzeption bedeute dies: Die Selbstverweigerung Israels war von Gottes verstockendem Handeln „überwölbt" und getragen und hatte – obgleich schuldhaft und mit eigenem Handlungsspielraum ausgestattet – von Anfang an ihren Platz in der Heilsgeschichte[76].

11,28b κατὰ δὲ τὴν ἐκλογὴν ἀγαπητοὶ διὰ τοὺς πατέρας halte noch einmal das besondere Verhältnis Gottes zu Israel fest. 11,29 begründe dies mit der Unbereubarkeit, in der Sprache der der Arbeit zugrundegelegten Definition von Vorherbestimmung „Endgültigkeit" der göttlichen Gnadengaben. Das bedeute: in der geschichtlichen Erwählung Israels zum Volk Gottes war seine Vorherbestimmung und Berufung zu eschatologischem Heil schon mitgesetzt. Das schließliche Erbarmen Gottes über „ganz Israel" 11,26 war von Anfang an Gegenstand undd Ziel seiner Pläne mit seinem Volk (und den Heiden) – nicht einer individuellen Prädestination[77].

Zum Verhältnis von Röm 9,6–29 zu Röm 9,30–10,21

Das Problem des Verhältnisses von Röm 9,6–29 (+11,1–10) zu 9,30–10,21 besteht darin, daß das, was in der einen Aussage auf Gottes Wirken zurückgeführt wird, in der anderen, entsprechenden Aussage der menschlichen Verantwortung zugewiesen wird. Es frage sich, ob Paulus nicht an zentralen Stellen seiner Argumentation auch Ansätze zu einem logisch befriedigenden Ausgleich beider Deutungslinien erkennen lasse[78]. Dies sei tatsächlich der Fall, und zwar in bezug auf das Problem des Unglaubens der von Gott verstockten Juden. Die Erklärung habe bei 9,32f. einzusetzen. Die teilweise Verhärtung und Verblendung Israels – mit der Folge künftigen Unheils – ist das Werk Gottes (vgl. 9,18.22; 11,8). In der Frage nach dem Wie dieses Werkes lasse der Bildgehalt von 9,32f. und 11,9 (Anstoß, fallen, Falle) nicht an eine

---

[75] RÖHSER, *Prädestination*, 147.
[76] RÖHSER, *Prädestination*, 150.
[77] RÖHSER, *Prädestination*, 153.
[78] RÖHSER, *Prädestination*, 158, wendet sich damit gegen KUSS, *Römerbrief*, III 770, für den ein solcher Ausgleich „notwendig" unerreichbar bleibe.

strikte Festlegung, sondern eher an eine Art Überlistung der nach der Gerechtigkeit des Gesetzes strebenden Israeliten (9,31; 10,3) denken. Mit 9,32f. werde das prädestinatianische Modell von Kap 9 im Prinzip durchbrochen, ohne daß damit seine Intention und Funktion aufgegeben wäre: Israels Glaube an Christus war grundsätzlich möglich, ist es noch (10,11–13), aber aufgrund der Schwierigkeiten, die Gott selbst ihm in den Weg gelegt hat, nicht erwartbar[79]. Die von Paulus in 9,32f. gebotene Lösung sei (bei aller Fremdartigkeit des darin vorausgesetzten Gottesbildes) für „hellenistisch" gebildete oder denkende Menschen leichter akzeptabel als die Zurückweisung der Frage von 9,19 in 9,20f.: Gott lege den schon lange schuldig gewordenen Israeliten einen Stolperstein (Christus) in den Weg, über den diese dann auch prompt fallen. So wurde Gottes Heilstat in Christus zum gottgewollten Anlaß für Israels ungläubigen Ungehorsam, nicht jedoch zu dessen eigentlicher Ursache[80].

Zur Frage einer inhaltlichen Kohärenz von Röm 9–11

Das schwierigste inhaltliche Problem sei die Frage nach der Kohärenz von Röm 9–11. Wenn das Heilsangebot Gottes prinzipiell allen Menschen ohne Unterschied gelte (10,12) und im Glauben angenommen werden wolle, sei die mit Unglauben und Ablehnung reagierende Mehrheit Israels dem Gericht verfallen, und nur der kleine glaubende und zugleich prädestinierte Rest erlange das Heil. Dieses doppelte Ergebnis und Ende der „Heilsgeschichte" in bezug auf Israel wolle Paulus aber gerade nicht anerkennen. Das Problem lasse sich an dem Element „endgültig" bei „Vorherbestimmung" festmachen. Im Sinne einer Endgültigkeit seien die ungläubigen bzw. nicht berufenen Juden nach Paulus laut 11,11f. nicht zum Unheil vorherbestimmt (so aber noch in 9,22.27f. und 11,7ff.). Der Bruch in der Argumentation sei am deutlichsten an der Fortsetzung von 11,10 in 11,11 zu erkennen. Jedoch könnten mehrere Aussagen, und zwar vorwiegend Schriftzitate, vor 11,11 als mögliche gedankliche Ansatzpunkte für die Darlegung der Heilshoffnung für ganz Israel gelten[81].

Da aber der Gedankengang des Paulus nicht einzig auf die Rettungsgewißheit für Israel ausgerichtet sei, sondern auch auf die be-

---

[79] RÖHSER, *Prädestination,* 159.

[80] RÖHSER, *Prädestination,* 160f.

[81] RÖHSER, *Prädestination,* 162f., diskutiert 9,22f.; 9,29; 9,33c; 10,11b.21; 11,2.

sondere Art und Weise, in welcher Gott die Rettung Israels (zusammen mit derjenigen der Heiden) inszeniere, vermögen diese Ansätze den Gedankengang des Paulus als ganzen nicht befriedigend zu erklären. Röhser versucht diese Schwierigkeit dadurch zu überwinden, daß er auf Strukturelemente paulinischer Theologie, konkret auf Aussagen aus 1 Kor 1–2 zurückgreift[82]. In Röm 11 sei die Negativitätsstruktur des Heilsgeschehens nach 1 Kor 1,21 („durch Torheit zur Rettung") übertragen auf Fehltritt und Fall, Unglaube und Ungehorsam des erwählten Gottesvolkes und deren Überwindung. Der Erwählung der Törichten und Schwachen nach 1 Kor 1,26–28 entspräche auf der heils- und weltgeschichtlichen Ebene von Röm 11 eine nicht minder radikale Umkehrung der Maßstäbe, indem Gott in anstößiger und völlig überraschender Weise Israels „Sünde" und „Schwäche" diesem selbst und der Welt zum Reichtum und zum Heile ausschlagen lasse. So gelangt Röhser zu der These, einige Grundaussagen von Röm 11 stellten eine Übertragung der paulinischen *theologia crucis* auf das Feld der „Heilsgeschichte" und ihrer Vollendung dar[83]. Paulus sei im Laufe seiner Überlegungen in Röm 9–11–insbesondere im Bereich von 10,19–11,11–allmählich auf eine tiefere Ebene seines Denkens geraten, die es ihm ermöglichte, die in Röm 9 entwickelten Gedanken über Israel im Sinne einer vorherbestimmten Negativitätsstruktur des Heilshandelns Gottes an Israel und den Heiden weiterzuentwickeln, ohne dabei im eigentlichen Sinne etwas von dem früher Gesagten zurücknehmen zu müssen. Röm 11 stelle die Weiterentwicklung der Israel-Position von Röm 9 durch tiefere Reflexion auf die Eigenart des Heilshandelns Gottes aus dem Zentrum paulinischer Christologie (theologia crucis, Negativitätsstruktur) heraus dar[84]. Diese These hebt die Spannung zwischen den Israelaussagen vor und nach Röm 11,11 nicht auf, es bleibt bei einer theologischen Unausgeglichenheit. Für Röm 11 postuliert sie im Grunde eine durch die *theologia crucis*, also durch die Christologie bestimmte Gottesaussage, obgleich die Christologie im Text nicht angesprochen und zur Begründung herangezogen wird. Röhsers Arbeit ist auch ohne diese These für die Frage nach dem Gott Israels in Röm 9–11 dadurch von großer Bedeutung, daß sie die Vorherbestimmungaussagen traditionsgeschichtlich situiert und die Vorstellungsstrukturen klärt. Die von Röhser angesprochene Frage der theologischen Spannungen in Röm 9–11

---

[82] RÖHSER, *Prädestination,* 164.
[83] RÖHSER, *Prädestination,* 166.
[84] RÖHSER, *Prädestination,* 169.

läßt sich vielleicht eher durch literarische Beobachtungen einer Klärung näherbringen.

IV. Röm 9–11 als Verteidigung der Treue Gottes – eine rhetorische Analyse

Im Unterschied zu den bisher besprochenen Autoren und deren Entwürfen geht *J.D. Kim* in seiner Dissertation: „God, Israel and the Gentiles. Rhetoric and Situation in Romans 9–11" bei seinem Versuch, Thema und Aussage von Röm 9–11 zu bestimmen, einzig von der rhetorischen Situation und der rhetorischen Analyse des Abschnitts aus, religions- und traditionsgeschichtliche Fragestellungen bleiben ausgeklammert. Die rhetorische Analyse von Röm 9–11, genauer die Art und Weise, wie Paulus im Kontext griechisch-römischer Konventionen argumentiere, sei bisher völlig vernachlässigt worden. Infolge dieser Vernachlässigung halte man Röm 9–11 bzw. Paulus häufig für widersprüchlich[85]. Dies sei erneut zu überprüfen. Methodisch will Kim sich mit einigen Präzisierungen an G.A. Kennedy's Entwurf zur rhetorischen Analyse anschließen[86]. Voraussetzung seiner Arbeit ist die nicht ungewöhnliche Annahme, daß Paulus in griechisch-römischer Rhetorik ausgebildet war und diese auch geschickt und bewußt einsetzte, um sein Publikum zu überzeugen[87].

Röm 9–11 eine relativ unabhängige rhetorische Einheit

Röm 9–11 bildeten innerhalb des Röm eine vom Vorausgehenden relativ unabhängige rhetorische Einheit mit dem *exordium* 9,1–5, ei-

[85] Kim, *God,* 7f.

[86] Kennedy, *New Testament Interpretation.*

[87] Kim versucht, diese Annahme gegenüber in dieser Frage skeptischer urteilenden Neutestamentlern, insbesondere gegenüber der Kritik von J.A.Weima, *What Does Aristotle Have to Do with Paul? An Evaluation of Rhetorical Criticism*, Calvin Theological Journal 32 (1997) 458–468, in einem eigenen Exkurs, *God* 13–17, zu sichern: für eine rhetorische Bildung des Paulus sprechen seine Herkunft aus Tarsus, die Tatsache, daß die hellenistische Kultur sich vor allem als rhetorische Kultur manifestierte und entsprechend auch die höhere Bildung prägte (H.I. Marrou, S. Bonner, M.L. Clarke), daß nicht nur Tarsus ein hellenistisches Zentrum war, sondern auch Palästina und Jerusalem an hellenistischer Bildung und Bildungsinstitutionen teil hatten (M. Hengel, S. Liebermann, B.Z. Wacholder); die paulinische Argumentation in 1 Kor 1–2 zeige nicht, daß Paulus den Gebrauch rhetorischer Mittel überhaupt ablehne, sondern treffe einzig die sophistische Rhetorik (unter Berufung auf D. Litfin, Cambridge 1994; M.A. Bullmore, San Francisco 1995; B.W. Winter, Cambridge 1997).

nem argumentativen Mittelteil (*probatio*) und der *peroratio* 11,33–36. *Exordium* und *peroratio* sollten die Leser oder Hörer über das Thema dieser Kapitel informieren[88]. Zur rhetorischen Situation: der Sprecher, Paulus, identifiziere sich noch stärker als in den vorausgegangenen Teilen des Röm als Jude und „Israelit“ (nur 11,1!). In Frage stehe nicht, ob er, Paulus, sein Volk im Stich gelassen habe, sondern ob Gott Israel aufgegeben habe. Paulus wolle Gott gegen diesen Verdacht verteidigen und sei zutiefst bewegt von der Frage nach dem Heil seines Volkes, daher rühre das *pathos* seiner Ausführungen[89]. Die Hörer/Leser sind Heidenchristen, doch auch ihnen gegenüber muß er vom Verhältnis Gottes zu Israel und von seiner Sorge um das Heil Israels sprechen (11,13f.). Das Anliegen (englisch: „exigence“) von Röm 9–11 werde in der *propositio* 9,6a Οὐχ οἷον δὲ ὅτι ἐκπέπτωκεν ὁ λόγος τοῦ θεοῦ ausgesprochen. Man müsse aber fragen, weshalb die „These“ in negativer Form ausgedrückt sei. Die dahinterstehende Frage laute offensichtlich: „Ist das Wort Gottes unwirksam gewesen („has failed“)?“ Das Röm 9–11 bewegende Problem sei die Frage nach dem Charakter Gottes, ja eigentlich nach Gott selber. Wenn er die Juden aufgegeben habe, die er doch in Gnaden erwählt hatte, wie können dann die Heiden seiner gleichfalls in der Schrift verheißenen Gnade und Erwählung sicher sein? Paulus gehe es also primär um die Verteidigung Gottes, nicht um die Verteidigung seines Evangeliums[90].

Röm 9–11 als forensische Rhetorik

Während in der rhetorischen Analyse des Röm die Zuweisung an die verschiedenen rhetorischen Genera (epideiktisch, deliberativ, protreptisch, apologetisch) diskutiert werde, gebe es für Röm 9–11 kaum Vorschläge. Kim plädiert für Einstufung als *forensische* Rhetorik. Dies sei die dominante Form der Rhetorik in der hellenistischen Epoche. Sie habe es mit dem Vorbringen und Zurückweisen von Anklagen zu tun, beziehe sich vom Zeitaspekt her immer auf die Vergangenheit. Ihr Ziel sei es, die Gerechtigkeit oder Ungerechtigkeit einer Handlung oder der für die Handlung verantwortlichen Person dazulegen. Daher sei diese Rhetorik im Vergleich mit den anderen Genera besonders argumentativ[91], Das zei-

---

[88] Kim, *God*, 95f.
[89] Kim, *God*, 101ff.
[90] Kim, *God*, 111ff.
[91] Kim, *God*, 120.

ge sich an der *probatio* 9,6b-11,32. Sie sei in drei Argumente (9,6b-29 *refutatio*; 9,30–10,21 *confirmatio*; 11,1–32 *refutatio*) gegliedert.

Der defensive Charakter der Argumentation in Röm 9,6b–29 (Gebrauch der stasis-Theorie)

Im ersten Argument spreche Paulus als Verteidiger. Er mache hier intensiven Gebrauch von der in der antiken Rhetorik ausgearbeiteten *stasis*-Theorie[92], zugleich verrate sein Schriftgebrauch die Kenntnis midraschischer Schriftauslegung.

9,6b–13 benutze die *stasis* der Definition (*constitutio definitiva*), die herangezogen werde, wenn die Definition eines Tatbestandes umstritten ist, in diesem Falle die Frage: Wer ist Israel? Paulus verweise darauf, daß Israel nur durch das Rufen Gottes bestimmt sei. Also könne die Vertrauenswürdigkeit Gottes nicht aufgrund einer fehlerhaften Definition Israels in Frage gezogen werden[93].

9,14–18 benutze die *stasis* der Klageentgegnung (englisch: counterplea oder justification; ἀντίληψις); sie diene dazu, das Handeln des Beklagten als notwendig, ehrbar und als durchaus gerechtfertigt darzustellen. Auf den Vorwurf, daß Gott ungerecht gehandelt habe, weil er keine Rücksicht auf die betroffenen Menschen seine Wahl getroffen habe, anworte Paulus in der Rolle des Verteidigers durch einen Verweis auf Gottes völlige Freiheit der Wahl; das Motiv seines Erbarmens werde allerdings erst in 11,30ff. in seiner Universalität deutlich[94]

9,19–29 benutze die *stasis* der Einrede (englisch: objection; *constitutio translatio*, μετάληψις). Die Anklage werde in V. 19 wörtlich zitiert, Paulus verweise dagegen schroff und ohne weitere Erklärung auf die Illegitimität der Anklage: ein Geschöpf hat kein Recht Gott den Schöpfer in dieser Weise anklagen. Die *stasis* der Einrede sei der letzte Ausweg gewesen, den ein Rechtsanwalt hätte nehmen können; in den Rhetorikschulen sei sie nicht beliebt gewesen. Es sei bemerkenswert, daß Paulus in seinem ersten Argument drei verschiedene *staseis* benutze und zwar in der Anordnung ihrer Eignung für Verteidigungszwecke, die von Quintilian und anderen ausgearbeitet worden sei.

---

[92] *Stasis* ist sehr schwer zu übersetzen. Kim schlägt dafür englisch „issue" vor; als deutsche Übersetzung ist „Behandlung eines Streitfalls" geeignet. Zur Diskussion der *stasis*-Theorie s. Kim, *God*, 17–24.

[93] Kim, *God*, 125f.

[94] Kim, *God*, 126ff.

Im zweiten Argument, der probatio, gehe Paulus vom Modus der rechtlichen Widerlegung zu einer mehr lehrhaften Gestaltung (*confirmatio*[95]) über. Damit wechsele er aber nicht die Absicht seiner Argumentation. Er antworte immer noch auf die Anklage, das Wort Gottes habe versagt. Insofern diene die *confirmatio* zur Sicherung der bisher vorgebrachten Widerlegung. In den beiden ersten Abschnitten 9,30–10,4; 10,5–13 gebrauche Paulus den Stil der Diatribe, im dritten Abschnitt 10,14–21 benutze er wieder die Form der *stasis,* dieses Mal die *stasis* der Übertragung (englisch: transference; μετάστασις): nicht Gott, sondern Israel ist schuld am Versagen und Unglauben Israels.

Das dritte Argument 11,1–32 habe wieder stärker rechtlichen Charakter. Im ersten Abschnitt 11,1–10 brauche Paulus die *stasis* der Vermutung (englisch: conjecture; στοχασμος, *constitutio coniecturalis*)[96], positives Beweisziel: Gott hat sein Volk nicht verworfen; im zweiten Abschnitt 11,11–24 gleichfalls die *stasis* der Vermutung, Beweisziel: Israel sollte nicht straucheln um für immer zu fallen, sondern es strauchelte, damit die Heiden das Heil erreichten und so Israel eifersüchtig machten[97]. Im dritten Abschnitt „Ganz Israel wird gerettet werden" 11,25–32 schließe Paulus in dramatischer Form seine Darlegung der Zuverlässigkeit des Wortes Gottes gegenüber deren Bestreitern.

Die *peroratio* 11,33–36 habe die Form der *amplificatio (adfectus,* αὔξησις), welche gewählt werde, um die Emotionen der Hörer zu erregen und so die vorgelegte Sicht auf den Fall zu stärken. Cicero habe empfohlen für die *amplificatio* eine Sprache zu wählen, die in der Lage sei, Emotionen zu wecken. Dazu solle sie von Gegenständen von hoher Bedeutung wie Liebe zu den Göttern, Liebe zum Land, Liebe zu den Eltern handeln. So stehe die Sprache des Paulus in diesem Abschnitt in Einklang mit den Empfehlungen der rhetorischen Handbücher[98]. Es sei seine schöpferische *inventio*, daß er seinen Worten eine hymnische Form gegeben habe. Zudem forme die *peroratio* eine *inclusio* mit 9,1–5. Der Hymnus besage, daß die These von 9,6a „Gottes Wort ist nicht dahingefallen" nicht nach menschlicher Weisheit und Erkenntnis zu messen sei; „denn die Wege Gottes sind unausspürbar und seine Gerichte unerforschlich"[99].

---

[95] Kim, *God,* 129: eine Untergliederung der probatio zum Nachweis der Richtigkeit der eigenen Ansicht.

[96] Kim, *God,* 21: „when the defendant denies the facts of the case. A certain action can be denied or a person in the event of dispute can be denied".

[97] Kim, *God,* 135ff.

[98] Kim, *God,* 140.

[99] Kim, *God,* 139ff.

Der Ertrag von Kims Arbeit für unsere Fragestellung nach dem „Gott Israels" liegt darin, daß der Charakter der Argumentation in Kapitel 9 deutlicher heraustritt. Die einzelnen Argumente dürften wohl kaum, wie das bei Kuss geschehen ist, als Bausteine oder sogar Grundelemente der biblischen oder paulinischen Gottesaussage herangezogen werden. Sie werden in ihrer nicht zu leugnenden und anstößigen Zuspitzung benutzt, um Zweifel an der Gültigkeit des Wortes Gottes abzuweisen, und stehen von vornherein in einem inneren Zusammenhang mit den Gottesaussagen von Röm 10 – dies war von anderer Seite gleichfalls ein Ergebnis der Überlegungen von G. Röhser – und 11[100], vor allem mit denen in 11,25–36. Was an der Aussage über das Erbarmen Gottes in 9,15–18 noch als einschränkend und willkürlich empfunden werden mußte, obgleich auch hier die Rede vom Erbarmen Gottes an seine Selbstoffenbarung vor Mose Ex 33,18–19 erinnerte[101], wird in 11,32 zum Lobpreis des allumfassenden Erbarmens Gottes ausgeweitet.

Literatur

BRANDENBURGER, E., *Das Böse. Eine biblisch-theologische Studie*, Zürich 1986.

–, *Paulinische Schriftauslegung in der Kontroverse um das Verheißungswort Gottes* (Röm 9), ZThK 82 (1985) 1–47; zitiert nach: DERS., *Studien zur Geschichte und Theologie des Urchristentums*, SBAB 15, Stuttgart 1993, 45–94.

DAUTZENBERG, G., *Überlegungen zur Exegese und Theologie von 2 Kor 4,1–6*, Bib. 82 (2001), 325–344.

DIETRICH, W. / LINK, Ch., *Die dunklen Seiten Gottes*. Band 1: *Willkür und Gewalt*, Neukirchen ²2000.

DUHM, B., *Das Buch Jesaja*, Göttingen⁵ 1968.

DUNN, J.D.G, *Romans* 9–16, WBC 38B, Dallas 1988.

KENNEDY, G.A. *New Testament Interpretation Through Rhetorical Criticism*, Chapel Hill 1984.

KIM, J.D., *God, Israel and the Gentiles*. Rhetoric and Situation in Romans 9–11, SBL.DS 176, Atlanta 2000.

KUSS, O., *Der Römerbrief*. Dritte Lieferung (Röm 8,19 bis 11,36), Regensburg 1978.

MUSSNER., F., *Die Verstockung Israels nach Röm 9–11*, TThZ 109 (2000) 191–198.

NOTH, M., *Das zweite Buch Mose*, ATD 5, Göttingen ⁴1968.

RÖHSER, G., *Prädestination und Verstockung. Untersuchungen zur frühjü-*

[100] Vgl. die detaillierte Kritik, die BRANDENBURGER, *Schriftauslegung*, 90ff., an der Annahme einer Uneinheitlichkeit von Röm 9–11 übt.

[101] DUNN, *Romans*, 551ff.

dischen, paulinischen und johanneischen Theologie, TANZ 14, Tübingen / Basel 1994
SHIRUN-GRUMACH, I., *Die Lehre des Amenemope*, in: TUAT III 222–250.
ZELLER, D., *Der Brief an die Römer,* RNT, Regensburg 1985.

Der Gott Israels als der Vater unseres Herrn Jesus Christus im ersten Petrusbrief

Heinz Giesen
(Hennef)

Eine Wesensdefinition Gottes finden wir weder im Alten noch im Neuen Testament. Gott können wir vielmehr nur soweit erkennen, wie er sich selbst erschließt. Gotteserkenntnis gibt es somit nur über die Selbstoffenbarung Gottes an sein erwähltes Volk. So erfahren wir, dass Gott Schöpfer und Erhalter alles Geschaffenen ist und vor allem, dass er zu seinem erwählten Volk steht, auch wenn sich dieses immer wieder von ihm abwendet. Über den Gott der Bibel reden kann deshalb nur, wer über den Menschen und seine Erfahrungen mit diesem Gott redet.

Wer als Christ über Gott redet, muss ebenfalls über sein Handeln in Schöpfung und Geschichte und an seinem Volk, vor allem aber über sein Handeln an Jesus Christus zugunsten des nunmehr national entgrenzten Gottesvolkes reden. Daraus folgt, dass wir danach fragen müssen, wie sich Gottes Handeln in der Theologie des ersten Petrusbriefs widerspiegelt. Wie Gott sich in seinen Beziehungen zu seinem Volk offenbart, soll an konkreten Texten aufgezeigt werden. Für diesen Aufweis eignen sich auf hervorragende Weise das Präskript (1,1f.) und die Briefeingangseulogie (1,3–12). Ihnen soll im folgenden unsere besondere Aufmerksamkeit gelten. Wenngleich die ersten zwölf Verse des Briefs bereits erkennen lassen, dass der Vater unseres Herrn Jesus Christus niemand anderes ist als der Gott Israels, ist darüber hinaus immer wieder auch auf verwandte Aussagen im gesamten Corpus des Briefes aufmerksam zu machen.

1 Petr steht nicht – wie oft behauptet[1] – in paulinischer Tradition.[2] Berührungen mit den Paulusbriefen gehen auf gemeinsame christliche Tradition zurück.[3] Wie jeder eigenständige Brief des

[1] So z. B. sehr pointiert Hübner, *Theologie*, 387–395, der in 1 Petr den „Höhepunkt der Wirkungsgeschichte der paulinischen Theologie" sieht.

[2] Vgl. Goppelt, *1 Petr* 48–53; Brox, *1 Petr*, 47–51, bes. 49f.; vor allem Herzer, *Petrus*, 32 und passim.

[3] Es ist m. E. keineswegs so, dass die Paulusbriefe nur typisch paulinische Theologie bieten. Dass Paulus in der Regel von der übrigen urchristlichen Theologie unabhängig ist, ist vielmehr völlig unwahrscheinlich. Der Apostel ist kaum ein Einzelgänger,

Neuen Testaments ist 1 Petr deshalb grundsätzlich in sich auszulegen. „Gerade wenn die vielfach verarbeiteten Traditionen (liturgischer, homiletischer, konfessorischer Art) beachtet werden, wird die eigenständige, theologische und sozialethische Konzeption von 1 Petr deutlich. Nicht zuletzt in der Einheit dieser theologischen Konzeption (sowohl binnenkirchlich wie umweltorientiert) liegt die einmalige kanonische Dignität von 1 Petr begründet, aber auch seine Aktualität für analoge kirchliche Situationen."[4]

Der Verfasser von 1 Petr nimmt das Pseudonym Petrus in Anspruch, um auf diese Weise die apostolische Herkunft und Autorität seines Briefes herauszustellen. Möglicherweise beruft er sich auf Petrus als den Repräsentanten und Sprecher aller Apostel. Das entspräche seiner Stellung in der Evangelientradition und in der Apg.

1. Christliche Existenz als Erwählung durch Gott (1 Petr 1,1f.)

Mit der Anrede der Adressaten als „Erwählte" benennt der Verfasser gleich zu Beginn ein zentrales Thema, das er später als die Erwählung der Glaubenden (2,9; 5,13) und als ihr Fremdsein auf Erden (1,17; 2,11; 4,4) entwickelt. Erwählung in diesem doppelten Sinn ist Ausdruck christlicher Existenz in der Welt (vgl. 2,25).[5] Die Erwählung geschieht durch Gott, genauer nach seinem Vorauswissen (1,2: κατὰ πρόγνωσιν). Vorauswissen (vgl. noch Apg 2,23: auf den von Gott vorausbestimmten Tod Jesu bezogen) ist kein passives Wissen, sondern ein aktives Tun, das in Gottes Ratschluss begründet ist.[6] Wie die Erlösungstat Christi vor Grundlegung der Welt durch Gott vorausersehen und damit gewollt ist (1 Petr 1,18–20), so auch die Erwählung der Christen. Wichtig für unsere Fragestellung ist es, dass Gott in 1,18–20 wie in 1,1f. der Handelnde ist. Er ist es, der die Christen durch das kostbare Blut Christi wie das eines fehler- und makellosen Lammes aus dem nichtigen, von den Vätern überkommenen Lebenswandel befreit hat (ἐλυτρώθητε,

---

der von anderen christlichen Lehrern sich abzusondern bestrebt ist. Dafür zeugen u. a. seine Bemühungen um die Kollekte für die Jerusalemer Urgemeinde. Da die Paulusbriefe die ältesten Schriften des Neuen Testaments sind, haben wir allerdings keine Vergleichsmöglichkeiten mit früheren oder gleichzeitigen Theologien, die ihn und spätere Autoren des Neuen Testaments anregen konnten.

[4] Frankemölle, *1 Petr,* 26.

[5] Vgl. Herzer, *Petrus*, 35.

[6] Vgl. z. B. Schelkle, *1 Petr*, 20; Spicq, *Pierre*, 42; Goppelt, *1 Petr*, 85; Achtemeier, *1 Peter*, 86; Sand, προγινώσκω, 369f.; vgl. auch Knoch, *1 Petr*, 39; Michaels, *1 Peter*, 10f.

Passivum divinum) (1,18f.). Um der Glaubenden willen hat Gott Christus am Ende der Zeiten, d. h. in der Jetztzeit,[7] offenbart (1,20b), so dass sie, die durch ihn an den Gott glauben, der Christus aus den Toten erweckt und ihm Herrlichkeit gegeben hat, ihren Glauben und ihre Hoffnung auf Gott ausrichten (1,21).

Erwählung im AT, Frühjudentum und Neuen Testament

Dass es Gott ist, der sein Volk erwählt, steht in vollem Einklang mit dem Alten Testament. Das Volk Israel weiß sich von Jahwe als sein Eigentum aus den Völkern erwählt (vgl. Dtn 7,6f.; 10,15; 14,2; 1 Chron 16,13 u. a.).[8] Israel hat keinerlei Anspruch oder Verdienst, das einen Rechtsanspruch begründen könnte. Erwählung bedeutet zugleich eine besondere Verantwortlichkeit. Gott wird Israel zur Rechenschaft ziehen, weil er es erwählt hat (Am 3,1f. u. a.).

Das Erwählungsbewusstsein Israels hat sich im Frühjudentum noch verstärkt. Im Jub 2,20 lesen wir: „Und ich habe auserwählt den Samen Jakobs unter allem, was ich gesehen habe, und habe ihn mir aufgeschrieben als erstgeborenen Sohn. Und ich habe ihn geheiligt in die Ewigkeit der Ewigkeit." In der Qumrangemeinde ist der Erwählungsgedanke eingespannt in einen Dualismus von Erwählten und Frevlern (vgl. CD 2,6; 6,2–4). Obgleich die Erwählung das Schicksal des Menschen geradezu festlegt (vgl. 1QH 15,15.17; CD 2,1), rechnet sie mit der Umkehr von Frevlern. „Langmut ist bei ihm und der Vergebung Fülle, zu entsühnen alle, die umkehren von Sünde" (CD 2,4f.). Den Erwählten ist gewiss, dass sie am Ende die Frevler besiegen werden. Sie verstehen sich nämlich als den Rest Israels, den Gott allein erwählt und mit ihm einen „neuen Bund" geschlossen hat.

Im Neuen Testament ist die Erwählung frei von nationalen und sektiererischen Verengungen. Die Kirche aus Juden und Heiden versteht sich als die Gemeinschaft der Erwählten und damit als das erneuerte Israel. Alle Erwählung gründet im Willen Gottes (Röm 9,11), der das Heil aller will. Auch das Neue Testament versteht die Erwählung zugleich als besondere Verantwortlichkeit und Verpflichtung (vgl. Eph 1,4; vgl. auch Kol 3,12; 2 Thess 2,13).

---

[7] So z. B. auch HÜBNER, *Theologie* 391.

[8] Vgl. z. B. GIESEN, *Erwählung*, 112f.

Für 1 Petr ist das Erwähltsein von besonderer Wichtigkeit.[9] Die Erwählung kann nicht durch eigene Verdienste erworben werden, sondern geschieht durch Gott allein (1,2.20). Sie kann deshalb keine Überheblichkeit begründen. Nach 2,9 ist die Kirche das auserwählte und heilige Volk. Nicht nur die ganze Kirche, sondern jede einzelne Gemeinde weiß sich erwählt, mit der anderen miterwählt (vgl. 5,13). Die Erwählung teilen die Christen mit Christus, dem (von Gott) auserwählten Eckstein der Kirche (2,4). So erscheint die Bestimmung und Identität der Christen schon in der Erwählung parallel zur Bestimmung und Identität Christi.[10] Wie die eindringliche Paränese in 1 Petr beweist, ist Erwählung nicht mit Heilsbesitz zu verwechseln. Sie bedeutet Heiligung und Absonderung von den übrigen Menschen. Die tatsächliche Minderheitensituation der Christen wird nicht nur durch den Begriff Erwählung, sondern auch durch die Selbstbezeichnung παρεπίδημοι (1,1) interpretiert.

Παρεπίδημος ist der Fremde, der sich vorübergehend und deshalb ohne dauerndes Gast- und Bürgerrecht in einem Land aufhält.[11] Im Neuen Testament wird der Ausdruck nur im übertragenen Sinn verwendet: Die Glaubenden haben keine bleibende Heimat in dieser Welt. So heißt es von Abraham und den Seinen in Hebr 11,13, dass sie sich als Fremde und Gäste auf Erden verstanden haben (vgl. Gen 23,4; 1 Chr 29,15), womit auf ihr Unterwegssein im Verlangen nach der wahren, der himmlischen als der besseren Heimat verwiesen ist (Hebr 11,14–16). 1 Petr benutzt als erster die Metapher Fremder als eine zentrale Selbstbezeichnung der Christen. Dabei ist er von der Septuaginta abhängig, allerdings nicht ohne Vermittlung durch das zeitgenössische hellenistische Diasporajudentum.[12]

In 1 Petr lässt sich deutlich ein Zusammenhang zwischen der Fremd- und Selbsteinschätzung der Christen erkennen.[13] Wer zur christlichen Gemeinde gehört, hat kein Vaterland auf Erden. Fremdsein als Abgrenzung von der gottfeindlichen Gesellschaft gilt 1 Petr als Berufung. Auf diesem Hintergrund sind die Selbst-

---

[9] Vgl. GIESEN, *Erwählung*, 113.

[10] So auch BORING, *1 Peter*, 54.

[11] Vgl. BALZ, *παρεπίδημος*, 89f.; KNOCH, *1 Petr*, 37; vor allem FELDMEIER, *Fremde*; GIESEN, *Lebenszeugnis*, 115; DERS., *Fremder*, 130.

[12] Vgl. FELDMEIER, *Fremde*, 15–22.51f.; BOSETTI, *Cristiani*, 322f.; GIESEN, *Lebenszeugnis*, 116.

[13] Vgl. GIESEN, *Lebenszeugnis*, 117.

bezeichnungen „Fremder“ und „Beisasse“ Schlüsselbegriffe.[14] Sie werden gezielt zu Beginn des Briefes als zentrale Anrede (1,1; vgl. 1,17: παροικία) und zu Beginn seines Hauptteils als Begründung der Paränese (2,11: παρεπίδημοι καὶ πάροικοι) eingesetzt.[15] Ihr Fremdsein folgt zwar aus der gesellschaftlichen Außenseiterrolle der Christen aufgrund von Diffamierungen durch pagane Mitbürger, wurzelt aber letztlich in ihrer eschatologischen Existenz. In 1 Petr 1,1 geht es um die isolierte Stellung der Gemeinde und ihre kritische Distanz zur Welt. Christsein und Anpassung an die Welt sind für 1 Petr aufgrund der Erwählung der Christen durch Gott unvereinbar (vgl. auch Röm 12,2).

Als Fremde wohnen die Christen in der Zerstreuung (διασπορά). Διασπορά bezeichnet in der LXX die Zerstreuung Israels unter den Heidenvölkern (Dtn 28,2; 30,4 u.ö.) bzw. die Gesamtheit der Zerstreuten.[16] Sie wird zunächst als Strafe verstanden (vgl. Dtn 30,4). Später dachte das Judentum positiver über die Diaspora im Sinne der Ausbreitung Israels über die ganze Welt. Das findet seinen Ausdruck in den Völkerlisten (1 Makk 15,16–23; vgl. Apg 2,9–11; 1 Petr 1,1). Israel hofft in der Zerstreuung auf seine Zusammenführung durch Gott in der Zukunft (Ps 146,2; Neh 1,9; 2 Makk 1,27). Nach 1 Petr leben die Christen dagegen gerade als Fremde in der Zerstreuung und erweisen sich so als die Auserwählten Gottes. Das alles bedeutet keine Abkehr von ihrer Mitwelt, sondern Distanz von ihr und damit auch von ihrer paganen Vergangenheit (2,11b; 4,2),[17] was sich in der christlichen Freiheit und Zuwendung zur Welt äußert.[18]

Auch dass Gott als Vater bezeichnet wird, steht in alttestamentlicher Tradition, wenngleich das Alte Testament hier sehr zurückhaltend ist. Immerhin erscheint Gott als Vater im Kontext der Erwählung und der Heilszusage an Israel (Dtn 32,6).[19] Jer 31,9 spielt auf einen geschichtlichen Prozess an, in dem Gott durch seine fürsorgende Liebe und Erziehung zum Vater geworden ist. In 1 Petr 1,2 gehört die Wendung θεοῦ πατρός der gehobenen liturgischen Sprache an, die uns vor allem in Grußformeln der Briefe begegnet. Das macht deutlich, dass die Bezeichnung Gottes als Vater nicht nur in alttestamentlicher Tradition wurzelt, sondern zugleich die

[14] Vgl. Feldmeier, *Fremde*, 175–177.

[15] Vgl. Giesen, *Lebenszeugnis*, 114–125.

[16] Vgl. Schmidt, *διασπορά*, hier 99; Wolf, *Christ und Welt*, 334; Sänger, *διασπορά κτλ.*, 749.

[17] Vgl. Giesen, *Lebenszeugnis*, 122–125; ders., *Christi Leiden*, 188–191.

[18] Vgl. Feldmeier, *Fremde*, 184; Giesen, *Lebenszeugnis*, 118.147f.

[19] Vgl. Michel, *πατήρ*, 127.

neutestamentliche Offenbarung widerspiegelt. Das macht 1,3 vollends deutlich.

Mittel und Ziel der Erwählung

Die Erwählung Gottes geschieht durch die Heiligung des Geistes (1,2a). Denn ἐν wird wohl am besten instrumental zu verstehen sein.[20] Πνεύματος ist Gen. subiectivus und könnte noch im alttestamentlich-jüdischen Sinn als wirkende Kraft Gottes gelten. Wahrscheinlicher dürfte aber im Rahmen der triadischen Formulierung bereits der Heilige Geist gemeint sein (vgl. 2 Thess 2,13; 1 Thess 4,7).[21] Die Heiligung durch den Geist (Gen. auctoris) ist also das Mittel, durch das die Erwählung geschieht.[22] Es ist der Geist, der in der Verkündigung der Missionare wirksam wird (1,12).[23] Er sondert Menschen vom ungläubigen Volk ab und übergibt sie Gott, in dessen Dienst sie nun eintreten[24] und macht sie zu Gottes Volk. Das Ziel des vorausbestimmenden Vorauswissens Gottes ist der Gehorsam und die Besprengung mit dem Blut Christi. Ὑπακοή ist der Gehorsam, den Gott, der Vater, durch die Heiligung des Geistes im Menschen bewirkt, und der zur Besprengung mit dem Blut Christi führt. Wie bei Paulus bedeutet ὑπακοή (12mal) in 1 Petr (3mal) die Glaubensentscheidung, den Gehorsam gegenüber dem sich offenbarenden Gott. Die Christen können deshalb „Kinder des Gehorsams" (1,14) genannt werden. Nach 1 Petr 1,22a ist von der Heiligung durch Gott (Passivum divinum) im Gehorsam gegenüber der Wahrheit die Rede. Gehorchen kann man nur einer Person[25] oder deren Botschaft. Entsprechend ist die Wahrheit identisch mit dem Wort Gottes (V. 23–25), das den Christen als Evangelium verkündigt wurde (V. 25b).[26] Das Partizip Perf. ἡγνικότες (1,22) zeigt an, dass die Heiligung zwar in einem vergangenen Akt, in der Taufe,[27] vollzogen wurde, jedoch bis in die

---

[20] Vielleicht kann man die Wendung auch analog zu ἐν Ξριστῷ und ἐν δυνάμει (V. 5) lokal im Sinn von „in der Sphäre der Heiligung des Geistes" interpretieren. So SELWYN, *1 Peter*, 119.

[21] So auch SCHRAGE, *1 Petr*, 68f.; SCHWEIZER, *1 Petr*, 20f.; HERZER, *Petrus,* 2f.

[22] So auch SCHELKLE, *1 Petr*, 22 Anm. 1.

[23] Vgl. BORING, *1 Peter*, 5.

[24] Vgl. ACHTEMEIER, *1 Peter*, 86f., u. a.

[25] Vgl. SCHWEIZER, *1 Petr*, 38: „Statt Gott ist hier ‚Wahrheit' genannt."

[26] Vgl. GIESEN, *Gemeinde*, 140. Vgl. auch GOPPELT, *1 Petr*, 131 Anm. 20; HÜBNER, *Theologie*, 391f. Das schließt m. E. auch die Bedeutung von ὑπακοή als „Kunde" bzw. „Botschaft" aus.

[27] So auch SCHRAGE, *1 Petr*, 68; KNOCH, *1 Petr*, 39.

Gegenwart hinein als bleibende Grundlage für die geschwisterliche Liebe wirkt. Während die Reinigung bzw. Heiligung durch den Gehorsam gegenüber der Wahrheit in 1,22 auf die ungeheuchelte geschwisterliche Liebe zielt, die die Christ-Werdung voraussetzt, geht es bei der Heiligung durch den Geist zum Gehorsam in 1,2 um die Christ-Werdung selbst. Der Gehorsam beschreibt somit die menschliche Entscheidung, die christliche Botschaft anzunehmen und zu leben.[28] Die Erwählung vollzieht sich als Berufung zum Glauben, der als Gehorsam verstanden wird.

Die „Besprengung mit dem Blut Jesu Christi" (1,2c) erinnert den urchristlichen Leser an den Bundesschluss am Sinai: „Darauf nahm er (= Mose) die Urkunde des Bundes und verlas sie vor dem Volk. Sie antworteten: Alles, was der Herr gesagt hat, wollen wir tun; wir wollen gehorchen. Da nahm Mose das Blut, besprengte damit das Volk und sagte: ‚Das ist das Blut des Bundes, den der Herr aufgrund all dieser Worte mit euch geschlossen hat'" (Ex 24,7f.).[29] Während die meisten Autoren die Wendung auf diesem Hintergrund in 1 Petr typologisch verstehen,[30] bestreitet das Leonhard Goppelt und sieht in ihr eine christliche Wendung, die bedeute, dass ein Mensch in den Wirkungsbereich des Sterbens Christi einbezogen werde, so dass er dem Gestorbenen zugeeignet sei.[31] M.E. schließt das eine das andere jedoch nicht aus. Die Besprengung mit dem Opferblut verbindet die Bundespartner, Gott, der durch den Altar repräsentiert wird (24,6b), und das Volk miteinander. Indem das Volk mit dem Blut besprengt wird, wird es zu Jahwes heiligem Volk geweiht.[32] In Ex 24 wird deshalb mit Recht eine Konsekration des ganzen Volkes zu Priestern analog dem Priesterweiheritus in Ex 29 und Lev 8 gesehen. „Durch die ‚Voraussetzung' von Ex 19,5f. wird der Blutritus des Bundesopfers in Ex 24,8 neu interpretiert, und zwar vom Blutritus der Priesterweihe

---

[28] Vgl. Michaels, *1 Peter*, 12. Balz, *ῥαντισμός* 500, zufolge ist das Nebeneinander von ὑπακοή und ῥαντισμός wie die Präposition εἰς eher als ein Bleiben im Gehorsam und in der durch den Tod Christi gewirkten Versöhnung des neuen Bundes zu deuten (vgl. Hebr 9,14; 12,24) denn als Taufe als einmaliges Ereignis der Zueignung der Sühnewirkung des Todes Jesu. Dagegen spricht jedoch, dass unsere Wendung an Ex 24,3–8 erinnert, wo vom Bundesschluss die Rede ist. Richtig an der Beobachtung ist allerdings, dass die einmalige Handlung in der Taufe sich im Leben des Christen auswirken muss.

[29] Obwohl in Ex 24,7f. der Wortstamm ῥαντ- nicht vorkommt, sondern die Verben προσχέω und κατασκεδάννυμι, ist die Beziehung zwischen beiden Texten aufgrund anderer Parallelen sichergestellt. So auch Schlosser, *Thème*, 261.

[30] So Schelkle, *1 Petr*, 22f.; Selwyn, *1 Peter*, 120; Kelly, *1 Peter*, 44; Beare, *1 Peter*, 51; Brox, *1 Petr*, 57f.; Schlosser, *Thème*, 261; Michaels, *1 Peter*, 12.

[31] *1 Petr* 87.

[32] Vgl. Gräbe, *Bund*, 22f.81f.

(Ex 29,20; Lev 8,22f.) her, so dass auf diese Weise Ex 24,8 nur noch insofern ‚Bundesschlussritus' ist, als das Volk in Erfüllung der Verheißung von Ex 19,5f. nun geheiligt wird."[33] Ex 24 löst damit die programmatische Einleitung aus Ex 19,5f. ein.[34] Eine solche Heiligung nimmt Israel in Dienst wie einen Priester. Deshalb deutet Mose das Blut als eine Verpflichtung (24,8b), die in der Verlesung der Weisungen Jahwes (24,7) ihre Grundlage hat.[35] Ex 19 und 24 sehen das Priestertum also im Zusammenhang mit einer besonderen Bindung des Volkes an den Willen Gottes.[36] Dieser Aspekt ist in 1 Petr 1,2 durch den Gehorsam zum Ausdruck gebracht.

In Ex 24,8 wird das Blut zwar noch nicht sühnetheologisch gedeutet.[37] Aber da die alttestamentlich-frühjüdische Opfertheologie dem Opferblut Sünden tilgende und sühnende Wirkung zuschreibt, kann auch der Blutritus in Ex 24,8 entsprechend gedeutet werden. Das bestätigt der Targum Onkelos Ex 24,8 ausdrücklich, wenn er Ex 24,8 wie folgt wiedergibt: „Mose nahm das Blut und sprengte es auf den Altar, um für das Volk Sühnung zu schaffen, und er sprach: Siehe, das ist das Blut des Bundes, den Jahwe mit euch auf Grund aller dieser Worte geschlossen hat."[38] Dieser Hintergrund legt bereits nahe, auch die Wendung αἶμα Χριστοῦ in diesem Sinn zu verstehen, zumal sie ein urchristliches Bild für das Sterben Jesu in seiner Heilsbedeutung (vgl. auch Offb 1,5; 5,9c; 7,14; 12,11)[39] bzw. in seiner Sünden tilgenden Wirkung (vgl. Röm 3,25; 5,8; 1 Kor 10,16; 11,25.27; Kol 1,20; Eph 1,7; 2,13) ist. Bestätigt wird diese Deutung durch 1,22. Wer mit dem Blut Christi besprengt ist, gehört dem neuen Bund an, den Gott durch das Blut Christi gestiftet hat (vgl. Mk 14,24; 1 Kor 11,25). Diese Deutung wird dadurch gestützt, dass auch nach Ex 24,7f. der Gehorsam des Volkes der Besprengung mit dem Bundesblut vorausgeht (24,3.7).[40] Der von Gott durch die Heiligung des Geistes ermöglichte Glaube vermittelt dem Glaubenden Anteil an der sühnenden Wirkung des Blutes Christi.[41] Die Erwählten sind somit Mitglieder des Neuen Bundes. So bezieht sich die Besprengung mit dem Blut Jesu Christi zugleich auf seinen Sühnetod und auf dessen

---

33 Dohmen, *Bund*, 72.

34 Steins, *Priesterschaft*, 30.

35 Vgl. Ruprecht, *Exodus*, 167.

36 Vgl. Steins, *Priesterschaft*, 30.

37 Mit Gräbe, *Bund*, 82. Gegen Herzer, *Petrus*, 45.

38 Vgl. auch die fast wortgleiche Formulierung in Targum Jeruschalmi I; dazu Strack / Billerbeck, *Kommentar* I, 991; Gräbe, *Bund*, 82.

39 Vgl. dazu Schelkle, *1 Petr*, 23; Giesen, *Erlösung*, 44f.

40 Vgl. auch Schlosser, *Thème*, 261; Herzer, *Petrus*, 45.

41 Herzer, *Petrus*, 46.

Zueignung in der Taufe.[42] „In 1^2 klingt bereits im Vorgriff zu 2^{9-10} der in Christus durch Gott erneuerte Bundesschluss mit allen an, die an Christus glauben (2^7).“[43]

Nach Leonhard Goppelt bietet die essenische Tradition vor allem zum dritten Glied „zum Gehorsam und zur Besprengung mit dem Blute Christi“ ein auffallend ähnlich aufgebautes soteriologisches Schema, das dort ohne weiteres verständlich ist, als mögliche Vorlage an.[44] In 1QS 3,6–8 wird im Rahmen der Bestimmungen für das Bundeserneuerungsfest (1QS 1,16–3,12) eine Ordnung entwickelt, nach der das Heil zu erlangen ist und nach der daher immer wieder die Aufnahme in die Gemeinde vollzogen wird. Von 1QS her lasse sich auch auf einen „Sitz im Leben“ schließen. Da das soteriologische Schema in Qumran als Aufnahmeritual praktiziert werde, liege in 1 Petr 1,2 eine Beziehung zur Taufe nahe. Ob man für den Taufbezug von 1 Petr 1,2 auf die Parallele aus Qumran zurückgreifen muss, erscheint mir zweifelhaft, zumal die Qumrangemeinde keine Waschung als Aufnahmeritus kennt.[45] M.E. konnte sowohl die Qumrangemeinde als auch die Urchristenheit ein solches Schema auf dem Hintergrund von Ex 24,3–8 für ihren jeweiligen besonderen Zweck entwickeln.

2. Neu gezeugt durch Gott zu einer lebendigen Hoffnung (1 Petr 1,3–12)

Gattungsmäßig ist 1 Petr 1,3–12 eine Eulogie, wie die einleitende Benediktionsformel (V. 3a) deutlich macht. Das Verb εὐλογεῖν wird für den Segensspruch, der Gott gilt, verwendet (vgl. Eph 1,3; Röm 1,25; 2 Kor 1,3; 11,31). Gattung und Stil des Gotteslobes haben Vorbilder im Alten Testament und im Frühjudentum. Die alttestamentliche Berakah preist meist Gottes Wirken in Schöpfung (Ps 41,14; 72,18f.; 106,48 u. ö.; vgl. im NT: Röm 1,25) und Geschichte (Gen 14,20; 1 Kön 5,21 u. ö.). Das Gotteslob wird stets durch das Tun Gottes zugunsten der Menschen, insbesondere seines Volkes begründet. In Lk 1,68 eröffnet der Segensspruch „Gepriesen sei der Herr, der Gott Israels!“ den Lobgesang des Zacharias. Das Benedictus nimmt offenbar den doxologischen Abschluss

[42] Vgl. Knoch, *1 Petr*, 39; anders Schrage, *1 Petr*, 69, der die Besprengung nicht auf einen bestimmten Akt eingeschränkt sieht. „Sichbesprengenlassen“ bedeute „die Heilsbedeutung des Todes Jesu im Gehorsam annehmen.“

[43] Frankemölle, *1 Petr*, 32.

[44] 1 *Petr* 87.

[45] Vgl. dazu Giesen, *Johannestaufe*, 118–121.

der Psalmenbücher auf (Ps 41,14; 72,18; 89,53; 106,48; 1QH 2,20–30; 3,19–36; 11,2–8, OdSal 11,15; 28f.).

Aus dem jüdisch-hellenistischen Bereich vor Paulus kennen wir bislang nur einen Beleg für eine Briefeingangseulogie.[46] Die Briefeingangseulogie in 1 Petr 1,3–12 (vgl. Eph 1,3–14) ist theologisch sehr dicht formuliert und bezieht sich ausdrücklich auf die von Gott durch Christus neu heraufgeführte heilsgeschichtliche Situation, die sich im Heilsstand der Christen realisiert. Die Eingangseulogie besteht aus einem einzigen komplexen Satz. Auf diese Weise wird bereits deutlich, dass es Gott ist, der für das gesamte Heilsgeschehen gepriesen wird. Er ist der Ursprung des Heils und deshalb auch der Adressat des Dankes. Der Eingangsdank ist also keine reine Formalität. Er verweist nicht auf allgemeines Wohlergehen, sondern auf das den Christen geschenkte Heil, das er in seiner konkreten Verwirklichung beschreibt. Es ist in dieser Zeit Hoffnungsgut (V. 3), das schon in der Gegenwart Anlass zur Freude ist (V. 6.8), die durch „Versuchungen" und Leiden nicht zunichte gemacht wird. Die Funktion, die 1 Petr 1,3–12 für den Brief hat, ist klar erkennbar: Die Gemeinde soll gleich zu Beginn daran erinnert werden, welch großes Gnadengeschenk sie von Gott erhalten hat. Der Wir-Stil macht die ekklesiale Dimension des Gotteslobes deutlich. Gerade darin unterscheidet es sich von den Qumranparallelen, die im individuellen Ich-Stil ein Erlösungserlebnis zum Inhalt des Gotteslobes machen (1QH 2,20–30; 3,19–36; 11,2–8; vgl. auch OdSal 11; 15; 28f.). In 1 Petr geht es nicht um ein persönliches Erlebnis, sondern um die Verkündigung dessen, was alle Christen in der Taufe erfahren haben.

Lobpreis Gottes für das Geschenk der lebendigen Hoffnung (1 Petr 1,3)

Mit εὐλογητὸς ὁ θεὸς καὶ πατὴρ τοῦ κυρίου ἡμῶν Ἰησοῦ Χριστοῦ kann 1 Petr an die alttestamentliche Formel εὐλογητὸς ὁ θεὸς (κύριος) anknüpfen.[47] Das Verbaladjektiv εὐλογητὸς wird außer-

[46] So im pseudepigraphischen Brief des Suron an Salomo. Das in Griechisch erhaltene Präskript nach Eusebius, Praeparatio evangelica IX, 34,1 lautet: εὐλογητὸς ὁ θεός, ὃς τὸ οὐρανὸν καὶ τὴν γῆν ἔκτισεν, ὃς εἵλετο ἄνθρωπον χρηστὸν ἐκ χρηστοῦ ἀνδρός. Vgl. Berger, *Apostelbrief*, 222 mit Anm. 154; Herzer, *Petrus* 51 mit Anm. 139; Goppelt, *1 Petr*, 90 Anm. 2.

[47] Gen 9,26; 14,20; 24,27; Ex 18,10; Rut 4,14; 1 Sam 25,32.39; 2 Sam 18,28; 1 Kön 1,48; 5,7; 8,15.56; Ps 17(18),46; 27(28),6; 30(31),21; 40(41),13; 65(66),20; 67(68)19.35; 71(72),18f.; 105(106),48; 123(124),6; 143(144),1; 2 Makk 1,17 u.ö.

halb der Bibel nicht verwendet. In der LXX gibt es das hebr. בָּרוּךְ (ḇārûk) „gesegnet“ „gepriesen (sei)“ wieder, das sich entweder auf Gott (Gen 14,20; 24,27; 1 Sam 25,32 Kön 8,15; Ps 40,14, u.ö.) oder auf Menschen (Gen 12,2; 14,19; 26,29; 1 Sam 15,13) bezieht.[48] Im Neuen Testament wird es indes nur doxologisch auf Gott angewendet (Mk 14,61; Lk 1,68; Röm 1,25; 9,5; 2 Kor 11,31).[49] In der Eulogie anerkennt der Glaubende in Anbetung und Lobpreis, dass er Gott allein seine Existenz verdankt. Neutestamentlich ist Gott nicht mehr einfachhin „der Gott Israels“, wie ihn judenchristliche Anawim noch im Benedictus (Lk 1,68) nennen, sondern „der Gott und Vater unseres Herrn Jesus Christus“ (vgl. auch 2 Kor 1,3; Eph 1,3). 1 Petr überspielt nicht das Menschsein. Deshalb erinnert er seine Adressaten daran, dass Gott auch für Jesus Christus Gott bleibt.[50] Die Verwandtschaft zwischen 1 Petr 1,3 mit 2 Kor 1,3–5 und Eph 1,3–5 ist wahrscheinlich „aus der Kombination des gemeinsamen Hintergrundes alttestamentlich-jüdischer Segensformel-Traditionen einerseits und antiker Briefkonvention andererseits“ und nicht als paulinisch[51] zu erklären.[52] Sie kann aber auch auf eine gemeinsame frühchristliche Formel zurückgehen,[53] wofür ihr liturgischer Charakter spricht.[54] Es ist also an den erhöhten Christus gedacht, in dem sich das ganze Christusereignis, d. h. auch der historische Jesus, seine Lehre und sein Handeln, konzentriert. Es ist derselbe Jesus Christus, durch den wir nach 1,21 „zum Glauben an Gott gekommen sind“. An Gott glauben kann niemand aufgrund bloßer Information, sondern nur der, der durch den Sohn mit Gott verbunden wurde, und ihn deshalb „als Vater anrufen“ (1,17) kann. Mit der Wendung „unser Herr Jesus Christus“ ist zweierlei zum Ausdruck gebracht: Sie erinnert die Christen an die besondere personale Nähe Jesu zu seinem Vater (vgl. Apg 2,36) und betont, dass sie allein über das Bekenntnis zu ihm als ihrem Herrn Zugang zu Gott, dem Vater, haben.[55]

Ἀναγεννήσας ἡμᾶς nennt den Grund für das Gotteslob. Die Vorstellung des Gezeugtwerdens begegnet uns im Neuen Testament vor allem im Johannesevangelium, das Kompositum ἀναγεννᾶν nur in 1 Petr 1,3.23. Es ist also kein terminus tech-

[48] Vgl. ACHTEMEIER, *1 Peter*, 93 Anm. 11.
[49] Vgl. GOPPELT, *1 Petr*, 91; PATSCH, *εὐλογέω*, 200; ACHTEMEIER, *1 Peter*, 93.
[50] Das betont auch SCHWEIZER, *1 Petr*, 24.
[51] Gegen BEARE, *1 Peter*, 82.
[52] HERZER, *Petrus*, 53.
[53] So ACHTEMEIER, *1 Peter*, 93.
[54] So ACHTEMEIER, *1 Peter*, 93 Anm. 13.
[55] Vgl. GOPPELT, *1 Petr*, 92; KNOCH, *1 Petr*, 42.

nicus.[56] „Neu zeugen“ bedeutet einen total neuen Anfang machen und bringt so bereits den Geschenkcharakter zum Ausdruck, den die Umstandsbestimmung ὁ κατὰ τὸ πολὺ αὐτοῦ ἔλεος zusätzlich unterstreicht. Dieser Aspekt wird abgeschwächt, wenn man γεννάω mit wiedergebären übersetzt,[57] wenngleich die Neuzeugung zur Wiedergeburt führt (vgl. 2,2: neugeborene Säuglinge). Die Neuzeugung in der Taufe ist damit deutlich Gottes übergroßer Barmherzigkeit (vgl. 1 Petr 2,10; Tit 3,5) zu danken.[58] Sie ist stellt nicht nur eine heilvolle Beziehung zwischen dem einzelnen Glaubenden und Gott her, sondern zugleich eine Beziehung der Glaubenden untereinander. Durch Neuzeugung entsteht somit die christliche Gemeinde, die ihrerseits immer schon als übersummative Größe dem einzelnen Christen voraus ist. Deshalb kann man m. E. die Neuzeugung als Beginn der christlichen Gemeinde nicht gegen die Neuzeugung in der Taufe ausspielen.[59] Neuzeugung ist letztlich eine andere Metapher für die Erwählung durch Gott.[60]

Neu zeugen charakterisiert das damit bezeichnete Geschehen nicht als magisch oder naturhaft; denn es vollzieht sich durch den Glauben (1,5.7.8.21), der in der Auferstehung Jesu begründet ist.[61] Noch deutlicher geht das aus 1 Petr 1,23 hervor. Während 1,3 die einmalige Handlung der Neuzeugung zu Beginn des christlichen Lebens mit Hilfe des Partizips Aorists ἀναγεννήσας betont, zielt 1,23a nach Ausweis des Partizips Perfekts ἀναγεννημένοι auf seine andauernde Wirkung. Die Neuzeugung kann nach 1,23 nur deshalb etwas Bleibendes schaffen, weil sie aus unvergänglichem Samen hervorgeht.[62] Der unvergängliche Samen aber, aus dem bleibende Neuzeugung geschieht, entsteht durch das lebendige und bleibende Wort Gottes (1,23b). Das Wort Gottes wird zwar nicht mit dem Samen identifiziert, aber ohne es bleibt der Samen vergänglich und ist somit keine Grundlage für die Neuzeugung.[63]

---

[56] Vgl. PORSCH, *ἀναγεννάω*, 183; SCHELKLE, *1 Petr*, 28–31 (s. Exkurs: Wiedergeburt).
[57] So z. B. KELLY, *1 Peter*, 80; SCHWEIZER, *1 Petr*, 23.24. Richtig dagegen ACHTEMEIER, *1 Peter, 94.*
[58] Vgl. auch GOPPELT, *1 Petr*, 95.
[59] Daraus, dass der Akzent auf die Neuzeugung und nicht auf die Wiedergeburt gelegt ist, ist nämlich nicht zu schließen, dass sie nicht mit der Taufe verbunden sein kann. Denn 1 Petr spricht von uns und damit auch von jeden einzelnen Christen, der allerdings, was wiederum aus dem „uns“ hervorgeht, stets in Gemeinschaft der Kirche steht. Gegen ACHTEMEIER, *1 Peter*, 94.
[60] So auch BORING, *1 Peter*, 61.
[61] Vgl. PORSCH, *ἀναγεννάω*, 183; HORT, *1 Peter*, 91; LAVERDIERE, *Ambiguity*, 93; ACHTEMEIER, *1 Peter*, 139; GIESEN, *Gemeinde*, 145.
[62] Vgl. SELWYN, *1 Peter*, 150; GIESEN, *Gemeinde*, 146.
[63] Vgl. GIESEN, *Gemeinde*, 146f.

„Mittel“ der Neuzeugung ist nicht das Wort Gottes, sondern die Auferstehung Jesu Christi aus den Toten (1,3). Das bestätigt 1 Petr 3,21c ausdrücklich, wonach die Taufe „durch die Auferstehung Jesu Christi“ rettet.[64] Die Christen sind als die aus unvergänglichem Samen neu Gezeugten Geschwister,[65] die sich in ungeheuchelter geschwisterlicher Liebe einander begegnen sollen. Durch die Neuzeugung als Gottes eschatologische Neuschöpfung werden sie zu Söhnen und Töchtern Gottes, und Gott wird umgekehrt ihr Vater und Jesus Christus ihr Bruder.

Ziel der Neuzeugung in der Taufe ist nach 1,3 die lebendige Hoffnung, die Gott durch die Auferstehung Jesu bewirkt. Weil Gott Jesus von den Toten erweckt hat, deshalb kann selbst der Tod den Christen die Hoffnung nicht nehmen. Denn die Auferweckung Jesu verbürgt auch ihre eigene Auferweckung (vgl. 1 Petr 3,21).[66] Diese Begründung ist im Neuen Testament ungewöhnlich, da hier nicht die soteriologische Bedeutung des Kreuzes zur Sprache kommt. Im Zusammenhang mit 3,21 ist allerdings auch vom Leiden Christi (3,18) die Rede,[67] wobei zu beachten ist, dass die Leiden Christi in 1 Petr nicht nur seinen Tod,[68] auch nicht nur seine Passion und sein Sterben meinen[69], sondern bleibendes Charakteristikum seines ganzes Lebens sind.[70] Weil die Hoffnung auf das unvergängliche Erbe ausgerichtet ist, das im Himmel aufbewahrt wird (1,4), ermöglicht sie sinnvolles Leben gerade auch in Bedrängnis. Die Hoffnung als Grundpfeiler christlichen Lebens (1,13) soll ganz auf Gott ausgerichtet sein (1,21), der Christus von den Toten auferweckt hat. Über ihre Hoffnung sollen die Christen furchtlos Rechenschaft ablegen (3,15). Die in der Taufe von Gott durch die Auferstehung Jesu Christi geschenkte Hoffnung soll also das ganze Leben der Christen bestimmen.[71] Die Theozentrik ist unübersehbar.[72]

---

[64] Vgl. GIESEN, *Heil*, 136f.; DERS., *Gemeinde*, 147; OSTMEIER, *Taufe*, 149f.; gegen HERZER, *Petrus*, 218.

[65] Vgl. MARTIN, *Metaphor*, 173.

[66] So mit Recht MARTIN, *Metaphor*, 54.

[67] Vgl. GIESEN, *Heil*, 141.

[68] Gegen LOHSE, *Paränese*, 321 Anm. 82.

[69] Gegen BLAZEN, *Suffering*, 28; KREMER, *πάσχω*, 123 ; MICHAELS, *1 Peter*, 225.

[70] Vgl. dazu GIESEN, *Christi Leiden*, 177–179.

[71] Vgl. MAYER, *ἐλπίς*, 1074; GIESEN, *Hoffnung*, 204.

[72] Das betont auch ACHTEMEIER, *1 Peter*, 94.

V. 4 ist kein appositioneller Finalsatz, der genauso konstruiert ist wie V. 3b,[73] sondern charakterisiert das Hoffnungsgut (V. 3b) als ein bereits gegenwärtig unvergängliches Erbe. Die Wendung „zur lebendigen Hoffnung" steht nicht parallel zu εἰς κληρονομίαν (V. 4) und zu εἰς σωτηρίαν (V. 5),[74] sondern erläutert, worauf die Hoffnung sich bezieht: auf das unvergängliche, unbefleckte und unverwelkliche Erbe in den Himmeln und auf das Heil (V. 5).[75] Das Partizip Passiv Perfekt von τηρέω drückt die Gewissheit des Erbes aus, das, weil es in den Himmeln ist und von Gott aufbewahrt wird (Passivum divinum), nicht verlorengehen kann.

Das Bild vom aufbewahrten Erbe greift die apokalyptische Vorstellung auf, wonach die Heilsgüter im Himmel verwahrt werden.[76] Die apokalyptische räumliche Vorstellung ist allerdings aufgegeben: „in den Himmeln" heißt bei Gott und das Erbe ist folglich auf Erden noch nicht angetreten.[77] Christen sind Erben, weil sie aufgrund der Neuzeugung durch Gott Kinder Gottes sind, so dass zwischen Gott und ihnen eine Vater–Sohn–Tochter–Beziehung besteht.[78] Dass die Erbschaft, von der hier die Rede ist, nicht einen Anspruch auf den Nachlass eines Verstorbenen meint, sondern ein unverdientes Geschenk bedeutet,[79] ist deutlich. Traditionsgeschichtlicher Hintergrund ist die Landverheißung und Landnahme (vgl. Gen 12,1–4; 6f.; Ex 32,13; Dtn 6,10; 12,9; 15,4; 19,10).[80] Nach dem Exil richtet sich die Vorstellung des Erbes auf die Neuverteilung des Landes (Ez 36,12; 37,14; 47,14). Schon in alttestamentlichen und jüdischen Texten bezeichnet das Erbe zuweilen das eschatologische Heil (Dan 12,13 Theod; PsSal 14,10; 15,15; 1QS 11,7). Im Neuen Testament ist es durchgängig terminus technicus für das eschatologische Heil, das

---

73 Gegen GOPPELT, *1 Petr*, 94; MICHAELS, *1 Peter*, 19.

74 Gegen DEICHGRÄBER, *Gotteshymnus*, 77.

75 Mit MARTIN, *Metaphor*, 53f.

76 Vgl. äthHen 48,6f.; 62,7; syrBar 4,2–6; 4 Esr 7,26; 10,27ff.; Mt 5,5.12; 6,19f.; 25,34; Lk 12,33; Offb 21,1–7; 22,1f. Dazu vgl. z. B. GOPPELT, *1 Petr*, 96f. mit Anm. 26.

77 So auch MICHAELS, *1 Peter*, 21; ACHTEMEIER, *1 Peter*, 96.

78 BEARE, *1 Peter*, 56f.; SCHELKLE, *1 Petr*, 131f.; vgl. auch BEST, *1 Peter*, 76. Das wird von GOPPELT, *1 Petr*, 96 mit Anm. 24 bestritten, der mit Hinweis auf 1 Petr 1,17 vertritt, es werde hingegen „durch das Vater-Sohn-Verhältnis unterbaut". Das Vater-Kind-Verhältnis kommt nach 1 Petr ja bereits durch die Neuzeugung zustande.

79 Vgl. LEENHARDT, *Romains*, 123: „La notion d'heritage souligne la gratuité des biens reçus et leur transcendance; ils viennent d'ailleurs, et on n'est pour riens." GIESEN, *Söhne*, 96f.

80 Mit BROX, *1 Petr*, 62; MICHAELS, *1 Peter*, 21; KNOCH, *1 Petr*, 42f.; GIESEN, *Söhne*, 97.

Gott verbürgt.[81] Die Gewissheit einer unüberbietbaren glückhaften Zukunft wird den Adressaten mit „auf euch“ zugesprochen. Dass der Verfasser hier „euch“ und nicht „uns“ sagt, hängt damit zusammen, dass er den Christen das Heil direkt zusprechen will. Damit schließt er sich nicht davon aus.[82] Dasselbe gilt im Übrigen auch von dem Briefgruß. Der Verfasser will auf diese Weise offenkundig das Selbst- und Erwählungsbewusstsein der Christen stützen, das schon durch ihre Anrede als Erwählte (1,1) zur Sprache kommt. Zugleich aber werden die Christen vor einem falschen Enthusiasmus bewahrt; sie sollen sich zwar der guten Zukunft gewiss sein, aber zugleich wissen, dass sie diese nicht selbst sichern können; das Erbe kommt dem Christen nicht naturhaft zu, sondern als Geschenk der barmherzigen Treue Gottes.

Gottes Schutz als Garantie für die Erlangung des Heils (V. 5)

V. 5 betont nochmals, dass Gott der primär Handelnde ist. Denn das Partizip φρουρουμένους ist nicht medial,[83] sondern passivisch mit „geborgen sein“, „bewahrt werden“ zu übersetzen,[84] wofür auch die präpositionale Wendung „durch Glauben“ spricht. Gott „schenkt nicht nur das Heil, sondern er hält auch noch die Erwählten daraufhin fest.“[85] Die Treue Gottes verwahrt einerseits das Heil, und seine Kraft bewahrt andererseits zugleich deren Empfänger davor, es zu verfehlen.[86] Der Weg, der dafür vorgezeichnet ist, ist der Glaube als die Haltung, die den Christen öffnet für die Macht Gottes und so zum Heil führt.[87] εἰς σωτηρίαν ist nicht auf das Neugezeugtwerden,[88] sondern auf πίστις zurückzubeziehen.[89] Das Heil ist schon geschenkt[90] und bei Gott aufbewahrt und liegt so bereit, um „in der letzten Zeit“ (vgl. V. 7: „bei der Offenbarung Jesu Christi“) enthüllt zu werden und so in ganzer Fülle in Erscheinung zu treten. Voraussetzung für das Heil schon in der ge-

---

[81] Vgl. Mt 5,5; 25,34; 1 Kor 6,9f.; 15,50; Hebr 1,14; 1 Petr 3,7.9; Offb 21,2–7; u.ö. Dazu GOPPELT, *1 Petr*, 96 Anm. 24; GIESEN, *Söhne*, 97f.

[82] Ähnlich MICHAELS, *1 Peter*, 22; ACHTEMEIER, *1 Peter*, 97.

[83] Gegen BROX, *1 Petr*, 63.

[84] So SCHELKLE, *1 Petr*, 32; BEST, *1 Peter*, 77; ACHTEMEIER, *1 Peter*, 97; vgl. auch MICHAELS, *1 Peter*, 22; KNOCH, *1 Petr*, 43; MARTIN, *Metaphor*, 54 Anm. 49.

[85] SCHELKLE, *1 Petr*, 32.

[86] Vgl. GOPPELT, *1 Petr*, 97; KNOCH, *1 Petr*, 43.

[87] Vgl. auch FRANKEMÖLLE, *1 Petr*, 33.

[88] Gegen DEICHGRÄBER, *Gotteshymnus*, 77.

[89] So z. B. mit MARTIN, *Metaphor*, 53.

[90] Gegen MICHAELS, *1 Peter*, 23; ACHTEMEIER, *1 Peter*, 97.

genwärtigen Weltzeit ist der Glaube des Christen, der sich auf Gott richtet und der sich bewähren muss (V. 7).

Das Heil ist nach 1 Petr nicht nur ein Teil des Erbes, nämlich die Bewahrung und Auferstehung an sich,[91] während der andere Teil die δόξα, das Leben nach dem Tod darstellt, sondern umschließt beides und ist mit dem Erbe inhaltlich identisch.[92] Auf diese Weise ergibt sich die Parallelaussage: eine lebendige Hoffnung auf das unvergängliche Erbe (V. 4) und Glaube auf das Heil hin (V. 5). Gemeint ist das offenbar werdende eschatologische Heil (1,5.9), das bereits in der Gegenwart bei Gott aufbewahrt ist (1,4) und deshalb nicht mehr verloren gehen kann. Damit die Christen immer mehr in das eschatologische Heil hineinwachsen, werden sie aufgefordert, wie eben geborene Säuglinge brennend nach der „worthaften, truglosen Milch", d. h. nach dem Wort des Evangeliums, zu verlangen (2,2).[93] Ermöglicht ist ihnen das durch die Neuzeugung durch Gott. Die Heilsvollendung besteht in der Anteilhabe an der Herrlichkeit Christi; denn sie ist ja nach 4,13 und 5,1 die Offenbarung der Herrlichkeit Christi.[94] Hier wie in 1,9 und 2,2 ist somit schon das gegenwärtig realisierte Heil gemeint, das mit der Taufe beginnt (vgl. 3,21).[95] Das jetzt schon bereitliegende Heil wird allerdings erst von Gott geoffenbart am „letzten Tag", der nicht im Sinn der Naherwartung zu verstehen ist.[96] Auch 1 Petr 4,7 ist nicht für eine Naherwartung auszuwerten.[97] Denn πάντων δὲ τὸ τέλος ἤγγικεν kann nach meinem Urteil nicht in diesem Sinn verstanden werden. Τὸ τέλος erinnert an 1,9, wonach die Christen das Ziel ihres Heils (τὸ τέλος τῆς πίστεως σωτηρίαν ψυχῶν) schon jetzt erreichen.[98] Πάντων bezieht sich auf die in 4,1–6 gemachten universalen Heilsaussagen, wozu auch die Verkündigung des Evangeliums an Tote ge-

---

[91] Gegen MARTIN, *Metaphor*, 55.

[92] So die meisten Interpreten.

[93] Vgl. GIESEN, *Gemeinde*, 159. OSTMEIER, *Taufe*, 133–135.151 macht darauf aufmerksam, dass hinter der Antithetik zwischen Milch (2,2) und Fleisch (1,24) die Tradition des jüdischen Verbots stehe, Milch und Fleisch zugleich zu essen. Wer zeitlebens nach der „worthaften, truglosen Milch", d. h. nach dem Wort des Evangeliums, verlangt, hat das negativ gewertete vergängliche Fleisch bleibend hinter sich gelassen.

[94] Vgl. HERZER, *Petrus*, 139.

[95] Gegen GOPPELT, *1 Petr*, 97.

[96] Gegen GOPPELT, *1 Petr*, 97f.

[97] Gegen SCHELKLE, *1 Petr*, 117f.; GOPPELT, *1 Petr*, 281f.; DAVIDS, *1 Peter*, 155f. Vgl, dagegen HILLYER, *1 Peter*, 125. der meint: „The second coming is not in view here as much as is the transience of all that pertains to the closing present age." Nach SCHRAGE, *1 Petr*, 111f. und BROX, 1 *Petr*, 203 setzt der Verf., der selbst nicht mehr unter dem Eindruck der akuten Naherwartung steht, die Naherwartungsaussage zur Motivation der Ethik ein.

[98] Vgl. zu 2.6 (S. 147–149).

hört. Hier sind offenkundig Verstorbene gemeint, die die Christusbotschaft noch nicht während ihrer irdischen Existenz vernommen haben, denen aber das Heil postmortal angeboten wird.[99] Da damit klargestellt ist, dass allen Menschen das Heil Gottes in Christus angeboten wird, kann man den Genitiv πάντων auch maskulin verstehen und interpretieren: Das Heil ist nunmehr für alle Menschen nahe herbeigekommen. Das würde auch der Aussage in 1,9 entsprechen, wonach das Heil das Ziel ist, das die Glaubenden schon jetzt erreichen. Da das von Gott universal angebotene und geschenkte Heil bleibend gegenwärtig ist, verwendet 1 Petr 4,7 sachgemäß das Perfekt ἤγγικεν, das entsprechend der griechischen Grammatik einen Sachverhalt meint, der in der Vergangenheit eingetreten ist und in seiner Wirkung bis in die jeweilige Gegenwart andauert. Die Gegenwart wird so als Endzeit gewertet,[100] die für die Glaubenden und nur für sie bereits Heilszeit ist. Weil sie zugleich wissen, dass auch ihren Vorfahren, denen es nicht möglich war, sich schon auf Erden für Christus zu entscheiden, das Heilsangebot Gottes gilt, sollen und können sie nüchtern und besonnen in ihren Gebeten sein und sich in geschwisterlicher Liebe (vgl. auch 1,22) begegnen (4,8–10). Von einer brennenden Naherwartung kann somit nicht die Rede sein.[101]

Jubel über das bereits geschenkte und zugesagte Heil (V. 6)

Die Heilszusage ist Grund zu Freude und Jubel. Nicht wenige Autoren denken hier an den Jubel in der eschatologischen Zukunft und verstehen ἀγαλλιᾶσθε als ein futurisches Präsens[102] und ἐν ᾧ als relativen Anschluss an ἐν καιρῷ ἐσχάτῳ.[103] Wäre dem so, hätte der Verfasser wahrscheinlich analog zu 1,10 (περὶ ἧς σωτηρίας) ἐν τῷ καιρῷ geschrieben. Es ist darum weitaus wahrscheinlicher ἐν ᾧ als Neutrum auf die Gesamtaussage in 1,3–5 zu beziehen (vgl. noch

---

[99] Vgl. dazu GIESEN, *Christi Leiden*, 208–210.214.

[100] Vgl. auch SCHUTTER, *Hermeneutic*, 112: „The author of 1 Peter is convinced the End has come (4,7a).“ Ähnlich auch ACHTEMEIER, *1 Peter*, 294.

[101] Gegen eine brennende Naherwartung spricht u. a. auch die in 1 Petr entwickelte Sozialethik (2,11–3,7).

[102] So GOPPELT, *1 Petr*, 98f.; MARTIN, *Indicative*, 307–312; SCHLATTER, *Petrus*, 57; MILLAUER, *Leiden*, 183; MICHAELS, *1 Peter*, 34; NGAYIHEMBAKO, *Temps*, 306, der allerdings einräumt, dass die Perspektive des Autors hier die einer präsentischen Eschatologie ist.

[103] So BIGG, *1 Peter*, 103; SPICQ, *Pierre*, 89; MARTIN, *Indicative*, 309f.; DERS., *Metaphor*, 60–62; GIESEN, *Heil*, 112; MICHAELS, *1 Peter*, 27; NGAYIHEMBAKO, *Temps*, 306; SCHWEIZER, *1 Petr*, 26.

2,12; 3,16; 4,4) und ἀγαλλιᾶσθαι als ein Indikativ Präsens zu verstehen.[104] Der Grund für den Jubel besteht demnach in dem bereits geschenkten und zugesagten Heil, das auch durch die gegenwärtige Trauer nicht zu nehmen ist. Das Partizip Aorist λυπηθέντες ist als komplexiver Aorist zu fassen. Es verdeutlicht, dass die Betrübnis ebenso wie die Freude zwar andauert, im Unterschied zu ihr aber zeitlich begrenzt ist. Betrübnis und Freude in der gegenwärtigen Weltzeit der Christen schließen einander nicht aus. Die Unterscheidung zwischen der Freude wegen der Teilhabe an den Leiden Christi (4,13a) und an der Freude, die aus der Teilhabe an der Herrlichkeit Christi kommt, kann nicht als Gegenargument gelten.[105] 4,13 betont freilich, dass die gegenwärtige Freude in der eschatologischen Zukunft eine unübertreffliche andauernde eschatologische Steigerung erfährt,[106] wie das das Verb χαίρειν ergänzende Partizip Präsens ἀγαλλιῶν (4,13b) anzeigt. Wer wirklich als Christ lebt, dem wird die Freude nicht durch Leiden genommen. Bestätigt wird die Deutung auf die Gegenwart schließlich noch aus dem Gebrauch des Verbs ἀγαλλιάω im Alten und Neuen Testament. Dort kennzeichnet es nämlich den endzeitlichen Jubel, den die Erlösten vornehmlich im Gebet und im Gottesdienst äußern (vgl. Ps 96,12; 97,1; 126,2.5f.; Jes 12,6; 25,9; Apg 2,46; 16,34; Lk 10,21; Jud 24; Offb 19,7).[107] Der Verfasser will also nicht auf die Zukunft vertrösten, sondern an das schon gegenwärtige Heil erinnern, das freilich in der Zukunft seine Vollendung findet.

Die soziale und gesellschaftliche Situation der Christen, an die sich 1 Petr wendet, steht im krassen Gegensatz zu der den Christen möglichen Heilserfahrung. Gegen die Freude steht das Trauern. Es ist jedoch nur vorläufig. Der Verfasser gibt eine erste theologische Deutung des Trauerns: Es besteht in mancherlei Prüfungen bzw. Versuchungen. Versuchungen (πειρασμοί, πειρασθῆναι) sind im Neuen Testament immer Anfechtungen von Menschen, die bereits in der Gemeinschaft mit Gott stehen. Sie können zum Unglauben führen, aber auch Prüfung bedeuten, die wie hier auf

---

[104] So wohl die meisten Autoren. Z. B. Beare, *1 Peter*, 60; Schelkle, *1 Petr*, 34 mit Anm. 3 und 4; Selwyn, *1 Peter*, 126f.; Brox, *1 Petr*, 63; Best, *1 Peter*, 77; Kelly, *1 Peter*, 53; Frankemölle, *1 Petr*, 33; Knoch, *1 Petr*, 45; Campbell, *Honor*, 51. Vgl. auch Weiser, *ἀγαλλιάω* 18, der die präsentische Deutung wegen der Nähe zu 1,8 für wahrscheinlich hält. So auch Kühschelm, *Hoffnung*, 203; Feldmeier, *Fremde*, 139 mit Anm. 29; Achtemeier, *1 Peter*, 100; Giesen, *Christi Leiden*, 195; Nauck, *Freude*, 71f., der allerdings für den Imperativ Präsens plädiert. So auch Toit, *Significance*, 70; Combrink, *Structure*, 35.

[105] So aber z. B. Schrage, *1 Petr*, 71.

[106] So auch Feldmeier, *Fremde*, 139 Anm. 29; gegen Goppelt, *1 Petr*, 99.

[107] Vgl. Weiser, *ἀγαλλιάω*, 17–19.

die Bewährung zielt.[108] Die Aussage, dass die Zeit des Trauerns und damit der Versuchungen nur kurz sei, darf trotz 1 Petr 4,7 nicht dazu verleiten, an ein nahes Ende der Welt zu denken.[109] Gemeint ist vielmehr, dass die Leiden nur während der Zeit zu erdulden sind, in der die Christen als Fremde in dieser Welt leben (vgl. 4,2).[110] Freude und Hoffnung aufgrund von Leiden werden nur wegen der Verknüpfung der Leiden der Christen mit den Christusleiden (vgl. vor allem 2,18–22) möglich. Hier in V. 6 wird allerdings nicht mehr gesagt als: Trotz der Trauer gibt es jetzt schon Grund zur Freude. Der Grund zur Freude ist derselbe wie der Grund des Dankes in V. 3–5. Das ist eine weitere Stütze für die These, dass die Freude gegenwärtig bereits Wirklichkeit ist.

1 Petr redet nicht von alltäglichen menschlichen Leiden und Prüfungen, sondern von Leiden aufgrund des Christseins (vgl. noch 3,14.16; 4,4; 4,12–16). Es sind also Leiden, die wesentlich zum Christsein gehören[111] Wie die Deutung der Versuchung als Erprobung (V. 7) und das δεόν, das Gott als Subjekt fordert, zeigen, geht die Prüfung von Gott aus. Die Vorstellung, dass Gott seine Auserwählten hart prüft, ist im Übrigen auch dem zeitgenössischen Judentum vertraut.[112] Im Alten Testament findet sich der klassische Beleg in Gen 22: die Erprobung Abrahams durch Gott. Abraham, der Gottes Auftrag, Isaak zu opfern, als Widerspruch gegen die Verheißung Gottes verstehen muss, besteht die Versuchung, indem er ohne Wenn und Aber der Forderung Gottes nachkommt. Das Alte Testament (Sir 44,20; Jdt 8,25f.; 1 Makk 2,52 u. ö.), das Frühjudentum (Jub 19,8; vgl. auch Weish 10,5f.; 4 Makk 16,20; Josephus, Antiquitates I 256; Philo, Abr. 52–54; OrSib 2,18ff.) und die Rabbinen halten das Verhalten Abrahams für vorbildlich. Für die Rabbinen ist es selbstverständlich, dass die Versuchung von Gott ausgehen kann: „Wohl dem Menschen, der in seiner Versuchung besteht; denn es gibt keinen Menschen, den Gott nicht versucht. Den Reichen versucht er, ob seine Hand dem Armen sich öffne, und den Armen versucht er, ob er Leiden hinnehme ohne Murren" (Ex. 91c).[113] Methodisch verfehlt wäre es, Jak 1,2f.13 heranzuziehen, wo eine Versuchung durch Gott ausgeschlossen wird, und gegen 1 Petr 1,6f. auszuspielen.[114] Auch 1

---

[108] Vgl. SEESEMANN, *πεῖρα*, 28–37; GOPPELT, *1 Petr*, 100.
[109] Gegen KNOCH, *1 Petr*, 45. Näheres siehe oben!
[110] Vgl. GIESEN, *Christi Leiden*, 188–191.
[111] So auch u. a. BORING, *1 Peter*, 63.
[112] Vgl. MILLAUER, *Leiden*, 143–146.
[113] Zitiert nach MILLAUER, *Leiden*, 142.
[114] Gegen SCHELKLE, *1 Petr*, 34.

Petr 5,8 führt hier nicht weiter; denn dort ist ja gerade nicht von Versuchung die Rede.

Weil die Leiden die Christen, die sie aufgrund ihres Christseins erfahren, gemäß dem Willen Gottes auf die Probe stellen, kann 1 Petr sagen, dass Gott der Urheber der Versuchung ist. Unschuldig nach dem Beispiel Christi zu leiden ist ja für 1 Petr sogar Gnade (2,19–21).[115] Die Christen bestehen die Prüfung, wenn sie ihre Leiden in Gemeinschaft mit Christus auf sich nehmen (vgl. 4,13). Leiden begründen keine Resignation und Niedergeschlagenheit, da sie Prüfung durch Gott sind. Weil das Leiden von Gott kommt, hat es für den Glaubenden einen Sinn. Indem 1 Petr Versuchung und Bewährung (vgl. schon Weish 3,5f.) verbindet, deutet er die erfahrenen Bedrückungen als Zeichen der Glaubenserprobung.

Bestandener Glaubenstest zum Lobpreis, zur Herrlichkeit und Ehre bei der Offenbarung Jesu Christi (1 Petr 1,7)

Die Versuchungen der Christen, die von Gott ausgehen, dienen nach V. 7 einem positiven Ziel: Sie sind die Erprobung ihres Glaubens. Ihr Glaube soll sich angesichts der Versuchungen bewähren. Diese Erprobung bzw. Bewährung des Glaubens wird als wertvoller erfunden werden als vergängliches, im Feuer erprobtes Gold. Von der Grammatik her liegt τὸ δοκίμιον als Subjekt des Satzes nahe.[116] Weil viele Interpreten sich nicht vorstellen können, wie die Erprobung bzw. das Prüfungsmittel des Glaubens wertvoller als Gold sein kann, verstehen sie nicht *Erprobung* als Subjekt des Satzes, sondern den *Glauben*.[117] Sie übersetzen δοκίμιον mit Echtheit und verstehen den Genitiv τῆς πίστεως als Genitivus epexegeticus: der Glaube, insofern er echt ist. Die in Jak 1,2f. nahe liegende Übersetzung „Prüfungsmittel“ (vgl. Spr 27,1) wird ausdrücklich ausgeschlossen.[118] Für 1 Petr ist indes die Erprobung des Glaubens, die im Leiden der Christen besteht, bereits wertvoller als Gold, weil sie als Teilhabe an den Leiden des Messias (vgl. 1,11 mit 4,13) dem Willen Gottes entspricht und somit zum Lob,

---

[115] Vgl. GIESEN, *Christi Leiden*, 181.

[116] So auch MARTIN, *Metaphor*, 64.

[117] So z. B. BIGG, *1 Peter*, 104. Δοκίμιον gilt dann als Adjektiv, so dass man übersetzt: „„the rested residue of your faith,““ „that faith which remains when all impure alloy has been burnt away.“ SCHRAGE, *1 Petr*, 72.

[118] So GRUNDMANN, *δόκιμος*, 262; SCHELKLE, *1 Petr*, 35f.; GOPPELT, *1 Petr*, 100f. mit Anm. 40; BALZ, *δοκίμιον*, 829; MICHAELS, *1 Peter*, 30.

zur Herrlichkeit und Ehre bei der Offenbarung Jesu Christi gereicht.[119] Das entspricht der durchgängig positiven Wertung der Leiden in 1 Petr. Wird die Erprobung des Glaubens bestanden, dann hat der Glaube sich bewährt[120] und die Christen haben sich als treu erwiesen.[121] Was 1 Petr 1,7 Erprobung des Glaubens nennt, heißt in 4,12 Feuerläuterung (πύρωσις) zu eurer Versuchung, die als Teilhabe an den Leiden Christi erklärt wird (4,13). Πύρωσις ist ein eschatologischer Terminus, der die endzeitliche Prüfung oder Feuerprobe bezeichnet.[122] In der LXX übersetzt πύρωσις מַצְרֵף (maṣireph). In Qumran ist מַצְרֵף (maṣireph) ein terminus technicus für die endzeitliche Situation, in der sich die Gemeinde befindet. Am Ende werden die Erwählten, d. h. die Mitglieder der Qumrangemeinde, gerechtfertigt und gerettet, während die Gottlosen ausgelöscht werden.[123] Genau wie in Qumran ist der eschatologische Kontext in 1 Petr zu berücksichtigen.

In der Gegenwart erfahren die Glaubenden in ihren als Prüfung verstandenen Leiden das eschatologische Gericht Gottes, das die Verheißung der Herrlichkeit in sich birgt (vgl. vor allem 1 Petr 4,17; auch 4,12f.).[124] Der Beginn dieser endgültigen Gemeinschaft mit Gott ist mit der Offenbarung Jesu Christi gegeben, nämlich „in der letzten Zeit", da das bereitliegende Heil durch Gott (Passivum divinum) offenbart werden wird. Gott aber ist auch hier der primär Handelnde. Die Theozentrik des Verfassers liegt also auf der Hand. „Der Glaube an die schöpferische Macht Gottes ist der Grundakkord des Briefes. Nur in diesem Glaubens-Wagnis lässt Leiden leben. Gott als der *eine* Gott (absoluter Monotheismus) ist auch Herr des Leidens (vgl. Jes 45,7)."[125]

Die Bewährung des Glaubens im Leiden führt (wörtlich: wird erfunden) zu Lob, Herrlichkeit und Ehre, d. h. zur Teilhabe an der Welt Gottes. Denn die drei genannten Begriffe sind nach biblischem Verständnis Gott zugeordnet. Dass sie sich hier auf die Christen beziehen, die sich im Glauben bewährt haben, ist m. E.

---

119 So mit MARTIN, *Metaphor*, 64f.

120 Im Ergebnis unterscheiden sich die beiden Interpretationen also nicht voneinander. In beiden Fällen geht es um die Bewährung des Glaubens. Aber die Perspektive ist eine andere.

121 Daraus, dass die Christen treu zu ihrem Glauben stehen, kann man kaum ableiten, dass πίστις hier eher mit Treue, denn mit Glaube zu übersetzen ist. Gegen BEST, *1 Peter*, 78; ACHTEMEIER, *1 Peter*, 101 Anm. 32. NGAYIHEMBAKO, *Temps*, 307 versteht die Wendung „comme résultat de l'épreuve de la foi des chrétiens".

122 Vgl. vor allem SANDER, *ΠΥΡΩΣΙΣ*.

123 SANDER, *ΠΥΡΩΣΙΣ*, 103; MARTIN, *Metaphor*, 66f.

124 Vgl. DAVIDS, *1 Peter*, 54; HERZER, *Petrus*, 112.

125 FRANKEMÖLLE, *1 Petr*, 34.

geradezu evident.[126] Das Ziel der Erprobung des Glaubens ist die Teilhabe der Christen am Lobpreis, an der Herrlichkeit und Ehre Gottes. Dass die Bewährung der Christen im Glauben zum Lobpreis Gottes gereicht, ist ebenso selbstverständlich. An unserer Stelle steht jedoch der eschatologische Lohn im Vordergrund, den die Christen beim Erscheinen Jesu Christi[127] erwarten.

Dem Verfasser liegt unverkennbar daran, die bedrängten Adressaten dazu zu ermutigen, sich den Herausforderungen der Glaubensanfechtungen zu stellen. Vielen wird es schwer einsichtig gewesen sein, dass gerade die Entscheidung für den wahren Gott sich in ihrem alltäglichen Leben negativ auswirkt. Auf diesem Hintergrund ist es verständlich, warum 1 Petr die Christen an ihre Verheißungen erinnert und betont, dass die Leiden dieser Zeit den neuen Heilsstand nicht in Frage stellen können. Die Anfeindungen verweisen im Gegenteil auf den großen Wert ihres Glaubens- und Hoffnungsgutes, dessen Erprobung mit Hilfe des Bildes vom zu läuternden Gold gedeutet wird (vgl. Spr 17,3; Weish 3,5f.; Offb 3,18; 1QH 5,16; 1QS 8,4; 1QM 17,9) und zur Bewährung im Glauben führen soll.

Das gegenwärtige Heil als Grund unaussprechlichen und herrlichen Jubels (1 Petr 1,8f.)

Mit der Aussage, dass seine Adressaten Jesus lieben, obwohl sie ihn weder gesehen haben noch sehen, misst der Verfasser die zweite mit der ersten Generation der Christen.[128] Damit nennt er nach der Trauer in V. 6 eine weitere Schwierigkeit, die den gegenwärtigen unaussprechlichen und herrlichen Jubel zu hindern vermag.[129] Die Christen können schon in der Gegenwart vor allem deshalb im Überschwang eschatologisch jubeln, weil sie in Gemeinschaft mit Jesus stehen und nach Ausweis des kausal zu verstehenden Partizips Präsens κομιζόμενοι das Ziel ihres Glaubens, ihr Heil

---

126 So auch GOPPELT, *1 Petr*, 102; KNOCH, *1 Petr*, 45f.; NGAYIHEMBAKO, *Temps*, 308; anders SCHELKLE, *1 Petr* 36, der es offen lässt, wer als der Empfänger von Lob, Herrlichkeit und Ehre zu verstehen sei.

127 HERZER, *Petrus*, 89, will die Präposition ἐν instrumental verstehen und übersetzt folglich: Das Offenbarwerden des Heils „geschieht zum Lob, zum Ruhm (δόξα!) und zur Ehre *Gottes*, was sich eschatologisch durch die Erscheinung bzw. Offenbarung Christi erweist".

128 Mit SCHELKLE, *1 Petr*, 36; KELLY, *1 Peter*, 56; KNOCH, *1 Petr*, 46. Unwahrscheinlich ist ein futurisches Verständnis des Partizip Präsens ἄρτι μὴ ὁρῶντες, so dass es auf die Offenbarung Christi vorausschaut. Gegen NGAYIHEMBAKO, *Temps*, 308.

129 Mit ACHTEMEIER, *1 Peter*, 103; BIGG, *1 Peter*, 106. Gegen SELWYN, *1 Peter*, 258f.; SCHELKLE, *1 Petr*, 37; MICHAELS, *1 Petr*, 34.

(σωτηρία ψυχῶν)[130] bereits jetzt erreichen (V. 9). Der Glaubende ist zugleich in eine Beziehung zum jetzigen und zum zukünftig offenbar werdenden Heil (vgl. V. 5) gesetzt. Insofern der Christ mit Gottes Gnade „fest im Glauben" (5,9) ausharrt, hat er schon das Ziel seines Glaubens, sein Heil, erreicht, das nach 1,4 von Gott geschenkt, aufbewahrt und damit garantiert wird. Die Aussagen über den Heilsstand der Christen erreichen in V. 9 ihren Höhepunkt. „Der unbedingte, präsentische Zuspruch der eschatologischen σωτηρία an die Glaubenden aufgrund ihrer Gemeinschaft mit Christus bedingt das Eigentümliche der Stelle 1 Petr 1,9 im Vergleich zu dem vorgegebenen eschatologischen Motiv."[131]

Weil die Hoffnung in dem schon geschenkten Heil, das einst offenbart werden wird, gründet, ist Hoffnung trotz Trauer und trotz der Erfahrung der Abwesenheit Jesu Christi möglich. Hoffnung und gegenwärtiger eschatologischer Jubel sind für die Christen, die ihre wahre Heimat als Fremde und Beisassen nicht auf Erden haben, nur realisierbar als ein Trotzdem.[132] Die Schwierigkeiten der Christen kommen nicht von außen, sondern sind innerlich mit ihrem Christsein verbunden. Weil sie Christen und damit Erwählte Gottes sind, erfahren sie in der Welt Ablehnung. Das alles ist in den Eingangsversen freilich nur angedeutet und wird deutlicher im Corpus des Briefes. Auf diesem Hintergrund stellt 1 Petr das Heil, das als das Ziel des Glaubens dem Glauben bereits zugänglich ist, emphatisch vor und spielt die Alltagserfahrung des Unterdrücktseins herunter, obgleich er es nicht übergeht, sondern als notwendige Gegebenheit für den Christen (V. 6f.) und als Prüfung durch Gott charakterisiert. „Das vergangene und zukünftige schöpferische Handeln Gottes ist der Kontext, in dem die Ermahnungen und Weisungen des Briefes nicht nur theologisch begründet sind, sondern auch ihre Dringlichkeit erhalten."[133]

---

130 Während man ψυχῶν fast immer m. E. zu Recht als Personalpronomen versteht, versteht NGAYIHEMBAKO, *Temps*, 311f. ψυχή hier als eine Qualifikation des Heils, nämlich als „un salut intérieur", das vom zukünftigen „salut glorieux" zu unterscheiden sei.

131 DAUTZENBERG, *σωτηρία ψυχῶν*, 272; vgl. auch BROX, *1 Petr*, 66f.; FRANKEMÖLLE, *1 Petr*, 34; FELDMEIER, *Fremde*, 138f.; KELLY, *1 Peter*, 58; ACHTEMEIER, *1 Peter*, 104; MARSHALL, *1 Peter*, 43. Gegen die Einheitsübersetzung: „Da ihr das Ziel des Glaubens erreichen werdet: euer Heil." KNOCH, *1 Petr*, 46; GOPPELT, *1 Petr*, 104.105; MICHAELS, *1 Peter*, 35: „your final salvation"; SCHRAGE, *1 Petr*, 72; HERZER, *Prophetie*, 15.21f.

132 Vgl. dazu auch FELDMEIER, *Fremde*, 144f.

133 FRANKEMÖLLE, *1 Petr*, 35.

Prophetisches Zeugnis im Dienst der Christen (1,10–12)

In den die Eulogie abschließenden V. 10–12 greift 1 Petr auf apokalyptische Vorstellungen zurück, um die gegenwärtige Situation der Christen als heilvoll darzustellen. Die Christen leben in einer Epoche, auf die die Geschichte des Alten Bundes zulief, die so zur Vorgeschichte wird. Es ist ein nicht zu überbietender Vorzug der Christen, dass sie das Heil im Evangelium empfangen haben. Nach diesem für die Christen schon gegenwärtigem Heil[134] haben alttestamentliche[135] Propheten geforscht und der Geist Christi in ihnen hat die Leiden Christi und die ihnen folgenden Herrlichkeiten vorausbezeugt.[136] Auf diese Weise haben sie den Christen gedient in Bezug auf das, was ihnen nun durch die Verkündiger des Evangeliums im Heiligen Geist, der vom Himmel, d. h. von Gott, gesandt wurde, verkündigt wurde.

Eine besonders gute Parallele zu unserem Text bietet 1QpHab 7,1–6: „Und Gott sprach zu Habakuk, er solle aufschreiben, was kommen wird über das letzte Geschlecht. Aber die Vollendung der Zeit hat er ihm nicht kundgetan. Und wenn es heißt: Damit eilen kann, wer es liest, so bezieht sich seine Deutung auf den Lehrer der Gerechtigkeit, dem Gott kundgetan hat alle Geheimnisse der Worte seiner Knechte, der Propheten. Denn noch ist eine Schau auf Frist, sie eilt dem Ende zu und lügt nicht (2,3). Seine Deutung ist, dass sich die letzte Zeit in die Länge zieht, und zwar weit hinaus über alles, was die Propheten gesagt haben, denn die Geheimnisse Gottes sind wunderbar." Wie der Prophet Habakuk der Qumrangemeinde, so haben die Propheten mit ihrer Verkündigung den Christen in der Gegenwart gedient.[137]

Die Heilssituation der Christen gilt als so bewundernswert, dass selbst Engel danach verlangen, auch nur einen Blick darauf werfen zu können (vgl. slavHen 24,3–5).[138] Dem Verfasser geht es offen-

---

[134] So mit Recht die meisten Autoren. Gegen Goppelt, *1 Petr*, 105; Herzer, *Prophetie*, 19.

[135] Selwyn, *1 Peter*, 259–268 plädiert für frühchristliche Propheten. Vgl. dazu die Kritik bei Kelly, *1 Peter*, 58f.; Best, *1 Peter*, 83f.; Schutter, *Hermeneutic*, 103 mit Anm. 58; Herzer, *Prophetie*, 19 Anm. 22.

[136] Eine andere erwägenswerte Erklärung nimmt die Präposition εἰς ernst und sieht durch die Propheten die Leiden der Christen „für Christus" und deren „Herrlichkeiten danach" vorausbezeugt. So Boring, *1 Peter*, 67f.

[137] Vgl. vor allem Schutter, *Hermeneutic*, 111f.

[138] Dass hier böse Engel gemeint sein sollen, weil das in der Apokalyptik häufig der Fall ist, ist m. E. unwahrscheinlich. Denn die „Neugier" der Engel soll nach dem Forschen der Propheten unterstreichen, in welch glücklicher eschatologischer Situation die Christen schon in der Gegenwart leben. Dafür eignen sich „gute" Engel sehr viel besser. Gegen Boring, *1 Peter*, 66. Vgl. dagegen Schrage, *1 Petr*, 73, der zu Recht

kundig um die Betonung, dass die Christen bereits in ihrer irdischen Gegenwart von Gott so bevorzugt sind, dass sie Engeln überlegen sind. Davon, dass die Engel die Christen wegen der „ihnen zuteil gewordenen Offenbarungen und Verheißungen beneiden“, ist allerdings nicht die Rede.[139] Es wird auch nicht gesagt, dass Engeln der Inhalt der Evangelienverkündigung verschlossen blieb.[140] Es wird im Gegenteil vorausgesetzt, dass sie das von Propheten Vorausbezeugte kennen; sonst wäre ihr Begehren, Einsicht in die Situation der Gemeinde zu gewinnen, nicht zu erklären. So ist wohl am ehesten daran zu denken, dass sie zu sehen begehren, wie sich das Zeugnis der Propheten in der Evangeliumsverkündigung auswirkt und die Glaubenden schließlich zur Heilsvollendung kommen werden.[141] Das Alte Testament wird für soteriologische Aussagen in Anspruch genommen. Jetzt ist nach Auffassung von 1 Petr die Zeit der Erwartung zu Ende, wenngleich das bereits geschenkte gegenwärtige Heil noch auf seine Vollendung harrt. Als Wissende kann man nunmehr auf die vergangene Epoche der Propheten zurückblicken.[142]

Dass die Propheten im Dienst einer späteren Generation stehen, selbst aber nicht in den Genuss der eigenen Vorhersage kommen, bezeugt auch äthHen 1,2: „Henoch, ein gerechter Mann, begann seine Bilderrede so: seine Augen waren von Gott geöffnet worden, und so sah er die Erscheinung des Heiligen im Himmel. – Ihn ließen mich die Engel schauen, und von ihnen vernahm ich alles, und durch sie verstand ich auch alles, was ich sah, aber nicht für dieses Geschlecht, für ein künftiges.“

Die Gegenwart ist nach 1 Petr qualifiziert durch die Leiden und die ihnen folgende Herrlichkeit Christi. Die Leiden prägen das irdische Leben Jesu so sehr, dass von ihm gesagt werden kann: „Er, der dem Fleisch nach, d. h. in seiner irdischen Existenzweise, gelitten hat, wurde (von Gott) vor der Sünde bewahrt.“[143] „Nach 1 Petr 4,13; 5,1 schließt diese Aussage in sich, dass auch die Leiden der Christen der Überzeugung nicht widersprechen, in der endgültigen Heilszeit zu stehen; sie weisen vielmehr darauf hin, dass sie die nötige Vorstufe zum vollendeten Heil, zur Heilsfülle, zur Teilhabe an

---

darauf hinweist, dass Engel normalerweise als Offenbarungsmittler auftreten. Vgl. auch Schelkle, *1 Petr*, 43.

[139] Gegen Knoch, *1 Petr*, 48.

[140] Gegen Schrage, *1 Petr*, 73; Brox, *1 Petr*, 71.

[141] Ähnlich Herzer, *Prophetie*, 21 mit Anm. 34.

[142] Eine ähnliche Aussage findet sich in Lk 10,23f. par. Mt 13,16f. Vgl. dazu Giesen, *Herrschaft*, 66–68.

[143] Vgl. Giesen, *Christi Leiden*, 187f.

der Herrlichkeit des auferstandenen Christus bilden“[144]. Die Leiden und die Herrlichkeiten Christi schließen also offenkundig auch die Teilhabe der Glaubenden an seinem Leiden und an seinen Herrlichkeiten danach ein.[145] Dafür spricht auch, dass Propheten infolge ihres Forschens befähigt waren, die Gnade, die den Christen zukommt, prophezeit haben, Gnade aber nach 1 Petr 2,19f. und 5,12 auf die Leiden der Glaubenden bezogen ist.[146] Der Plural „Herrlichkeiten“ ist folglich nicht nur an den Plural „Leiden“ angeglichen,[147] um auf die verschiedenen Stufen der Herrlichkeit Christi, nämlich auf seine Auferstehung und Einsetzung in die göttliche Herrschaft (1,21; 3,18; 5,1.4.10), hinzuweisen.[148] Der Plural „Herrlichkeiten“ erklärt sich vielmehr weitaus besser, wenn die Verherrlichung der Glaubenden hier ebenso eingeschlossen ist wie deren Leiden in den Leiden Christi.[149] Für die Glaubenden wird somit die Gnade nicht nur durch die Leiden und die Herrlichkeiten Christi wirksam, sondern auch durch ihre eigene Teilhabe an seinen Leiden in der Gegenwart und seiner Herrlichkeit in der Zukunft (vgl. auch 5,1).[150] Der Geist in ihnen, d. h. in den Propheten, ist der Geist des präexistenten Christus (vgl. V. 20).[151] Mit der Feststellung, dass es der Geist Christi ist, der den Propheten die Weissagung eingibt, ist die Kontinuität zwischen alttestamentlicher Prophetie und Christuspredigt gewahrt.[152] Folgerichtig wurde auch das Evangelium durch den Heiligen Geist gebracht. Die eigentliche Kontinuität aber liegt bei Gott.[153] Er ist es ja von dem der Geist seinen Ausgang nimmt und in dessen Auftrag die alttestamentlichen Propheten wirken. Darin ist auch begründet, dass das Alte Testament heilige Schrift der Christen ist und bleibt.

---

144 Knoch, *1 Petr,* 47.

145 Anders Goppelt, *1 Petr*, 105; Metzner, *Rezeption*, 198.

146 Vgl. Herzer, *Prophetie*, 19.

147 So Goppelt, *1 Petr*, 105 Anm. 71; Knoch, *1 Petr*, 47.

148 Knoch, *1 Petr*, 47.

149 Mit Herzer, *Prophetie*, 19 Anm. 27.

150 Vgl. auch Giesen, *Christi Leiden*, 190.

151 Mit Brox, *1 Petr*, 69f.; Best, *1 Peter*, 81; Schelkle, *1 Petr*, 41f.; Kelly, *1 Peter*, 60f.; Knoch, *1 Petr*, 47: „Die atl. und jüdische Überzeugung, daß der Geist Gottes die Propheten inspirierte (s. Ez 2,2; 11,5; Joël 3,1f.; 2 Chron 24,20; Sir 48,12f.24; 4 Esr 14,39ff.; Hen [äth] 91,9; TestLevi 2,3), wird hier dahin weitergeführt, daß es der Geist des präexistenten Christus war (s. 2 Kor 3,17f.; Kol 1,15; Joh 1,1–10; 1 Petr 1,20; 2 Petr 1,21f.).“ Achtemeier, *1 Peter*, 110f., der dort noch weitere Deutungen diskutiert. Boring, *1 Peter*, 66f. Gegen Goppelt, *1 Petr*, 108 Anm. 84; Schrage, *1 Petr*, 73.

152 Frankemölle, *1 Petr*, spricht von der „Identität des Zeugnisses“ und Ngayihembako, *Temps*, 314 von einer Identität des Inhalts zwischen der Predigt der Propheten und der apostolischen Predigt. Vgl. auch Herzer, *Prophetie*, 20.

153 So mit Schrage, *1 Petr*, 73; vgl. auch Tabet, *Scrittura*, 380.

Die Sendung der Propheten, besteht mithin darin, christliche Existenz zu ermöglichen. Insofern „dienen" hier wie in 4,10 den Verkündigungsdienst meint, kann man „dienen" mit Leonhard Goppelt als „dem Glauben helfen" verstehen.[154] Die Gegenwart wird als Höhepunkt der Geschichte, als Endzeit, verstanden, die nach der Auffassung der Apokalyptiker Zeit der Leiden, der Katastrophen und Verfolgung der Gerechten ist. Die Vorausbezeugung der gegenwärtigen Heilssituation durch die Propheten allein genügt indes nicht. Die Heilszeit beginnt erst, wenn das Evangelium nach seiner ausdrücklichen Verkündigung angenommen wird. Jetzt ist erst die Verkündigung der Frohbotschaft erfolgt (V. 12c). Mit dem eschatologisch qualifizierten νῦν erscheint die Jetztzeit erneut als Endzeit. Zugleich wird deutlich, dass Gott Menschen, die Verkündiger des Evangeliums, in Anspruch nimmt, um die gegenwärtige Heilszeit für den Einzelnen heraufzuführen. M.a.W., das gegenwärtige Heil ist abhängig auch von der Missionstätigkeit der Kirche, die sie im Heiligen Geist durchführt.[155]

3. Die Theozentrik in 1 Petr

Wie unsere Auslegung gezeigt hat, ist Gott in 1 Petr eindeutig der primär Handelnde im Heilsgeschehen. Er ist es, der die Christen nach seinem vorherbestimmenden Vorauswissen erwählt, indem er sie durch die Heiligung des Geistes zum Gehorsam und zur Besprengung mit dem Blut Jesu Christi bewegt hat. Das Christsein verdankt sich somit göttlicher Prädestination, die im Neuen Testament stets als ein Voraus der Gnade verstanden wird und nicht zu Spekulationen führen soll.[156] Die Initiative Gottes im Heilsgeschehen, das zum neuen Volk Gottes führt, wird so schon im Präskript (1,1f.) deutlich zum Ausdruck gebracht. Die Eulogie vertieft diesen Gedanken mit Hilfe der Metapher von der göttliche Neuzeugung aufgrund seines großen Erbarmens (1,3), die durch die Auferstehung Jesu Christi zu einer lebendigen Hoffnung führt und schon gegenwärtig Heil schenkt. Wie im Alten Testament erwählt Gott sich sein Volk selbst. Die Heiligung geschieht durch den Geist. Neu gegenüber dem Alten Testament ist, dass die Besprengung der Glaubenden nicht mit dem Bundesblut der Opfertiere,

[154] *1 Petr*, 109; vgl. auch HERZER, *Prophetie*, 20, der ebd. Anm. 30 zu Recht betont, dass der „Geist Christi" im Verständnis des Verfassers mit dem „Heiligen Geist" identisch ist.
[155] Vgl. KNOCH, *1 Petr*, 48.
[156] Vgl. SCHRAGE, *1 Petr*, 68.

sondern mit dem Blut Christi geschieht, durch das die Erwählten nicht nur in den Neuen Bund eintreten, sondern auch Sündenvergebung erfahren.

Dieselbe ekklesiologische Sicht spiegelt sich auch in anderen Texten des 1 Petr wider. So ist die christliche Gemeinde nach 1,22f. als Liebesgemeinschaft zu bestimmen, die sich göttlicher Neuzeugung verdankt.[157] Die Christen werden Geschwister (vgl. schon 1,3f.),[158] die einander geschwisterliche Liebe schulden. Auch nach 2,4–10 ist die Gemeinde Ergebnis göttlicher Initiative.[159] Gott ist es, der die Christen als geisterfülltes Haus erbaut (V. 5a) und der sich die Menschen in ihrer Stellungnahme zu Christus entscheiden lässt, nachdem er Christus als den lebendigen Stein sowie als erwählten und wertvollen Eckstein in Zion, d. h. in Israel,[160] gelegt hat (V. 6). Er schafft sich aus einem Nicht-Volk sein Volk aus lauter Erbarmen (V. 9f.). Die Christen verdanken so ihren Heilsstand der barmherzigen Liebe Gottes, der durch Christus im Geist wirkt.

Als Erbe im Himmel wird das Heil von Gott aufbewahrt, so dass es nicht verloren gehen kann (1,4). Dort liegt es bereit, um am letzten Tag offenbart zu werden und so in seiner ganzen Fülle zu erscheinen. Das deutlich schon gegenwärtige von Gott geschenkte Heil ist Grund zum Jubel, der durch Trauer und Versuchungen nicht in Frage gestellt werden kann (1,6). Bezeichnend für die Theozentrik von 1 Petr ist es, dass die Erprobung durch Leiden und Versuchungen als von Gott selbst ausgehend gedacht wird (1,7). Das macht es verständlich, dass nicht der Glaube, sondern die Glaubenserprobung als wertvoller denn durch Feuer geläutertes Gold erachtet wird und zur Teilhabe am Lobpreis, an der Herrlichkeit und Ehre Gottes bei der Offenbarung Jesu Christi führt (V. 7).

Die Christologie, die natürlich nicht fehlt, steht deutlich im zweiten Glied. So ist die Auferstehung Jesu Christi das „Mittel", durch das Gott die Christen zu einer lebendigen Hoffnung neu gezeugt hat (V. 3). In V. 7 ist von der Offenbarung Jesu Christi die Rede als dem Zeitpunkt, an dem die Christen zur Heilsvollendung gelangen. Das veranlasst den Verfasser auf die Beziehung der Christen zu Christus näher einzugehen. Den Christen wird bescheinigt, dass sie ihn lieben, ohne ihn gesehen zu haben und an ihn glauben, ohne dass sie ihn in der Gegenwart sehen, und im Überschwang jubeln (V. 8). Das können sie, weil sie schon jetzt

---

157 Vgl. GIESEN, *Gemeinde*, 147f.

158 Vgl. MARTIN, *Metaphor*, 173.

159 Vgl. GIESEN, *Kirche*, bes. 148f.

160 Denn wie schon in Jes 28,6 repräsentiert der Zion als das Zentrum Israel selbst. Vgl. BALZ, *Σιών*, 590; GIESEN, *Kirche*, 142.

das Ziel ihres Glaubens erreichen: ihr Heil (V. 9), das Geschenk Gottes ist. Das gegenwärtige Heil der Christen wurde bereits von den Propheten vorausverkündigt und im Geist Christi vorausbezeugt, was als Dienst an den Christen verstanden wird. Was die Propheten vorausbezeugt haben, wurde den Christen nun durch die Verkündiger des Evangeliums durch den vom Himmel gesandten Heiligen Geist kundgetan. Damit ist die offenbarungsgeschichtliche Kontinuität sichergestellt. Der Inhalt dieser Heilsbotschaft und damit der Heilsstand der Christen ist so wunderbar, dass selbst Engel es zu bewundern begehren (1,12).

Es gibt also allen Grund für die Christen schon in der Gegenwart zu jubeln und dem Gott Israels und dem Vater unseres Herrn Jesus Christus als dem Urheber ihres jetzigen und zukünftigen Heils mit den Worten der Briefeingangseulogie zu danken.

Literatur

ACHTEMEIER, P. J., *1 Peter*. A Commentary on First Peter, Hermeneia, Minneapolis 1996.

BALZ, H., δοκίμιον, in: EWNT I (1980), 829.

–, παρεπίδημος, in: EWNT III (1983), 89f.

–, ῥαντισμός, in: EWNT III (1983), 500.

–, Σιών, in: EWNT III (1983), 588–590.

BEARE, F.W., *The First Epistle of Peter*, Oxford [3]1970.

BERGER, K., *Apostelbrief und apostolische Rede. Zum Formular frühchristlicher Briefe*, ZNW 65 (1974), 190–231.

BEST, E., *1 Peter*, NCeB, London 1971.

BIGG, C.A., *A Critical and Exegetical Commentary on the Epistles of St. Peter and St. Jude,* ICC, Edinburgh 1961 (= [2]1902).

BLAZEN, I.T., *Suffering and Cessation from Sin According to 1 Peter 4,1*, AUSS 21 (1983), 27–50.

BORING, M.E., *1 Peter,* Abingdon NTC, Nashville 1999.

BOSETTI, E., *Cristiani come stranieri nella Prima Lettera di Pietro*, RStB 8 (1996), 317–334.

BROX, N., *Der erste Petrusbrief,* EKK XXI, Zürich / Neukirchen-Vluyn [3]1989.

CAMPBELL, B.L., *Honor, Shame, and the Rhetoric of 1 Peter,* SBL.DS 160, Atlanta 1998.

COMBRINK, H.J.B., *The Structure of I Peter*, Neot. 9 (1980), 34–63.

DAUTZENBERG, G., *σωτηρία ψυχῶν* (1 Petr 1,9), BZ 8 (1964), 262–276.

DAVIDS, P.H., *The First Epistle of Peter,* NICNT, Grand Rapids 1990.

DEICHGRÄBER, R., *Gotteshymnus und Christushymnus in der frühen Christenheit. Untersuchungen zu Form, Sprache und Stil der frühchristlichen Hymnen,* StUNT 5, Göttingen 1967.

DOHMEN, Ch., *Der Sinaibund als Neuer Bund nach Ex 19–34*, in: E. ZENGER (Hrsg.), *Der Neue Bund im Alten. Zur Bundestheologie der beiden Testamente*, QD 146, Freiburg 1993, 51–83.

Feldmeier, R., *Die Christen als Fremde. Die Metapher der Fremde in der antiken Welt, im Urchristentum und im 1. Petrusbrief*, WUNT 64, Tübingen 1992.

Frankemölle, H., *1. Petrusbrief. 2 Petrusbrief. Judasbrief*, NEB.NT 18.20, Würzburg 1987.

Giesen, H., *Christi Leiden – Voraussetzung und Bedingung christlichen Lebens und Heils auch für Verstorbene (1 Petr 4,1–6)*, SNTU 25 (2000), 176–218.

–, *Erlösung im Horizont einer verfolgten Gemeinde. Das Verständnis von Erlösung in der Offenbarung des Johannes*, in: Ders., *Glaube und Handeln*. Bd. 2: *Exegese und Theologie des Neuen Testaments*, EHS T. 215, Frankfurt 1983, 43–56.

–, *Erwählung*, in: Münchener Theologisches Wörterbuch zum Neuen Testament, Düsseldorf 1997, 112–114.

–, *Fremder*, in: Münchener Theologisches Wörterbuch zum Neuen Testament, Düsseldorf 1997, 129f.

–, *Gemeinde als Liebesgemeinschaft dank göttlicher Neuzeugung. Zu 1 Petr 1,22–2,3*, SNTU 24 (1999), 135–166.

–, *Herrschaft Gottes – heute oder morgen. Zur Heilsbotschaft Jesu und der synoptischen Evangelien*, BU 26, Regenburg 1995.

–, *Hoffnung auf Heil für alle – Heilsgegenwart für die Glaubenden (1 Petr 3,18–22)*, SNTU 14 (1989), 93–150.

–, *Hoffnung*, in: Münchener Theologisches Wörterbuch zum Neuen Testament, Düsseldorf 1997, 201–204.

–, *Die Johannestaufe. Ihre religions- bzw. traditionsgeschichtliche Einordnung und Bedeutung für die christliche Taufe*, ThG (B) 39 (1996), 114–127.

–, *Kirche als Gottes erwähltes Volk. Zum Gemeindeverständnis von 1 Petr 2,4–10*, ThG (B) 29 (1986), 140–149.

–, *Lebenszeugnis in der Fremde*. Zum *Verhalten der Christen in der paganen Gesellschaft (1 Petr 2,11–17)*, SNTU 23 (1998), 113–152.

–, *Söhne und Töchter Gottes kraft des Geistes. Zur ekklesialen Dimension des Christseins (Röm 8,12–17)*, in: Eckert, J./Schmidl, M./Steichele, H. (Hrsg.), *Pneuma und Gemeinde. Christsein in der Tradition des Paulus und Johannes*, FS J. Hainz, Düsseldorf 2001, 69–101.

Goppelt, L., *Der erste Petrusbrief*, KEK XII/1, F. Hahn (Hrsg.), Göttingen [8]1978.

Gräbe, P. J., *Der neue Bund in der frühchristlichen Literatur unter Berücksichtigung der alttestamentlich-jüdischen Voraussetzungen*, FzB 96, Würzburg 2001.

Grundmann, W., δόκιμος in: ThWNT II (1935), 258–264.

Herzer, J., *Alttestamentliche Prophetie und die Verkündigung des Evangeliums. Beobachtungen zur Stellung und Funktion von I Petr 1,10–12*, BThZ 14 (1997), 14–22.

–, *Petrus oder Paulus?* Studien über das Verhältnis des Ersten Petrusbriefes zur paulinischen Tradition, WUNT 103, Tübingen 1998.

Hillyer, N., *1 and 2 Peter, Jude*, NIBC, Peabody 1992.

Hort, F.J.A., *The First Epistle of St. Peter I.1–II.17. The Greek Text with Introductory Lecture, Commentary, and Additional Notes*, London 1898.

Hübner, H., *Biblische Theologie des Neuen Testaments*. Band 2. *Die Theologie des Paulus und ihre neutestamentliche Wirkungsgeschichte*, Göttingen 1993.

Kelly, J.N.D., *The Epistles of Peter and Jude*, BNTC, London 1969.

KNOCH, O., *Der erste und zweite Petrusbrief. Der Judasbrief,* RNT, Regensburg 1990.

KREMER, J., πάσχω, in: EWNT III (1983), 121–124.

KÜHSCHELM, R., *Lebendige Hoffnung (1 Petr 1,3–12),* BiLi 56 (1983), 202–206.

LAVERDIERE, E. A., *A Grammatical Ambiguity in 1Pet 1:23,* CBQ 36 (1974), 89–94.

LEENHARDT, F.-J., *L'Épître de Saint Paul aux Romains,* CNT VI, Genève [3]1995.

LOHSE, E., *Paränese und Kerygma im 1. Petrusbrief,* in: DERS., *Die Einheit des Neuen Testaments. Exegetische Studien zur Theologie des Neuen Testaments,* Göttingen [2]1973.

MARSHALL, I. H., *1 Peter,* IVP New Testament Commentary, Leicester / Downers Grove 1991.

MARTIN, T. W., *Metaphor and Composition in 1 Peter,* SBL.DS 131, Atlanta 1992.

–, *The Present Indicative in the Eschatological Statements of 1 Pet 1:6,8,* JBL 111 (1992), 307–312.

MAYER, B., ἐλπίς, in: EWNT I (1980), 1066–1075.

METZNER, R., *Die Rezeption des Matthäusevangeliums im ersten Petrusbrief. Studien zum traditionsgeschichtlichen und theologischen Einfluß des ersten Evangeliums auf den ersten Petrusbrief,* WUNT II/74, Tübingen 1995.

MICHEL, O., πατήρ, in: EWNT III (1983), 125–135.

MICHAELS, J. R., *1 Peter,* WBC 49, Waco 1989.

MILLAUER, H., *Leiden als Gnade. Eine traditionsgeschichtliche Untersuchung zur Leidenstheologie des ersten Petrusbriefes,* EHS. T 56, Frankfurt 1976.

NAUCK, W., *Freude im Leiden. Zum Problem einer urchristlichen Verfolgungstradition,* ZNW 46 (1955), 68–80.

NGAYIHEMBAKO, S., *Les temps de la fin.* Approche exégétique de l'eschatologie du Nouveau Testament, MoBi 29, Genève 1994.

OSTMEIER, K.-H., *Taufe und Typos. Elemente und Theologie der Tauftypologien in 1. Korinther 10 und 1. Petrus,* WUNT II/118, Tübingen 2000.

PATSCH, H., εὐλογέω, in: EWNT II (1981), 198–201.

PORSCH, F., ἀναγεννάω, in: EWNT I (1980), 183.

RUPRECHT, E, *Exodus 24,9–11 als Beispiel lebendiger Erzähltradition aus der Zeit des babylonischen Exils,* in: ALBERTZ, R. u. a. (Hrsg.), *Werden und Wirken des Alten Testaments,* FS C. WESTERMANN, Göttingen 1980, 138–173.

SAND, A., προγινώσκω κτλ., in: EWNT III (1983), 369f.

SANDER, E.T., ΠΥΡΩΣΙΣ and the First Epistle of Peter *4:12.* Th.D. Harvard University 1966.

SCHELKLE, K.H:, *Die Petrusbriefe. Der Judasbrief,* HThK XIII/2, Freiburg [5]1980.

SCHLATTER, A., *Petrus und Paulus nach dem ersten Petrusbrief,* Stuttgart 1937.

SCHLOSSER, J., *Le Thème Exodial dans la Prima Petri,* in: MARGUERAT, D. / ZUMSTEIN, J. (Hrsg.), *La Mémoire et le Temps.* Mélanges offerts à Pierre BONNARD, MoBi 23, Genf 1991, 259–274.

SCHMIDT, K. L., διασπορά in: ThWNT II (1935), 98–104.

SCHRAGE, W., *Der erste Petrusbrief,* in: BALZ, H. / SCHRAGE, W., *Die „Katholischen" Briefe. Die Briefe des Jakobus, Petrus, Johannes und Judas,* NTD 10, Göttingen [14]1993, 60–121.

SCHUTTER, W. L., *Hermeneutic and Composition in I Peter,* WUNT 2/30, Tübingen 1989.

SCHWEIZER, E., *Der erste Petrusbrief,* ZBK, Zürich ⁴1998.

SEESEMANN, H., πεῖρα κτλ., in: ThWNT VI (1959), 23–37.

SELWYN, E. G., *The First Epistle of St. Peter*, London ²1974.

SPICQ, C., *Les Épîtres de Saint Pierre, SB,* Paris 1966.

STEINS, G., *Priesterschaft, Volk von Priestern oder was sonst? Zur Interpretation von Ex 19,6*, BZ 45 (2001), 20–36.

STRACK, H. / BILLERBECK, P., *Kommentar zum Neuen Testament aus Talmud und Midrasch*. Erster (Doppel)band: *Das Evangelium nach Matthäus*, München 1922.

TABET, M., *La Scrittura e lo „Spirito di Cristo" (1 Pt 1,10–12),* in: FABRIS, R., (Hrsg.), *Initium Sapientiae*. Scritti in onore di Franco FESTORAZZI, S.RivBib 36, Bologna 2000, 373–385.

TOIT, A. B. du, *The Significance of Discourse Analysis for the New Testament Interpretation and Translation: Introductory Remarks with Special Reference to I Peter 1:3–13*, Neot. 8 (1974), 54–79.

WEISER, A., ἀγαλλιάω., in: EWNT I (1980), 17–19.

WOLFF, Ch., *Christ und Welt im 1. Petrusbrief*, ThLZ 100 (1975), 334–342.

Das Gottesbild in der Johannesoffenbarung

Heinz Giesen
(Hennef)

Dem letzten Buch der Bibel geht es wesentlich darum, den treuen Christen das Heil Gottes verbindlich zuzusprechen. Deshalb betont sein Verfasser auch den Sieg Gottes über alle gottfeindlichen Menschen und Mächte.[1] Darin trifft er sich mit der alttestamentlich-frühjüdischen Apokalyptik. Das bereits bringt es mit sich, dass er das Handeln Gottes betont in den Vordergrund stellt. Für seine Aussagen über Gott greift er vor allem auf die reichhaltige Bildersprache des Alten Testaments zurück.[2] Gott als ihr Ursprung gibt die Offenbarung Jesus Christus zur Weitergabe an seine Knechte (1,1). Deshalb ist das Zeugnis Jesu Christi, das Johannes bezeugt, identisch mit dem Wort Gottes (1,2). Als Worte, die der Seher niederschreibt, sind sie „Worte der Prophetie". Der Seher versteht sich somit wie die alttestamentlichen Propheten als Sprachrohr Jesu Christi und letztlich als Sprachrohr Gottes und deutet die Gegenwart der Christen in Kleinasien. Daraus erklärt sich wiederum, warum die Befolgung dessen, was in der Offb gefordert wird, Voraussetzung für das Heil schon in der Gegenwart und in der Zukunft ist. Das unterstreicht der Makarismus in 1,3 und mit besonderem Nachdruck die sogenannte Kanonisationsformel (22,18f.).

Das Gottesbild, das sich in der Offb widerspiegelt, lässt sich gut in der Briefeinleitung (1,4–8) und in der Thronsaalvision (Offb 4,1–11) erkennen. Diesen beiden Texten soll deshalb im Folgenden unsere besondere Aufmerksamkeit gelten.

1. Gott in der Briefeinleitung (Offb 1,4–8)

Johannes wünscht seinen Adressaten, den sieben Gemeinden in Kleinasien, Gnade und Frieden von Gott, von Jesus Christus und von den sieben Geistern. Die Grußformel „Gnade und Friede"

---

[1] Zum Zweck der Johannesoffenbarung vgl. GIESEN, *Ermutigung*, 214–227; DERS., *Buch*, 583–603; DERS., *Endzeitbilder*, 57–73.
[2] So u. a. auch VÖGTLE, *Gott*, 377.

findet sich auch in Paulusbriefen (Röm 1,7; 1 Kor 1,3; 2 Kor 1,2; Gal 1,3 u. ö.) (1,4b). Ihr liegt die jüdische Segensformel „Erbarmen und Frieden“ zugrunde, die syrBar 78,2 bezeugt (vgl. Gal 6,16). Χάρις meint die Gnade, das Heil, das seinen Ursprung in Gott hat. Friede bedeutet nicht das Ruhen der Waffen, sondern das Geschenk des endzeitlichen Heils, die Versöhnung mit Gott, die die Eintracht unter den Angeredeten einschließt. Gnade und Friede drücken also das Heil im umfassenden Sinn aus.

Die Proexistenz Gottes (Offb 1,4)

Der Verfasser benutzt in 1,4 als Gottesbezeichnung zunächst die Dreizeiten-Formel „der ist und der war und der kommt“. Die Formel erinnert an die Selbstoffenbarung Gottes an Mose im Dornbusch als den „Ich bin der Ich bin da“ (Ex 3,14).[3] In diesem Namen kommt das Wesen Gottes, seine Proexistenz, zum Ausdruck, die sich in der Herausführung seines Volkes aus der Knechtschaft Ägyptens konkretisiert. Johannes übernimmt nicht einfach den Namen Gottes aus Ex 3,14, sondern entfaltet ihn. Dass der Gottesname gegen die griechische Grammatik nach der Präposition ἀπό nicht im Genitiv, sondern im Nominativ steht, fällt um so mehr auf, als der Seher bei den sieben Geistern und bei Jesus Christus der griechischen Grammatik folgt und den Genitiv verwendet. Im Nominativ steht allerdings die Apposition zu „Jesu Christi“. Der „falsche“ Casus ist somit nicht auf das sprachliche Unvermögen des Verfassers zurückzuführen. Auch eine ehrfurchtsvolle Scheu vor Gott[4] oder die Tatsache, dass Eigennamen oft nicht dekliniert werden,[5] ist dafür nicht verantwortlich zu machen. Dem Verfasser liegt vielmehr daran, Gottes souveränes Handeln bei der Schöpfung und in der Geschichte zu unterstreichen.[6] Weil ihm dieser

---

[3] Vgl. jetzt auch McDonough, *YHWH*, 199–201.

[4] Gegen Charles, *Rev I*, 10; Lohmeyer, *Offb*, 10; Wikenhauser, *Offb*, 28; Holtz, *Gott*, 332; Müller, *Offb*, 72.

[5] So aber Thomas, *Rev I*, 65; ähnlich schon Vögtle, *Gott*, 380.

[6] Beckwith, *Apc*, 424; Lohse, *Offb*, 16; Giesen, *Apk*, 31f.; ders., *Offb*, 74; Mounce, *Rev*, 45f.; McDonough, *YHWH*, 203, der zur Dreizeiten-Formel schreibt: „its presence here indicates the importance John attached to the designation ‚the One who is and who was and is to come.‘ He wants his readers and hearers to know that the God in whose name John offers ‚grace and peace‘ is not simply a treasured part of their religious heritage, nor one option in the marketplace of hellenistic religion. He is the God who created the cosmos, who rules over it, and who is coming to renew the cosmos and deliver his people.“ Beale, *Rev*, 188; Prigent, *Apc*, 87: „C'est le Dieu qui ne peut être que sujet.“ Vgl. besonders Mussies, *Morphology* 93.

Gottesname so wichtig ist, verwendet er ihn noch viermal an entscheidenden Stellen (1,8; 4,8; 11,17; 16,5).

Ähnlich entfaltete Gottesnamen gibt es in griechischen und jüdischen Texten. Heraklit soll gesagt haben. „Die Welt war immer und ist (immer) und wird (immer) sein." Plutarch überliefert eine Inschrift des Isis am Heiligtum der Minerva in Sais: „Ich bin alles, was gewesen ist, was ist und was sein wird."[7] Pausanias bezeugt für Zeus die Formel: „Zeus war, Zeus ist, Zeus wird sein, o großer Zeus."[8] Größere Übereinstimmung mit unserer Dreizeiten-Formel gibt es in der jüdischen Exegese zu Ex 3,14.[9] Im Targum Jeruschalmi zu Dtn 32,39 heißt es: „Ich bin es, der da ist und der ich war, und ich bin es, der da sein wird, und es gibt keinen anderen Gott außer mir."[10] Und im Midrasch Exodus Rabba 3[69c] lesen wir: „Gott sprach zu Mose: Sage ihnen: Ich bin, der ich war, und ich bin jetzt und bin in der Zukunft." Eine Inschrift an einem Altar in Pergamon bezeugt zwar keine Dreizeiten-Formel (θεὸς κύριος ὁ ὢν εἰς ἀεί, „Gott, der Herr, der für immer ist"), sie belegt aber, dass Juden in Kleinasien der Sinn dieser Formel bekannt ist. Die Inschrift dürfte sehr wahrscheinlich auf Ex 3,14 anspielen, zumal der Name Gottes in Ex 3,15LXX ὄνομα αἰώνιον heißt.[11]

Johannes ist nach allem mit der in jüdischen Schriften bezeugten Tradition der Dreizeiten-Formel vertraut.[12] M.E. wird er den Gottesnamen aus Ex 3,14 auch deshalb selbständig entfaltet haben, weil griechische Hörer seine Formulierung ὁ ὤν in der LXX als reine Seinsaussage missverstehen können. Anders als in der heidnischen Dreizeiten-Formel steht in der jüdischen wie in der der Offb meist statt des „war" das „ist" an erster Stelle.[13] Das ist kein Zufall, wenn Ex 3,14 in der griechischen Fassung der Aus-

---

[7] *Isis und Osiris* 9.

[8] *Beschreibung Griechenlands* X 12,5: ZEÙS ἦν, Ζεύς ἔσσεται ὦ μεγάλε Ζεῦ. Vgl. AUNE, *Rev I*, 31.

[9] Vgl. BÜCHSEL, *εἰμί*, 397f.; DELLING, *Stil*, 439–441.

[10] Nach MCNAMARA, *New Testament*, 111, ist Targum Jeruschalmi bzw. Pseudo-Jonathan Dtn 32,39 die nächste Parallele zur Dreizeiten-Formel in Offb 1,4.8, von dem Johannes abhängig sei. Sie sei eine Paraphrase des Gottesnamens, der nach Ex 3,14 Mose geoffenbart wurde. Johannes sei allerdings nicht durch die LXX-Tradition beeinflusst (ebd. 106) worden. Er hält allerdings auch eine gemeinsame liturgische Formel als Vorlage für möglich (ebd. 112). Die Erklärung McNamaras wird zur Recht von AUNE, *Rev I*, 33 zurückgewiesen, da die dafür vorausgesetzte Frühdatierung des Targums nicht überzeugen kann. Er selbst hält eine frühe Tradition, die auf die Liturgie zurückgeht, weitaus für wahrscheinlicher.

[11] Mit AUNE, *Rev I*, 30, wo er Befürworter und Gegner notiert.

[12] So jetzt auch MCDONOUGH, *YHWH*, 201.

[13] Anders aufgrund ihrer Stellung im Zusammenhang mit Schöpfungsaussagen nur in Offb 4,8.

gangspunkt der Formel ist.[14] Zudem ist die Betonung der Gegenwärtigkeit Gottes Juden wie Christen wichtig. Denn das erste Glied der Formel will offenkundig im Kontext von Offb 1,4 zum Ausdruck bringen, dass Gott hier und jetzt gegenwärtig ist. Dabei geht es ihm jedoch nicht um seine bloße Existenz,[15] sondern um sein Dasein für die Seinen.[16] Das zweite Glied der Formel ὁ ἦν ist nun total gegen die griechische Grammatik. Doch blieb dem Verfasser letztlich keine andere Wahl, da es keine Vergangenheitsform des Partizips von εἰμί gibt, die andauerndes Sein zum Ausdruck bringt.[17] Der an sich mögliche Ersatz durch ὁ γεγονώς verbietet sich, da das Verb γίνομαι ein Werden einschließt, ja sogar die Geburt meinen kann.[18] Die scharfe Trennung zwischen Geschöpf und Schöpfung wäre aufgehoben. Gott ist nach dem zweiten Glied unserer Formel somit derjenige, der schon in der Vergangenheit seinem Volk ständig nahe war. Seine Schöpfertätigkeit ist darin eingeschlossen.[19] Das zeigt 4,8 noch deutlicher, wo Johannes die ersten beiden Glieder der Formel im Kontext der Schöpfungsaussage (4,8–11) umdreht.

Im dritten Glied unterscheidet sich die Formel in der Offb dadurch grundlegend von allen ihren Parallelen, dass der Seher statt des zu erwartenden Partizips Futur ὁ ἐσόμενος das Partizip Präsens ὁ ἐρχόμενος verwendet. Damit unterstreicht er nachdrücklich, dass es ihm nicht auf eine bloße Seinsaussage ankommt, sondern darauf, dass Gott sich in der jeweiligen Gegenwart den Menschen zuwendet und so in seiner Bedeutung für die Glaubenden erscheint. Das entspricht im Übrigen auch der Aussage in Ex 3,14: Gott ist für sein Volk da. Man verfehlt den Sinn des Textes, wenn man das Kommen Gottes – wie meist – auf seine endgültige Ankunft am Ende einschränkt[20] oder es gar ausschließlich auf sein künftiges Gerichtshandeln bezieht.[21] Gott kommt vielmehr schon in der Gegenwart mit seiner liebenden Sorge auf die Seinen zu.[22] Immer ist er ihnen schon voraus und kommt ihnen entgegen. Er lässt die Christen in dem Leid, das auf sie zukommt, nicht allein, sondern bietet ihnen unaufhörlich sein Heil an.[23] Berücksichtigt

---

14 Vgl. auch AUNE, *Rev I*, 30.

15 Das betont MCDONOUGH, *YHWH*, 206f.

16 Darin sieht MCDONOUGH, *YHWH*, 207 immerhin eine Möglichkeit.

17 Vgl. THOMAS, *Rev I*, 65.

18 Vgl. MCDONOUGH, *YHWH*, 211.

19 So auch MCDONOUGH, *YHWH*, 212.

20 So z. B. HORT, *Apc*, 11; VÖGTLE, *Gott*, 281; Thomas, *Rev I*, 65f.; BEALE, *Rev*, 188.

21 So aber THOMAS, *Rev I*, 73.

22 KARRER, *Brief*, 126; GIESEN, *Offb*, 74.

23 So GIESEN, *Apk*, 32; DERS., *Offb*, 74.

man, dass Gott nach vielen Texten der Offb mit Christus in Aktionseinheit handelt,[24] dann ist Gottes Kommen von dem Kommen Christi nicht zu trennen. Das Kommen zu seiner Schöpfung ist ein Teil seiner Identität. Es ist nicht nur eine zukünftige Möglichkeit, sondern die unausweichliche Konsequenz seines Gottseins.[25]

Nun könnte man einwenden, nach einer Aussage über Gottes Gegenwart und Vergangenheit im ersten und zweiten Glied der Dreizeiten-Formel sei zu erwarten, dass das Partizip ὁ ἐρχόμενος eine Zukunftsaussage machen solle, zumal Partizipien keine temporalen Aussagen machen.[26] Dieses Argument übersieht jedoch, dass die Aktionsart der Handlung erhalten bleibt. Beim Partizip Präsens ist das vor allem die zu wiederholende bzw. andauernde Handlung. Es bezeichnet die relativ zukünftige Handlung in verschiedener Färbung.[27] Diese Deutung wird dadurch gestützt, dass in 1,5 im Partizip Präsens (ὁ ἀγαπῶν) von der bleibenden liebenden Zuwendung Jesu Christi zu den Christen die Rede ist. Damit korrespondiert auch, dass die Christen durch die Vermittlung Jesu Christi schon jetzt Zugang zu Gott haben (1,5), wie im folgenden zu zeigen sein wird. Auch dass die sieben Geister (1,4), die wahrscheinlich mit den Posaunen- und Schalenengeln zu identifizieren sind,[28] schon in der Gegenwart Plagen über die gottfeindlichen Menschen bringen,[29] spricht dafür, dass Gott den Menschen schon in der Gegenwart begegnet, was selbstverständlich sein Kommen in der Zukunft nicht aus-, sondern einschließt. Schließlich spricht der Seher in seinem Briefpräskript Gnade und Frieden von Gott, den sieben Geistern und Jesus Christus zu. Da die Kopula fehlt, ist auch die Übersetzung im Indikativ „Gnade und Friede ist euch ...“ möglich. Die Gottesbezeichnung „der Kommende“ unterstreicht somit den personalen Aspekt der Gottesbeziehung und betont zugleich, dass die treuen Christen Gott sowohl in der Gegenwart als auch in der Zukunft nicht gleichgültig sind.

Die den treuen Christen zugesagte Nähe Gottes erhält noch ein besonderes Profil auf dem Hintergrund des Kaiserkults. Das macht Johannes vor allem in Offb 17,8.11 deutlich, wo es von dem Tier aus dem Meer heißt, dass „es war und nicht ist und da

---

[24] Vgl. Boring, *Voice*, 344f.; Giesen, *Christologie*, 188f.

[25] Vgl. Comblin, *Christ*, 52; McDonough, *YHWH*, 217; vgl. auch Prigent, *Apc*, 88, der von einer christologischen Theozentrik als einer der großen Konstanten der Offb spricht.

[26] So der Einwand von Dieter Zeller im Plenum.

[27] Vgl. Blass / Debrunner, Grammatik, § 339,2.

[28] Siehe unter 2, 4. Abschnitt, und Giesen, *Offb* 210.

[29] Zu den apokalyptischen Plagen vgl. Giesen, *Endzeit*, 88–90; ders., *Offb*, 179–182.

sein wird". Das Tier kommt dem Menschen im Gegensatz zu Gott nicht entgegen. Die in ihm versinnbildlichte antigöttliche Macht des Römischen Kaisers nimmt den Menschen dagegen ganz für sich in Anspruch und damit seine Freiheit. Sie geht nicht auf ihn zu, sondern erwartet ihn.[30]

Es ist somit deutlich, dass Gott als der Vater Jesu Christi (1,6; 2,28; 3,5.21; 14,1) den Seinen in Liebe begegnet, auch wenn das Stichwort „Liebe" im Zusammenhang mit Gott nicht vorkommt. Seine Liebe erweist sich vor allem darin, dass er den treuen Christen gegenüber den Anfechtungen durch gottfeindliche Menschen das Heil sichert. Das kommt auch dadurch gut zum Ausdruck, dass der Inhalt des ewigen Evangeliums nach Offb 14,6 (vgl. 10,7) im Gericht über die „Bewohner der Erde", d. h. über die Feinde Gottes und der Christen, besteht. Für die Christen ist dieses Gericht zweifellos ein Evangelium, eine frohmachende Botschaft, insofern sie signalisiert, dass Gott ihnen das Heil unverbrüchlich zusichert.[31] Achtet man also auf die Zielrichtung der Aussagen über Gott und sein Handeln, dann kann man nicht urteilen, dass Gottes Liebe zu den Seinen sich nur in den christologischen Aussagen der Offb zeigt.[32] Sie ist vielmehr immer mehr oder weniger impliziert, auch wenn nicht zu leugnen ist, dass sie in christologischen Kontexten ausdrücklicher wird.

Priester im königlichen Volk als Voraussetzung der neuen Gottesbeziehung (Offb 1,6)

Auf die Frage, wie der Mensch seinerseits mit Gott in Verbindung treten kann, gibt V. 6 eine Antwort. Jesus Christus hat die Christen zum königlichen Volk, zu Priestern für Gott, seinem Vater, gemacht. Βασιλεὶα ist hier weder die in der Königsherrschaft implizierte Königswürde: das Königtum;[33] noch das Königreich.[34] Sie steht auch nicht als Abstractum pro concreto für „Könige"[35] bzw. für Herrschaft[36]. Den treuen Christen ist nämlich nicht schon für

---

[30] Vgl. GIESEN, *Reich*, 199; DERS.; *Offb*, 375f.; vgl. auch VÖGTLE, *Gott*, 382f.

[31] Vgl. zu Begründung dieser Interpretation GIESEN, *Evangelium* 232–234; DERS., *Offb*, 327f.

[32] So aber VÖGTLE, *Gott*, 385f.

[33] Gegen AUNE, *Rev I*, 48.

[34] Gegen THOMAS, *Rev I*, 71.

[35] Gegen VÖGTLE, *Gott,* 388 mit Anm. 27; WOLFF, *Gemeinde*, 188 und Einheitsübersetzung.

[36] Gegen SCHÜSSLER FIORENZA, *Priester,* 236; WIKENHAUSER, *Offb,* 29; GIESEN, *Apk*, 34; MÜLLER, *Offb,* 75; HARRINGTON, *Rev*, 46.48.

die Gegenwart,[37] sondern erst für die Heilsvollendung aktive Mitherrschaft mit Christus zugesagt (Offb 5,10; 22,3–5).[38] Der engere und weitere Kontext spricht deutlich für ein personales Verständnis: Die Christen werden in der Taufe durch Jesus Christus zur Gemeinschaft derer, die zum König gehören, zum königlichen Volk.[39] In ihm übt Gott schon in der Gegenwart[40] seine heilbringende Herrschaft über den aus, der sich ihm glaubend öffnet. Die Kirche ist also die Gemeinschaft, in der Gott schon jetzt mit seiner heilbringenden Herrschaft gegenwärtig ist. Das bestätigt unsere Deutung der Dreizeiten-Formel.

Die Christen können sich der heilvollen Herrschaft Gottes öffnen, weil Jesus Christus sie in der Taufe auch zu Priestern gemacht hat (vgl. auch 5,10). Um zu betonen, dass ihre Zugehörigkeit zum königlichen Volk Gottes und ihr Priestersein eng zusammengehören, lässt der Verfasser das eigentlich zu erwartende καί, „und", aus. Dafür kann er sich auf den hebräischen Text von Ex 19,6 beziehen, wie die Übersetzungen von Aquila (βασιλεία ἱερῶν) und Theodotion beweisen.[41] Aus Aquilas Übersetzung ist indes nicht abzuleiten, der Seher wolle hier nur allgemein vom „Königtum von Priestern" sprechen.[42] Johannes schreibt ja gerade nicht βασιλεία ἱερῶν, sondern beide Mal den Akkusativ. Die Christen werden somit als zum königlichen Volk für Gott Gehörende zu Priestern.

Auch wenn Offb 1,6 anders als Ex 19,6 und 1 Petr 2,9 nicht kollektiv vom Priestertum des Gottesvolkes spricht, sondern die priesterliche Funktion jedes Einzelnen betont,[43] darf das nicht individualistisch missverstanden werden; sie sind ja Priester innerhalb des königlichen Volkes, weshalb der Seher sie auch mit „uns" zusammenschließt.[44] Das entspricht dem Traditionszusammenhang

---

37 So aber BEALE, *Rev*, 192: „Their identification with the resurrection and kingship (V. 5a) means that they too are considered to be resurrected and exercising rule with him as a result of his exaltation …" „They not only have been made part of his kingdom and his subjects, but they have also been constituted kings together with him and share his priestly office by virtue of their identification with his death and resurrection." Richtig dagegen MEALY, *Years*, 31–32.84; SCHÜSSLER FIORENZA, *Priester*, 330.

38 Vgl. GIESEN, *Endzeit*, 71f..; DERS., *Christologie*, 31; PRIGENT, *Apc*, 90.

39 GIESEN, *Endzeit*, 70; DERS., *Offb*, 78; ähnlich BOUSSET, *Offb*, 188; ROLOFF, *Offb*, 34; KARRER, *Brief*, 116, NGAYIHEMBAKO, *Temps*, 373f.

40 Gegen BECKWITH, *Apc*, 429.430.

41 Vgl. VANNI, *Apocalisse*, 357; GIESEN, *Offb*, 78; PRIGENT, *Apc*, 90.

42 Gegen MUSSIES, *Morphology*, 94. Richtig dagegen AUNE, *Rev I*, 47f.

43 SCHÜSSLER FIORENZA, Priester, 227; MÜLLER, *Offb*, 76; THOMAS, *Rev I*, 71; GIESEN, *Christologie*, 192. Zu 1 Petr 2,5b-d.9f. vgl. DERS., *Kirche*, 145f.; gegen ELLIOTT, *Elect*, 113.118f.

44 Vgl. H. GIESEN, *Erlösung*, 43–56.47; DERS., *Offb*, 79; DERS., *Christologie*, 192.

von Ex 19,6, wo die Priesterschaft eine „korporativ bezogene Chiffre für Erwählung, Aussonderung und ‚Aufwertung' eines ‚Volkes' durch Gott" ist,[45] das den Völkern missionarisches Zeugnis für Jahwes Heilsoffenbarung geben soll,[46] indem es auf den Willen Gottes hört.[47] Es ist eine Metapher für die Beziehung zwischen Gott und seinem Volk, das am Sinai konstituiert wird.[48] Gregory K. Beale zufolge ist der Bezug auf Ex 19,6 der stillschweigende Hinweis darauf, dass die Kirche als wahres Israel fungiert, während den Christen feindlich gesinnte Israeliten, die den Anspruch erheben, wahre Juden zu sein, aber es nicht sind, eine Synagoge Satans (2,9) und Lügner sind (3,9).[49] Wichtig ist nun, dass Priester sowohl im Judentum als auch im Heidentum einen privilegierten Zugang zu Gott haben und zwischen Gott und den Menschen vermitteln. Dasselbe gilt nun für alle Christen.[50]

Dass Christus den Christen in der Taufe die enge unmittelbare Beziehung zu Gott vermittelt,[51] ist dem Neuen Testament keineswegs fremd. Neu ist nur, dass das hier mit Hilfe des Priesterbegriffes geschieht. Denn bei allen Unterschieden in den christologischen Konzeptionen im Neuen Testament, hat Christus durchgehend die unverwechselbare Rolle des Mittlers zwischen Gott und den Menschen (vgl. Mt 11,27; 1 Petr 3,18 u.ö.), so dass es nach ihm keinen Zugang zu Gott an ihm vorbei gibt. Als Priester sind auch die Christen, allerdings in zweiter Linie Mittler zwischen Gott, dem Vater Jesu Christi, und den Menschen.[52] Indem der Seher exklusiv vom Vater Jesu Christi spricht, unterstreicht er die enge personale Beziehung zwischen Gott und ihm. Der Verlauf der Weltgeschichte ist somit nach Johannes durch die enge Beziehung zwischen Gott und den Christen bestimmt, die durch das Priestertum auf den Punkt gebracht wird.[53]

---

45 BROX, *1 Petr*, 105.

46 Vgl. GIESEN, *Kirche,* 145f.; BEALE, *Rev*, 193.

47 Vgl. STEINS, *Priesterschaft,* 36: „Durch die Praxis des Gotteswillens wird Israel, was es vom Sinai her ist. Wenn Gotteswille in Israel vernommen und verwirklicht wird, ist – so Trito-Jesaja – die ganze Welt davon betroffen. Ex 19,6 ‚demokratisiert' eine Vorstellung, die ursprünglich mit dem professionellen Priestertum verbunden ist: die Vermittlung der Tora."

48 Vgl. STEINS, *Priesterschaft*, 31.

49 BEALE, *Rev*, 193f.

50 BEALE, *Rev*, 194 will dagegen τῷ θεῷ καὶ πατρί als einen Dativ der Beziehung verstehen: „Christ has made believers to serve as kings and priests in service to his Father, which is to be for his Father's eternal glory and dominion."

51 Vgl. auch BEALE, *Rev*, 193; GIESEN, *Christologie*, 192.

52 Vgl. GIESEN, *Endzeit*, 71; DERS., *Offb*, 79.

53 Vgl. GIESEN, *Thronsaalvision,* 31.

Gott selbst, nicht Christus,[54] bekräftigt durch den Mund des Sehers die vorausgehenden christologischen Aussagen (1,7)[55] und beansprucht in Form einer prophetischen Selbstvorstellung die Weltherrschaft. Er umgreift alles Sein, Vergangenheit, Gegenwart und Zukunft, wie das Alpha und das Omega das griechische Alphabet. Wie wichtig dem Seher diese Aussage ist, beweist, dass er sie in dem einzigen weiteren Text, in dem Gott selbst spricht (21,5–8), wiederholt und durch die Selbstbezeichnung „der Anfang und das Ende" (21,6) verstärkt: Gott kontrolliert die Geschichte von Anfang an bis zu ihrem Ende.[56]

Da das AT die Selbstbezeichnung Gottes als „Alpha und Omega" nicht kennt, könnte sie auf die hellenistische Buchstabensymbolik zurückgehen, die das ganze Alphabet zum All in Beziehung setzt.[57] Der Seher könnte sich allerdings von Deuterojesaja inspirieren lassen: „So spricht der Herr, Israels König, sein Erlöser, der Herr der Heere: Ich bin der Erste, ich bin der Letzte, außer mir gibt es keinen Gott" (Jes 44,6; vgl. auch Jes 41,4; 48,12).[58]

Die zweite Prädikation Gottes „der ist und der war und der kommt" bildet eine Inklusion zu Offb 1,4 (1,8b). Das zeigt, wie wichtig dem Seher der personale Aspekt der Gottesbeziehung ist. Mit der Selbstbezeichnung παντοκράτωρ (Allherrscher) schließt die Briefeinleitung. Meist ist „Pantokrator" verbunden mit der Gottesbezeichnung „der Herr, Gott" (4,8; 11,17; 15,3; 16,7; 19,6; 21,22; 2 Kor 6,18: Zitat Am 3,13LXX). Ohne „Herr" findet sie sich in 16,14 und 19,15.

Der alttestamentliche Hintergrund des Gottesprädikats ist deutlich: Die LXX übersetzt mit παντοκράτωρ meist die hebräische Gottesbezeichnung צְבָאוֹת (Ṣ^{e}bā'ôt) (vgl. 2 Kg 5,10; 7,8; 1 Chr 11,9; 3,13; 4,13; 5,14.15.16.27; 9,5.27 u. ö.).[59] Georg Glonner bestreitet das entgegen der Evidenz der LXX-Konkordanz und be-

---

[54] Gegen WALVOORD, *Rev*, z.St.

[55] THOMAS, *Rev I*, 79f.; KARRER, *Brief*, 125; MCDONOUGH, *YHWH*, 217.

[56] Vgl. BEASLEY-MURRAY, *Rev*, 59; HOLTZ, *Christologie*, 148–150;. MCDONOUGH, *YHWH*, 218. In Offb 22,13 bezeichnet sich Christus als das Alpha und das Omega und bringt dadurch seine Gottgleichheit zum Ausdruck. Vgl. VÖGTLE, *Gott*, 390; PRIGENT, *Apc*, 93.

[57] Vgl. MÜLLER, *Offb*, 77f.

[58] Vgl. Offb 1,17; 22,13, wo der Erste und der Letzte Bezeichnung für Christus ist.

[59] Vgl. BOUSSET, *Offb*, 190; DELLING, *Stil*, 442–448; VÖGTLE, *Gott*, 383; AUNE, *Rev I*, 58: fast 170mal in der LXX, meist als Übersetzung des Gottestitels צְבָאוֹת (Ṣ^{e}bā'ôt). Vgl. auch PRIGENT, *Apc*, 93, der zur Recht von einem Septuagintismus spricht.

hauptet, Jahwe Zebaoth werde durchgängig mit κύριος σαβαωθ wiedergegeben.[60] Seine Herleitung des Titels aus hellenistischen Inschriften, wo er für Isis, Osiris, Dionysos und Hermes verwendet werde, erübrigt sich damit. Der Titel Pantokrator bringt treffend zum Ausdruck, wie weit die Herrschaft Gottes reicht. Es gibt nichts, was unabhängig von ihm existiert; denn er hat alles geschaffen. Zu seinem Herrschaftsbereich gehört wirklich alles. Der Gott Jesu Christi hat als der einzige Gott keinen wirklichen Konkurrenten. Ihm ist die Macht nicht gegeben, sondern er hat sie in Fülle aus sich selbst. Kurz: Er ist der absolute souveräne Herrscher. Damit ist zwar nicht geleugnet, dass es außer ihm andere Herrscher gibt. Wohl aber ist gesagt, dass er ihnen allen unendlich überlegen ist.

Alle Gottesprädikate weisen in dieselbe Richtung: Gott ist von allem Anfang an Herr der Schöpfung und der Geschichte.[61] Er hat nicht nur den Willen, sondern auch die Macht dazu, den Christen schon jetzt das Heil zu schenken, das einmal im neuen Jerusalem vollendet und unverlierbar sein wird. Weil das so ist, können die Christen ohne Wenn und Aber auf ihn setzen und so den Versuchungen, die vom Götter- und Kaiserkult mit seinen Festen ausgehen, bestehen. Der Segenswunsch ist also keine Konvention, sondern meint tatsächlich, was er ausspricht.[62]

2. Der auf dem Thron Sitzende als Schöpfer und Herrscher über alles Geschaffene (Offb 4,1–11)

Viele Christen am Ende des 1 Jh.s bewegt auf dem Hintergrund ihrer alltäglichen Erfahrungen die Frage, wem die Weltherrschaft gehört:[63] der sich göttlich gebärdenden politischen Macht des Römischen Reiches mit dem Kaiser an der Spitze oder Gott und seinem Gesalbten. Daraus erklärt sich, dass der Seher gleich zu Beginn seines Buches (1,4.8) und nun zu Beginn seines apokalyptischen Hauptteils nochmals verstärkt eine Antwort darauf gibt (4,1–5,14). Die Thronsaalvision, die in der Übergabe des „Buches mit den sieben Siegeln“ gipfelt, darf als die theologische Mitte der Offb gelten,[64] vor allem weil Johannes hier ihr eigentliches Ziel betont in

---

60 *Bildersprache*, 195. Vgl. dazu meine Rez. in: BZ 44 (2000) 280–282.

61 So auch BEALE, *Rev* 199.

62 HOLTZ, *Gott*, 332f.

63 GIESEN, *Dienst,* 260f.; DERS., *Offb*, 35; DERS., *Thronsaalvision*, 25.

64 So auch ROLOFF, *Offb*, 66; SLATER, *Christ*, 173; GIESEN, *Offb*, 145; DERS., *Thronsaalvision*, 25.

den Mittelpunkt rückt: Gott und in seiner Vollmacht das Lamm bestimmen die Weltgeschichte.[65]

Für die Schilderung der Gotteserscheinung in 4,1–11 lehnt sich der Seher an Ez 1,3–15, aber auch an die Berufungsvision in Jes 6 (bes. in 4,8) an. Anders als in Ez 1 findet seine Vision nicht in der Verbannung und anders als in Jes 6 nicht im Tempel, sondern im Himmel statt. Der Verfasser entwirft so ein großartiges Bild von Gottes unveränderlicher Herrschaft. Sie bestimmt die Welt, deren Geschichte und Ausgang. Es ist der Gott, der später Christus, dem Lamm, die Herrschaft über die Endzeit (Offb 5) überträgt. Damit ist die politische Dimension der Herrschaft Gottes und seines Christus klar hervorgehoben.

„Was geschehen wird danach" (Offb 4,1)

Die Wendung μετὰ ταῦτα εἶδον (4,1a) als Ausdruck für einen unbestimmt langen Zeitraum macht deutlich, dass im folgenden eine neue Vision beginnt (vgl. auch 5,1), die der Beauftragungsvision (1,19–3,21) folgt,[66] und führt den apokalyptischen Hauptteil des Buches ein.[67] Wie die frühjüdische Apokalyptik (vgl. äthHen 14,8–25; TLevi 2,7–10; slavHen 1,22) beschreibt Johannes die himmlische Welt mit dem Ziel, seinen Adressaten Gott als allen anderen metaphysischen Mächten und religiösen Systemen unendlich überlegen darzustellen. Die Transzendenz Gottes schließt allerdings schon in der frühjüdischen Apokalyptik nicht notwendig ein, dass Gott sich nicht der Menschen und ihrer Sorgen annimmt.[68]

Das Motiv der geöffneten Himmelstür dient in der Apokalyptik dazu, auserwählten Menschen himmlische Geheimnisse kundzutun (vgl. äthHen 14,15; TLevi 5,1; 3 Makk 6,18). Das setzt die Vorstellung des Himmels als eines Gewölbes voraus, durch dessen Tür der Seher zum Offenbarungsempfang eintritt.[69] Auch nach Ez 1,1 ist der Himmel für die Erscheinung geöffnet, wenngleich ohne die Türmetapher (vgl. auch Ps 78,3; Apg 10,11; AscJes 6,9; TLevi 5,1). Die Tür versinnbildlicht „den Übergang zwischen der Wirklichkeit, welche die sieben Gemeinden kennzeichnet, und der himmlischen Sphäre". Die Himmelsreise entfremdet den Seher

---

[65] Vgl. auch GIESEN, *Endzeitbilder*, 58.

[66] Vgl. noch Offb 7,1.9; 15,5; 18,1; 19,1; dazu THOMAS, *Rev I*, 333; BEALE, *Rev*, 316f.; PRIGENT, *Apc*, 171.

[67] DAVIS, *Court*, 16f.; GIESEN, *Offb* 147.

[68] Vgl. HURTADO, *Revelation*, 108f.

[69] GIESEN, *Tür*, 359.

nicht von der irdischen Wirklichkeit, sondern schenkt ihm und seinen Adressaten eine neue Einsicht in diese Wirklichkeit.[70]

Der Seher hört eine Stimme „gleich einer Posaune“, die nicht einem Engel,[71] sondern wie in 1,10 Christus zugeordnet ist.[72] Der Verweis auf die erste Stimme in der Beauftragungsvision macht deutlich, dass der Seher sich nun anschickt, seinem Auftrag, das ihm Geoffenbarte niederzuschreiben, weiterhin nachzukommen.[73] Mit dem Genitiv des Partizips Präsens λαλούσης statt des nach ἥν zu erwartenden Akkusativs spielt Johannes offenkundig bewusst auf Ex 19,16–19 an, wo von einem Trompetenschall die Rede ist (φωνὴ τῆς σάλπιγγος ἤχει μέγα). Wie Mose und Israel nach Ex 19,16 nicht direkt die Stimme Jahwes hörten, sondern die Trompete (vgl. auch Ex 19,19), so der Seher nicht die Stimme Jesu, sondern die Trompete.[74]

Der auf dem Thron Sitzende (Offb 4,2f.)

Wie bei seiner ersten Vision (1,10) entrückt der Geist den Seher (V. 2a) und versetzt ihn so in den für den Visionsempfang notwendigen Zustand. Nach der einleitenden Formel in V. 1a ist nun der Beginn der Vision markiert.[75] Im Himmel kann der Seher auch das schauen, was die zukünftige Weltzeit bestimmt; denn aus apokalyptischer Sicht ist dort auch das Zukünftige aufbewahrt (vgl. 21,2; 1 Petr 1,5). Die Vision weiht ihn – und durch ihn jeden Glaubenden (vgl. 1,1) – in den Heilsplan Gottes ein, der nicht nur die Zukunft,[76] sondern auch die Vergangenheit und Gegenwart[77] betrifft. Denn mit „was geschehen *muss* danach“ nimmt Johannes die Wendung „was geschehen *wird* danach“ in 1,19 nicht im Sinn der chronologischen Abfolge auf, sondern bezeichnet die Abfolge der

---

[70] Vgl. Pezzoli-Olgiati, *Täuschung*, 49f.

[71] Gegen Lohmeyer, *Offb*, 44; Wikenhauser, *Offb*, 51; Roloff, *Offb*, 66; Aune, *Rev I*, 282.

[72] Charles, *Rev I*, 108; Beckwith, *Apc*, 495; Mounce, *Rev*, 118; Beasley-Murray, *Rev*, 111f.; Mazzaferri, *Genre*, 277f.; Harrington, *Rev*, 81; Giesen, *Offb*, 147; Thomas, *Rev I*, 336; Pezzoli-Olgiati, *Täuschung*, 49. Gegen Bousset, *Offb*, 243.

[73] So mit Beale, *Rev*, 317.

[74] Vgl. Beale, *Use*, 336; ders., *Rev*, 318.

[75] Lohmeyer, *Offb*, 45; Müller, *Offb*, 143f.; Beasley-Murray, *Rev*, 112. V. 2a ist keine spätere Hinzufügung, die den Bezug zu 1,10 betonen soll. Gegen Prigent, *Apc*, 172.

[76] Gegen Charles, *Rev I*, 109; Mussies, *Morphology*, 344; Ladd, *Rev*, 71. Gegen Gundry, *Church*, 64–66; Thomas, *Rev I*, 337; Mounce, *Rev*, 119f.

[77] Vgl. Sweet, *Rev*, 115; Prigent, *Apc*, 82; Roloff, *Offb*, 67.

Visionen (vgl. Offb 7,1.9; 15,5; 18,1; 19,1),[78] wenngleich die Pläne Gottes auf die eschatologische Vollendung hinzielen.[79]

Die Szene orientiert sich vor allem an den Berufungsvisionen in Ez 1 und Jes 6. Dabei stellt sie pointiert die unwandelbar erscheinende majestätische Herrlichkeit Gottes heraus.[80] Ein Handlungsfortschritt ist nicht erkennbar.[81] Da der Seher in die geistliche, zeitlose Dimension des himmlischen Thronrates Gottes eingeführt wird, wird es schwierig, die Ereignisse, die Johannes in der Vision sieht, zeitlich genau einzuordnen.[82] Im Zentrum des Interesses steht ein Thron im Himmel und der, der auf ihm sitzt (vgl. Ps 11,4; Jes 66,1), worauf schon der einleitende Aufmerksamkeitserreger ἰδού hinweist. Wer auf dem Thron sitzt, herrscht und übt Macht aus.[83] Wie wichtig ihm die Umschreibung Gottes als der, der auf dem Thron sitzt, ist, beweist, dass er sie nicht weniger als 12mal verwendet. Das kosmische und universale Königtum Gottes wird noch dadurch gesteigert, dass der Thron in der Mitte steht und alles andere um ihn herum gruppiert ist.[84] Obwohl der göttliche Bereich klar vom irdischen getrennt ist, hat Gott die Kontrolle auch über die irdischen Ereignisse. Das zeigt sich auch darin, dass alle Strafen in Offb 6–16 vom göttlichen Thron ausgehen (vgl. z. B. 6,1–8.16; 8,3–6; 16,17).[85] Johannes schaut nur den vom Thron ausgehenden Lichtglanz funkelnder Edelsteine, der Gottes Macht und Herrlichkeit nach außen bekundet und zugleich sein Wesen geheimnisvoll umhüllt.[86] Das entspricht der alttestamentlichen Anschauung, dass niemand Gott schauen kann (vgl. Jes 6,5; Ez 1,26–28). Dafür dürfte nicht die Scheu, den Namen Gottes auszusprechen, leitend sein,[87] sondern der Wille, Gott bewusst irdischen Herrschern mit göttlichen Machtansprüchen (12,3; 13,1) als

[78] Vgl. dazu Beale, *Problem,* 362.364; ders., *Rev*, 216; Giesen, *Endzeit,* 77–81, bes. 80; ders., *Offb*, 50.90.148. Theoretisch könnte man daran denken, dass μετὰ ταῦτα zum folgenden V. 2 zu ziehen sei, so dass er begänne: „Danach wurde ich sofort ergriffen." Da Johannes jedoch offenkundig in 1,1.19; 4,1 und 22,6 wichtige Abschnitte mit einer Anspielung auf Dan 2,28.45 beginnt, ist das unwahrscheinlich. So auch Beale, *Rev*, 317; vgl. Giesen, *Endzeit*, 81.

[79] Mit Pezzoli-Olgiati, *Täuschung,* 50.

[80] Bornkamm, *Vorspiel*, 229f.

[81] Müller, *Offb*, 144.

[82] Beale, *Rev*, 319.

[83] Vgl. auch Offb 18,7: κάθημαι βασιλίσσα („ich throne als Königin"); dazu Pezzoli-Olgiati, *Täuschung*, 52.

[84] Eine solche symbolische Anordnung findet sich auch anderswo in der antiken Welt. Vgl. Aune, *Influence* 5–26.

[85] Vgl. Beale, *Rev* 320.

[86] Roloff, *Offb*, 67.

[87] Beckwith, *Apc*, 496; gegen Bousset, *Offb*, 244; Beale, *Rev*, 320.

den Weltherrscher gegenüberzustellen.[88] Sein souveränes Herrschen ist nicht auf sein Gerichtshandeln einzuschränken,[89] sondern vor allem auf sein Heilshandeln an den Seinen zu beziehen.

Der Seher spielt mit den Edelsteinen, die Gottes Aussehen beschreiben, deutlich auf die Wagenvision in Ez 1,26–28; 9,2LXX,[90] aber auch auf Ez 10,1LXX; 28,13LXX, vielleicht auch auf Ex 24,10 und vor allem auf Ex 28,17–20 an (4,3).[91] Wichtig ist, dass der Smaragd nicht dem farbigen Strahlenkranz,[92] sondern wie in 10,1 dem Regenbogen zugeordnet ist. Ez 1,28LXX verwendet zwar das griechische Wort τόξον (Bogen) anstelle von ἶρις. Vom Kontext her ist jedoch der Regenbogen gemeint; denn er erscheint nach dem Regen in den Wolken. Der Regenbogen, der an den Noachbund (Gen 9,13–16; vgl. Ez 1,28) erinnert,[93] signalisiert kaum das göttliche Gericht, das zugleich die Hoffnung auf Befreiung einschließt,[94] sondern primär die Bundestreue Gottes zu seinem Volk, die Erbarmen und Heil bedeutet.[95] Vor allem aber ruft der Regenbogen den Gedanken an die Herrlichkeit Gottes hervor; denn in Ez 1,28 wird der Regenbogen gleich gestellt mit dem hellen Schein ringsum, der annähernd wie die Herrlichkeit des Herrn aussah (vgl. Midr.Ps 89,18; Midr.Rab Num 14,3; bḤagigah 16a).[96]

Der Seher vermeidet anders als die Wagenvision des Ezechiel (1,26–28LXX; vgl. Dan 7,9) jede anthropomorphe Aussage über Gott.[97] Mit der Gesamtheit der Bilderwelt will er hervorheben, dass Gott der Ganz-Andere ist und folglich dem Menschen ein unauslotbares und undurchschaubares Geheimnis bleibt.[98] An diesem Geheimnis Gottes hat das neue Jerusalem, das die vollendete Heilsgemeinde versinnbildlicht, Anteil (vgl. Offb 21,10f.18–23).

---

[88] Stevenson, *Background*, 268.

[89] Gegen Thomas, *Rev I*, 339.

[90] Beale, *Rev*, 319f.

[91] Vgl. Beale, *Rev*, 320.

[92] Gegen Bousset, *Offb*, 245; Müller, *Offb*, 144; Lohse, *Offb*, 39. Ez 1,28LXX verwendet zwar das griechische Wort τόξον, das mit Bogen zu übersetzen ist, anstelle von ἶρις. Auch der Umstand, dass im Alten Testament der Bogen nie mit ἶρις, das im Übrigen nur in Ex 30,24 und in Hebräisch in Ez 1,4 vorkommt, wiedergegeben wird, dürfte kaum die Deutung auf den Bogen im Sinne eines Strahlenkranzes rechtfertigen. Gegen Prigent, *Apc*, 173.

[93] Rengstorf, ἶρις, 341f.; Schneider, ἶρις, 488; Ladd, *Rev*, 72f.; Beasley-Murray, *Rev*, 113; Thomas, *Rev I*, 343; vgl. auch Aune, *Rev I*, 286; gegen Beckwith, *Apc*, 497f.; Harrington, *Rev*, 79; Glonner, *Bildersprache*, 179.

[94] Gegen Thomas, *Rev I*, 341f.; ähnlich Beale, *Rev*, 321.

[95] Franzmann, *Rev*, 53f.; Davis, *Court*, 121.

[96] Alle diese Texte verweisen auf Ez 1,28. Vgl. Beale, *Rev*, 321.

[97] Das betont jetzt Hengel, *Throngemeinschaft*, 563.

[98] Vgl. auch Pezzoli-Olgiati, *Täuschung*, 54 mit Anm. 52.

Der Seher bringt somit in 4,3 mit Gottes souveräner Majestät und Herrlichkeit zugleich die besondere Nähe Gottes zu seinem Volk[99] zum Ausdruck.[100] Die Edelsteine zeichnen zusammen mit dem Regenbogen bereits den Beginn der Neuschöpfung im Himmel. Der Regenbogen ist ein Offenbarungszeichen der neuen Schöpfung nach der Sintflut.[101]

Die vierundzwanzig Ältesten (Offb 4,4)

Größe und Erhabenheit seines Hofstaates sind Zeichen der Machtstellung eines altorientalischen Herrschers. Auf diesem Hintergrund führt Johannes herausragende Gestalten vor Gottes Thron ein und macht uns mit deren Funktion vertraut, bevor er später von „zehntausend mal zehntausend" Engeln (Dan 7,10) spricht (5,11). Die 24 Ältesten (insgesamt 12mal: 4,10; 5,5.6.8.11.14; 7,11.13; 11,16; 14,3; 19,4) sind den Adressaten offenkundig bislang unbekannt, wie das Fehlen des Artikels nahe legt.[102] Hansgünter Reichelt schließt daraus, dass die alttestamentliche und jüdische Überlieferung πρεσβύτεροι nicht für Engel verwendet, die Ältesten seien Menschen, die allerdings analog zu den Engeln der Gemeinden mit Funktionen und Attributen versehen sind, die charakteristisch für Engel sind.[103] Johannes wolle die Ältesten als ambivalente Gestalten erscheinen lassen, um so die unmittelbare Gemeinschaft zwischen Engel und Mensch zum Ausdruck zu bringen.[104] Richtig an seiner Beobachtung ist, dass vor allem auf die Funktionen der Ältesten zu achten ist, will man ihre Identität klären.[105]

Für auf Thronen, rings um den Thron Gottes sitzende Gestalten gibt es nicht nur im AT und in frühjüdischen Schriften, sondern auch im NT keine Parallele. Engel werden in der Regel stehend vorgestellt. Die weißen Gewänder der Ältesten sind Ausdruck ihrer Gottnähe.[106] Der Kranz ist in der Offb anders als das Diadem nicht

---

99 Davis, *Court*, 120.

100 Glonner, *Bildersprache*, 177f. sieht in den Edelsteinen ein „sichtbares Sinnbild für die Herrschaft des unsichtbaren Gottes".

101 Vgl. Beale, *Rev*, 321.

102 Aune, *Rev I*, 287.

103 *Angelus* 172.

104 Reichelt, *Angelus*, 174.

105 Nach Aune, *Rev I*, 288 kommt es mehr auf die Funktion der Ältesten an als auf deren Identität.

106 Vgl. Michl, *Ältesten*, 8–10; Glonner, *Bildersprache*, 184; Pezzoli-Olgiati, *Täuschung*, 57: „Die weissen Gewänder symbolisieren die Zugehörigkeit zu Christus. In der Apokalypse ist Weiss die Farbe der mit Gott verbundenen Gestalten."

nur Symbol himmlischer[107] und königlicher Würde, sondern auch göttlicher Herrlichkeit und Ehre.[108] Ihre goldenen Kränze charakterisieren die Ältesten somit als Könige,[109] die mit dem Göttlichen assoziiert sind.[110] Analog dem römischen Kaiser (vgl. 17,12–19,10) hat Gott also Vasallenkönige. Mit ihren Lobgesängen, die wesentlich zum himmlischen Gottesdienst gehören, preisen sie die Weltherrschaft Gottes (4,10f; 5,6–8.11.14; 7,11; 11,16–18; 19,4). In 5,5 und 7,13 tritt einer der Ältesten als Deuteengel auf. Aber die Ältesten partizipieren nicht an der Herrschaft Gottes.[111]

Gegen die Deutung, die Ältesten seien verklärte Menschen,[112] sprechen viele Gründe, von denen nur die wichtigsten genannt seien. Sie deuten die Situation der Christen (7,13–17). Der Seher redet einen von ihnen mit „mein Herr" an (7,14).[113] Nach 14,3 singen die Geretteten „vor dem Thron und vor den vier Lebewesen und den Ältesten" ein neues Lied. Ihre Mittlerrolle entspricht der Funktion von Engeln. Es liegt deshalb nahe, in den Ältesten eine gehobene Klasse von Engeln zu sehen.[114] Das schließt die Deutung auf Menschen in der Heilsvollendung,[115] und auf Repräsentanten der Kirche aus Israel und den Völkern, die je durch 12 Älteste repräsentiert seien,[116] ebenso aus wie auf die irdische Heilsgemeinde.[117] Dasselbe gilt für eine Identifizierung der 24 Ältesten mit den 12 Patriarchen bzw. den 12 Stämmen Israels und den 12 Aposteln als Repräsentanten aller Erlösten des Alten und des Neuen Testaments, auch wenn diese als Engel gedacht werden.[118] Die Kirche setzt sich nicht aus alttestamentlichen und neutestamentlichen Gestalten zusammen, sondern ist das wahre Israel, das durch die

[107] MICHL, *Ältesten*, 13f.; SATAKE, *Gemeindeordnung*, 144.

[108] STEVENSON, *Background*, 272.

[109] BOUSSET, Offb, 246.

[110] STEVENSON, *Background*, 269f.

[111] SATAKE, *Gemeindeordnung*, 147; BORNKAMM, *Vorspiel*, 228; MÜLLER, *Offb,* 144; gegen DAVIS, *Court* 122.

[112] So FEUILLET, *Vieillards* passim; FORD, *Rev*, 72; PRIGENT, *Apc,* 84.

[113] BEALE, *Rev*, 322 hält es dagegen für möglich, daß auch die Christen in der Heilsvollendung als „mein Herr" angeredet werden können.

[114] LOHMEYER, *Offb*, 46; SATAKE, *Gemeindeordnung*, 148f.; BECKWITH, *Apc*, 498; MÜLLER, *Offb,* 144f.; BEASLEY-MURRAY, *Rev*, 114; VÖGTLE, *Gott*, 379.

[115] Vgl. FEUILLET, *Vieillards*, 1–32.

[116] SWETE, *Rev,* 69.

[117] Gegen HENGEL, *Throngemeinschaft*, 569.

[118] Gegen VANNI, *Apocalisse*, 176 mit Hinweis auf 21,12.14; PEZZOLI-OLGIATI, *Täuschung*, 56; AUNE, *Rev I*, 314; BEALE, *Rev*, 322: „They are either angels representing all saints or the heads of the twelve tribes together with the twelve apostles, representing thus all the people of God. ... Probably the elders are angels who are identified with the twelve tribes and the twelve apostles, thus representing the entire community of the redeemed of both Testaments". MIHOC, *Christologie*, 102.

zwölf Stämme Israels repräsentiert wird (vgl. Offb 7,4–8).[119] Unhaltbar ist damit auch die Interpretation, die die Ältesten für ein Spiegelbild des irdischen Presbyteriums, d. h. alttestamentlicher Heiliger, hält.[120] Auszuschließen ist auch die Deutung auf die 24 Autoren des Alten Testaments.[121]

Dafür, dass die Ältesten keine Menschen sind, spricht auch, dass die vier Lebewesen keine irdische Entsprechung haben.[122] Da weder frühjüdische noch frühchristliche Schriften eine Gruppe von Ältesten kennen, die Gottes Thron umgeben, ist anzunehmen, dass Johannes sie für seine Thronsaalvision geschaffen hat.[123] Wenn die 24 Ältesten und vier Lebewesen in Offb 7,11 neben „allen Engeln" genannt werden, dann geschieht das, um sie als besondere Gruppen von Engeln von den übrigen abzuheben,[124] und spricht nicht gegen ihr Engelsein.[125]

Die Symbolzahl 24 für Älteste kommt außerhalb der Offb in keiner biblischen Schrift vor. Sie hat ihren Ursprung kaum in der Astrologie,[126] sondern am ehesten in der Stundenzahl des Tages.[127] So heißt es in TAdam 4,19: „Die anderen Ordnungen sind die der Throne, der Serafim und der Cherubim. Diese sind es, die vor der Majestät unseres Herrn Jesus Christus stehen; sie üben den Throndienst aus und bringen ihm zu jeder Stunde ihre Verehrung dar" (vgl. Offb 4,10; 11,16–18; 19,4).[128] Die 24 Ältesten repräsentieren somit weder als menschliche Symbole das Volk Gottes im Himmel[129] noch sind sie die idealisierte Kirche in ihrer Gesamtheit,[130] sondern stellen eine besondere Klasse von Engeln dar,[131] die der Verherrlichung Gottes dienen (vgl. 4,10; 5,8; 11,16; 19,4).[132] Ob sie darüber

---

119 Vgl. RESSEGUIE, *Revelation*, 68.

120 Gegen MICHL, *Ältesten*, 38–41; FEUILLET, *Vieillards*, 1–32; PRIGENT, *Apc*, 174; ähnlich WIKENHAUSER, *Offb*, 52.

121 Gegen SWETE, *Apc*, 212f.; BECKWITH, *Apc*, 262f.271 Anm. 50; PRIGENT, *Apc*, 84f.

122 SATAKE, *Gemeindeordnung*, 149.

123 Vgl. AUNE, Rev I, 288.

124 Vgl. Mk 16,7, wo Petrus von den übrigen Aposteln abgehoben wird. Vgl. dazu GIESEN, *Auferstandene*, 120f.

125 Gegen RESSEGUIE, *Revelation*, 69.

126 Dazu und weiteren Deutungen vgl. GIESEN, *Offb*, 149–152.

127 So schon VIKTORIN VON PETTAU, *Tractatus fabrica mundi* 10; HADORN, *Offb*, 71; ROLOFF, *Offb*, 68; RITT, *Offb*, 37; GIESEN, *Offb*, 151f., wo ich noch weitere Erklärungen nenne. Gegen MICHL, *Ältesten*, 42.

128 GIESEN, *Apk*, 54; DERS., *Offb*, 152.

129 Gegen HURTADO, *Revelation*, 113f.; HARRINGTON, *Rev*, 79.82.

130 Gegen RESSEGUIE, *Revelation*, 68.

131 THOMAS, *Rev I*, 348.

132 Völlig unwahrscheinlich ist dagegen die Deutung GLONNERS, *Bildersprache*, 171, die in den 24 Ältesten die Vertreter aller Menschen des Kosmos erkennen will. Diese Deutung geht von der Zahl vier als der Zahl des Kosmos aus, die in 24 sechsmal ent-

hinaus das Gottesvolk repräsentieren,[133] ist möglich. Der Hauptakzent liegt m. E. jedoch darauf, dass durch ihre Existenz und ihr Verhalten Gottes Gottsein mit Nachdruck herausgestellt wird.

Furchterregende Phänomene der Gotteserscheinung (Offb 4,5)

Die vom Thron ausgehenden Blitze, Stimmen und Donner (vgl. 8,5; 11,19; 16,18) unterstreichen das Furchterregende an der Gotteserscheinung (Ex 19,16; 20,18; Ez 1,4.13; Ps 77,18f.; Dan 7,9; äthHen 14,9; vgl. Jub 2,2) und die göttliche Macht und Herrlichkeit (1 Sam 2,10; Ps 18,13–15; Ijob 37,2–5 u. ö.). „Stimmen und Donner" dürften synonym sein (vgl. Ps 18,14; Ps 29).[134] 'Αστραπαὶ καὶ φωναὶ καὶ βρονταί kommen jeweils in der siebten Plagenvision (8,5; 11,19; 16,18) vor und stehen somit an den Höhepunkten der Plagenreihen. Der kundige Leser erkennt hinter ihnen den Herrn der Schöpfung samt seiner Entschlossenheit, Gericht über die gottferne Welt zu halten,[135] und seine unaufhörliche Herrschaft,[136] die den treuen Christen das Heil sichert.[137] 4,5 weist so auf die später geschilderten Plagen voraus.[138]

---

halten ist. Die Zahl sechs wiederum sei die Zahl des Menschen. Beides zusammen ergibt dann die genannte universale Deutung der Ältesten. Die vorgelegte Erklärung geht also von der Behauptung aus, die Zahl sechs sei die Zahl des Menschen, ohne dafür auch nur einen Beleg anzuführen. Schleierhaft ist mir auch, wie er in unserem Text eine Gerichtsszene zu erkennen vermag. Dass Glonner den Text von der Vorstellung eines Gerichtstribunals her interpretiert, gehört zu den Grundschwächen seiner Interpretation. Einige Seiten später versteht er die Zahl 24 als ein Vielfaches der Zwölf, wofür er sich HALVER, *Mythos*, 115–117 anschließt, der das Vielfache der Zwölf als Bild endgültiger heiliger Gottesordnung versteht (180). Die Ältesten seien letztlich ein Kollegium, das Gott in seinem Gericht zur Seite stehe und möglicherweise in der Gemeindehierarchie der Asia ein direktes Vorbild habe. So mit Verweis auf MICHL, *Ältesten,* 38–40 und SATAKE, *Gemeindeordnung*, 130f. (182). Dafür beruft er sich auf Ignatius von Antiochien, der für die Zeit der Offb ein Presbyterkollegium bezeugt, das dem Bischof zur Seite stand (Magn 6,1; Trall 3,1). „Es handelte sich bei diesen πρεσβύτεροι demnach weder um Engel, noch um Vertreter für die gesamte Menschheit, sondern um Vertreter der Christengemeinden in der Asia." (183).

[133] HUTARDO, *Revelation*, 105–124; BEALE, *Rev*, 322.

[134] Gegen GLONNER, *Bildersprache*, 180, der das zurückweist, weil die Apokalyptik die Gottesstimme vom Donnergrollen trenne (OrSib 3,1.302; äthHen 69,23), und weil die ägyptischen Plagen als Vorlage dienten (Ex 9,23.28).

[135] THOMAS, *Rev I*, 351; GLONNER, *Bildersprache,* 180; BEALE, *Rev*, 326. PEZZOLI-OLGIATI, *Täuschung*, 59 versteht die drei Größen ἀστραπαὶ καὶ φωναὶ καὶ βρονταί zu Recht als Veranschaulichung von Gottes Macht über die Welt.

[136] Vgl. MICHL, *Engelvorstellungen*, 167; GLONNER, *Bildersprache*, 188.

[137] Vgl. GIESEN, *Offb* 179–182: Der Thron Gottes ist nicht primär ein Thron des Zorngerichts. Gegen THOMAS, *Rev I*, 350.

[138] Darauf macht GIBLIN, *Throne*, 508–510 zu Recht aufmerksam.

Die sieben mit sieben vor dem Thron brennenden Feuerfackeln identifizierten Geister (vgl. syrBar 21,6; auch Ez 1,13; Gen 15,17) sind Engel (vgl. 1,4), die später als Posaunenengel, die „vor Gott stehen" (Offb 8,2), und als Schalenengel ihren Dienst tun.[139] Das erklärt auch, warum die sieben Posaunen- und Schalenengel mit Artikel eingeführt und damit als bekannt vorausgesetzt werden.[140] An unserer Stelle schimmert noch durch, dass im Judentum Gestirne in Engel umgedeutet wurden. Ein gutes Beispiel ist hier syrBar 21,6: „Der du die [Engels-]Heere, die vor dir dastehen, mit großer Umsicht leitest, auch die zahllosen heiligen Wesen, die du von Ewigkeit her geschaffen hast, die flammenden und die feurigen, die rings um deinen Thron herumstehen, durch [dein] Schelten leitest."[141].

Das gläserne Meer vor dem Thron und die vier Lebewesen (Offb 4,6f.)

Im Bild vom gläsernen, Kristall gleichen Meer verschmelzen sich schon in der babylonischen und persischen Religion nachweisbare Vorstellungen, wonach es über der Himmelswölbung ein Meer gibt (Gen 1,6–8; 7,11; Ez 1,22),[142] auf dem Gott seine Wohnstätte hat (Ps 104,3). Der Thron erhält so eine unmittelbare Beziehung zur Schöpfung.[143] Das gläserne, Kristall gleiche Meer erweckt den Eindruck, dass sich in ihm die zuvor beschriebene Farbenpracht der Edelsteine, aber auch die Blitze widerspiegeln. Das gilt auch, wenn κρύσταλλος nicht mit Kristall, sondern mit Eis zu übersetzen wäre.[144] Auf dem Hintergrund von Ez 1,22 wäre beides mög-

139 Charles, *Rev I*, 13; Giesen, *Offb*, 75f.; vgl. auch Giblin, *Throne*, 507. Die unterschiedliche Benennung „Geister" – „Engel" kann nach Giblin, ebd. in einem großen Maß darauf zurückgeführt werden, dass die Aufgaben der sieben Geister noch nicht definiert sind, während die Funktion und die Worte der Engel stets präzisiert sind. Vgl. auch ders., *Spirit*, 157. Unwahrscheinlich ist dagegen die Deutung der sieben Engel auf die siebenarmige Menora des Bundeszeltes bzw. des Tempels (Ex 25,31–40; 27,20f; Lev 24,1–4; Sach 4–10). Gegen Moriconi, *Spirito*, 46–51; Thomas, *Rev I*, 351; Aune, *Rev I*, 295.314. Pezzoli-Olgiati, *Täuschung*, 60: Wegen der Zahl sieben, die für die Gesamtheit steht, stellen die sieben Geister „den Geist Gottes in seiner Fülle dar". So im Anschluss an Schweizer, *Geister*, 190–202; Prigent, *Apc*, 176; Beale, *Rev*, 326f.

140 Vgl. auch Giblin, *Throne*, 507; vgl. ders., *Spirit*, 157.

141 Lohse, *Offb*, 39f.; Lohmeyer, *Offb*, 47; Michl, *Engelvorstellungen*, 161.

142 Bousset, *Offb*, 249; Beale, *Rev*, 327.

143 Vgl. Prigent, *Apc*, 176. Die nächste Parallele bietet slavHen 4,1: „Er zeigte mir … ein sehr großes Meer, größer als das Meer der Erde."

144 Nach Bauer, *Wörterbuch*, 923 kann man danach fragen, ob hier in Offb 4,6 und

lich. Dagegen dürfte an unserer Stelle nicht an das Meer als Sitz der bösen Mächte gedacht sein.[145] Der Seher ist offenkundig daran interessiert, dass das Meer nicht aus Wasser besteht, sondern einen festen Grund bietet. Das bestätigt Offb 15,2, wonach die Christen, „die über das Tier und über sein Standbild und über die Zahl seines Namens gesiegt haben", auf einem gläsernen, Kristall gleichen Meer, das mit Feuer vermischt ist, stehen und Harfen in ihren Händen halten.[146] Sie singen das Lied des Mose und des Lammes und feiern so ihre Erlösung als einen neuen Exodus (15,3f.). Zusammen mit dem Exodusmotiv lässt das Bild vom gläsernen mit Feuer vermischten Meer an das Rote Meer und die Befreiung von politischer, kultureller und religiöser Unterdrückung denken. So ergibt sich ein eindrucksvolles Bild der unendlichen Überlegenheit Gottes über die Schöpfung.[147]

Die enge Verbindung zwischen Offb 4 und 15 unterstreicht die Anwesenheit eines der vier in Anlehnung an Ez 1,4–21 Lebewesen genannten Gestalten in 15,7. Sie sind dem Thron noch näher als die 24 Ältesten. Bei Ezechiel tragen sie das Himmelsgewölbe, auf dem der Gottesthron steht, und haben die Funktion des Fahrgestells des Thronwagens. Ez 1 wird mit weiteren Prophetentexten (Ez 10,8–17; Jes 6,2) sowie apokalyptischen Traditionen (äthHen 39,12; 61,11f., slavHen 19,16; 71,7) angereichert. Die Zahl vier lässt an die vier Windrichtungen denken; sie steht für die Gesamtheit (vgl. äthHen 18,2f.).[148] Die Lebewesen tragen entsprechend Verantwortung für die Schöpfung und bringen zugleich zum Ausdruck, dass Gott über die ganze Schöpfung herrscht. Das illustriert gut der Midrasch zu Ps 90, der präzisiert, dass die vier Wesen, die den Thron tragen, erschienen, als Gott die Welt schuf. Das könnte dafür sprechen, dass die vier Lebewesen die geschaffene Welt repräsentieren.[149]

Um einen angeblichen Widerspruch zwischen den beiden Ortsangaben „rings um den Thron" und „inmitten des Throns" zu lösen, hat man die zweite als Glosse ausscheiden wollen[150] oder ihre

---

22,1 aufgrund des Kontextes (Meer) eher an die alte Bedeutung „Eis" zu denken sei. PEZZOLI-OLGIATI, *Täuschung,* 61 zufolge käme aufgrund des alttestamentlichen Umfeldes eher die Übersetzung „Eis" in Frage.

145 Mit MICHAELS, *Book*, 114–117. Gegen CAIRD, *Rev*, 150–154; BEALE, *Rev,* 327f.

146 Vgl. GIBLIN, *Throne,* 510f.; DERS., *Spirit,* 157f.: „Thus, the centrally-placed v. 5 in the scenario of the enthroned's ‚court' (before the orchestrated adoration of vv. 8–11) prepares the reader for the execution of God's power in the course of the proclamations by the trumpet-angels."

147 So auch THOMAS, *Rev I*, 353; AUNE, *Rev I*, 314.

148 So auch PEZZOLI-OLGIATI, *Täuschung*, 63; PRIGENT, *Apc*, 177.

149 Vgl. PRIGENT, *Apc*, 180.

150 So CHARLES, *Rev I*, 118.

Formulierung allein der starken Anlehnung an Ez 1,13 zugeschrieben.[151] Das dürfte jedoch ebenso unwahrscheinlich sein, wie die Aufteilung der Ortsangaben auf Tradition („inmitten des Throns"), die die Lebewesen als Cherubim, die den Thron Gottes tragen (2 Sam 22,11; 2 Kön 19,15), versteht, und Redaktion („rings um den Thron"), die in den Lebewesen den innersten Kreis des himmlischen Hofstaates sieht.[152] Der „Widerspruch" lässt sich auch nicht durch die Annahme auflösen, dass der Thron einerseits „der zentrale Ehrenplatz der göttlichen Majestät, andererseits Ausdruck für den Himmel" ist.[153] Die Ortsbestimmung „inmitten des Throns" dürfte vielmehr ein symbolischer Ausdruck für die besonders enge Verbundenheit der vier Lebewesen mit Gott sein (vgl. 3,21).[154]

Anders als in Ez 1,10, wo jedes Lebewesen das Gesicht eines Menschen, eines Löwen, eines Stiers und eines Adlers hat, sind in V. 7 die Gesichter auf die Lebewesen verteilt, die so zu Gestalten mit eigener Individualität werden.[155] Wahrscheinlich geht die Auswahl der 3 Tiergesichter darauf zurück, dass der Löwe, der Stier und der Adler zu den edelsten Tieren zählen. Zusammen mit dem Menschen, der durch Intelligenz und Verstand gekennzeichnet ist, gehören sie deshalb zum Hofstaat eines Herrschers.[156] Hier symbolisieren sie die weltumspannende Herrschermacht Gottes,[157] wie aus ihrer näheren Charakterisierung hervorgeht.

Das immerwährende Gotteslob der vier Lebewesen und der 24 Ältesten (Offb 4,8–11)

Für Johannes sind die vier Lebewesen keine rein abstrakte literari-

[151] So MÜLLER, *Offb*, 145.

[152] ROLOFF, *Offb*, 68.

[153] KRAFT, *Offb*, 98. PRIGENT, *Apc*, 177 zufolge geht die befremdliche Formulierung ohne Zweifel auf eine Kombination der Lebewesen in Ez 1,5, die inmitten des Feuers sind, und den Seraphinen, die den Herrn in der Vision von Jes 6,2 umgeben, zurück.

[154] GIESEN, *Offb*, 153; ähnlich BEALE, *Rev*, 328f.; PEZZOLI-OLGIATI, *Täuschung*, 62 sieht durch die Ortsbestimmung die Stellung der Lebewesen in den Mittelpunkt gerückt.

[155] PEZZOLI-OLGIATI, *Täuschung*, 63.

[156] Vgl. auch THOMAS, *Rev I*, 359f. Zu weiteren Intrepretationen vgl. GIESEN, *Offb*, 153.

[157] GIESEN, *Apk*, 54; ROLOFF, *Offb*, 69; vgl. GLONNER, *Bildersprache*, 191. BEALE, *Rev*, 329f: nimmt einen doppelten Symbolismus an: „... it is likely, that the four figures are designed to be representative of the whole created order of animate life". Er fügt hinzu: „In addition to representing creation, the cherubim also represent the Creator. Such double symbolism should not be unexpected in apocalyptic visions."

sche Umschreibungen,[158] sondern Engel. Wie die Serafim in Jes 6,2 haben sie je sechs Flügel, die voller Augen sind (vgl. auch V. 6b; Ez 1,18; 10,12), die ihr Wächteramt über die Schöpfung unterstreichen.[159] Die Augen versinnbildlichen zugleich die Allwissenheit Gottes und treten als Bevollmächtigte Gottes (vgl. Targ.Ez 1,14) und des Lammes auf, wie aus 5,6.8–10 zu schließen ist.[160] Es ist deshalb nicht zufällig, dass je eines der vier Lebewesen in 6,1–8 jeweils den apokalyptischen Reiter auffordert, zugunsten der treuen Christen den gottfeindlichen Mächten und Menschen gegenüber die Weltherrschaft Gottes und des Lammes durchzusetzen.[161] Aus der Tatsache, dass die Anbetung durch die vier Lebewesen im Zusammenhang mit dem Schöpfungshandeln Gottes steht, ist wohl erneut zu schließen, dass sie die Schöpfung repräsentieren.[162] Die vier Lebewesen schlafen nie (vgl. äthHen 61,12; 71,7), sondern preisen Gott unablässig, Tag und Nacht,[163] in Anlehnung an Jes 6,3 dreimal heilig und interpretieren so die bisher dargestellte himmlische Thronsaalvision.

Die jüdische Tradition bezeugt zwar häufig himmlische Lobpreisungen Gottes durch Engel, aber niemals einen endlosen Lobpreis.[164] Zeugnisse, die den Inhalt des Lobpreises mitteilen, sind ebenfalls selten. Nächste Parallele zu 4,8 ist äthHen 39,12, wo Jes 6,3 aufgenommen ist: „Dich preisen die, die nicht schlafen, und sie stehen vor deiner Herrlichkeit und preisen, verherrlichen und erheben (dich), indem sie sprechen: ‚Heilig, heilig, heilig ist der Herr der Geister – er füllt die Erde mit Geistern!'" (vgl. 39,13; slavHen 21,1; Ez 3,12; 4Q Sl 39).[165] Frühjüdischer Einfluss auf die Beschreibung der himmlischen Liturgie in Offb 4,8 ist somit evident. Die Liturgie feiert Gott als Schöpfer, dessen Königtum über das Universum sich wie in der Vision des Ezechiel in seiner Herrlichkeit offenbart.[166]

---

158 Gegen Beale, *Rev*, 330.

159 Giesen, *Apk*, 54; ders., *Offb*, 153f.; Davis, *Court*, 128f. Auch Pezzoli-Olgiati, *Täuschung*, 65 betont zu Recht, dass die wichtigste Eigenschaft der vier Lebewesen ihr außerordentliches Sehvermögen sei.

160 Vgl. Beale, *Rev*, 330.

161 Vgl. dazu Giesen, *Weltherrschaft*; ähnlich Beale, *Rev*, 330.

162 So Prigent, *Apc* 180.

163 In Offb 14,11 wird mit derselben Wendung den Anbetern des Tieres ein unaufhörliches Zorngericht angedroht.

164 Aune, *Rev I*, 302: Die Texte, die man dafür anführt, sind nicht eindeutig genug (äthHen 40,4–7; 61,9–13; 69,25; 71,11; slavHen 17,9; 19,6; 20,4). Der Text in äthHen 39,12 ist christlich überarbeitet. Die einzige Ausnahme scheint TLevi 3,8 zu sein, wo Gott ewig Lobpreisungen dargebracht werden. Ein weiterer Text, slavHen 17,1 spricht von „unaufhörlichen Stimmen", ist jedoch sehr spät und dazu stark verchristlicht.

165 Deichgräber, *Gotteshymnus*, 48f.; Müller, *Offb*, 146f.

166 Prigent, *Apc*, 179.

Um Gottes Transzendenz, Heiligkeit und Souveränität über Schöpfung und Geschichte zu betonen, lässt der Seher ihn als Pantokrator (vgl. 1,4.8 u.ö.) anbeten. Offenkundig im Blick auf Gottes Schöpfertätigkeit (V. 10) beginnt die Dreizeiten-Formel anders als an allen anderen Stellen mit „der war". Wie in 1,4.8 ist in Explikation des Pantokrator-Prädikats sowohl Gottes souveränes schöpferisches Handeln als auch sein stets zuvorkommendes Heilshandeln zugunsten der treuen Christen gemeint, nicht sein einmaliges Handeln zu Erlösung und Gericht.[167] Das in V. 9–11 geschilderte Geschehen ist nicht erst in der Zukunft zu erwarten, wie das Futur der Verben δώσουσιν V. 9), πεσοῦνται und βαλοῦσιν (V. 10) nach ὅταν nahelegen könnte.[168] Vielmehr ist semitischer Einfluss anzunehmen; das hebräische Imperfekt steht nämlich gelegentlich für ein Futur,[169] so dass zu übersetzen ist: „Jedesmal, wenn.."[170] Zwischen den 24 Ältesten und den vier Lebewesen gibt es schon jetzt einen nie endenden Wechselgesang.[171] Sie jubeln nicht wie die Heiligen in äthHen 47,3f., weil Gott sein Gericht eröffnet hat;[172] denn der Kontext von V. 9 legt keinen Bezug auf das Gericht nahe.[173]

Der Lobgesang der vier Lebewesen (V. 8) hat die Herrlichkeit, die Ehre und den Dank an „den, der auf dem Thron sitzt" (vgl. V. 2; Jes 6,1) zum Inhalt. Er ist der Lebendige schlechthin (V. 9; vgl. 10,6; 15,7; für Christus: 1,18), d. h., er besitzt nie versiegendes Leben und ist zugleich Ursprung allen Lebens. An der Spitze des Lobpreises steht die Herrlichkeit. Herrlichkeit oder Glanz, wie man das griechische Wort δόξα wiedergeben kann, hat im Hebräischen

---

[167] Vgl. zu 1,4 S. 164–168. Gegen Jörns, *Evangelium*, 27f.; Müller, *Offb*, 147; Beale, *Rev*, 332f.; Pezzoli-Olgiati, *Täuschung* 67 versteht ὁ ἀρχόμενος in Parallele zu dem, was geschehen muß: „das Kommen Gottes ist identisch mit dem, was geschehen soll".

[168] Gegen Blass / Debrunner, *Grammatik*, § 382,4; Lohmeyer, *Offb*,49; Mussies, *Morphology*, 342–347; vgl. auch Beale, *Rev*, 333f.; Kraft, *Offb*, 101; Müller, *Offb*, 147; Glonner, *Bildersprache*, 161; Prigent, *Apc*, 180.

[169] Moulton / Turner, *Grammar*, 86; Thompson, *Book*, 45–47; Swete, *Apc*, 73; Beckwith, *Apc*, 503; Kraft, *Offb*, 100f.; 342–347; vgl. auch Beale, *Rev*, 333f.

[170] Vgl. Zerwick / Grosvenor, *Analysis*, 101; vgl. auch Beale, *Rev*, 333f., der sich allerdings für den zukünftigen Sinn entscheidet und das Geschehen in 5,13f., vielleicht auch in 5,8–12, erfüllt sieht. Er nimmt deshalb in V. 9f. eine unterschiedliche Aktivität der vier Lebewesen und der 24 Ältesten an. Gegen Prigent, *Apc*, 180.

[171] Vögtle, *Buch*, 50f.; Roloff , *Offb*, 70; Mounce, *Rev*, 125; Thomas, *Rev I*, 364; Beale, *Rev*, 334;. Prigent, *Apc*, 180, der in den 24 Ältesten die Repräsentanten des Alten Bundes sieht, versteht V. 10a als Erfüllung der Prophetie in Jes 24,23: „Denn der Herr der Heere ist König auf dem Berg Zion und in Jerusalem; er offenbart seinen Ältesten seine strahlende Pracht."

[172] Auf die reine Gerichtserwartung deuten sogar Jörns, *Evangelium*, 167; Pezzoli-Olgiati, *Täuschung*, 68 mit Anm. 126; Glonner, *Bildersprache*, 161.

[173] Müller, *Offb*, 143. Gegen Jörns, *Evangelium*, 30f.; Pezzoli-Olgiati, *Täuschung*, 68 mit Anm. 126; Glonner, *Bildersprache*, 161.

das Äquivalent כָּבוֹד (kābôd). Die hebräische Wurzel כבד (kbd) bedeutet zunächst „schwer sein."[174] כבד (kbd) kann von daher für alles, was schwer ist, was Gewicht (Kraft, Masse, Macht, Reichtum u. a.) hat, verwendet werden. Was Gewicht hat, hat meistens auch Ansehen, Ehre, Glanz, Schönheit, Pracht usw. Das alles gilt in höchstem Maß von Gott. Nach alttestamentlicher Vorstellung spricht alles von der Herrlichkeit Gottes: gewaltige Donner, das Feuer der Blitze, die Kraft der Winde, der Schrecken des Erdbebens, um nur einiges zu nennen. Wahrscheinlich denkt Johannes an unserer Stelle besonders an Jes 6,3b, wo es in der Berufungsszene des Propheten heißt: „Von seiner Herrlichkeit ist die ganze Erde erfüllt." Denn in 4,8 hat der Seher ja bereits mit dem Trishagion Jes 6,3a zitiert.

Die Herrlichkeit Gottes ist bereits im AT so sehr zusammenfassender Ausdruck dafür, wie Menschen von ihren Gotteserfahrungen erzählen (vgl. 1 Kön 8,10f. u. ö.), dass sie sogar den Gottesnamen ersetzen kann (Ps 79,9). Sie weckt beim Menschen Ehrfurcht, die ihn dazu bringt, Gott (Jes 42,8; 48,11) Ehre (vgl. Ps 19; 24; 66; 96; 138; 145), Herrlichkeit und Dank zu geben. Wenn Gott hier der Lebende bzw. der Lebendige genannt wird, dann greift Johannes hier wie bereits in 1,8 auf einen alttestamentlichen Gottestitel zurück (vgl. auch Sir 18,1).

Das Gotteslob erinnert an das Gotteslob Nebukadnezzars in Dan 4,31: „Als die Zeit verstrichen war, erhob ich, Nebukadnezzar, meine Augen zum Himmel, und mein Verstand kehrte zurück. Da pries ich den Höchsten; ich lobte und verherrlichte den, der ewig lebt. Ja, seine Herrschaft ist eine ewige Herrschaft; sein Reich überdauert alle Generationen" (vgl. auch 4,34; 6,27; 12,7). Die Ewigkeit Gottes ist im Buch Daniel Kontrast zu den bösen Königen, deren Herrschaft genommen wurde, weil sie sich selbst erhöht (Dan 8,25–32; 11,36–39) und das Volk Gottes verfolgt haben (11,30–35; 12,7). Der Seher warnt so die Christen vor Kompromissen in Glaubensfragen.[175] Dadurch, dass die Ältesten ihre Throne verlassen, und sich vor dem, „der auf dem Thron sitzt", niederwerfen, ihn anbeten und ihre Kränze niederlegen, anerkennen sie, dass allein Gott, der erneut als der auf immer Lebende genannt wird, Macht und Anbetung schon jetzt und nicht nur in der eschatologischen Zukunft zukommt.[176]

Das Niederlegen von Kränzen ist von Vasallenkönigen bekannt,

[174] Vgl. HAINZ, *Glanz,* 170.
[175] Vgl. BEALE, *Rev,* 334.
[176] Gegen LOHMEYER, *Offb*, 50; WIKENHAUSER, *Offb*, 53.

um ihre Unterwürfigkeit zu bekunden.[177] Die im Iran entstandene Proskynese (Niederwerfen vor einer Person) ist ein Gestus der Selbsterniedrigung freier Menschen. An einen Gott gerichtet, schließt sie wahrscheinlich immer seine Anbetung ein.[178] In Offb 4,10 ist sie eine Geste der Verehrung.[179] Die Ältesten legen die von Gott erhaltenen Kränze nieder und machen dadurch deutlich, dass sie ganz von ihm abhängig und ihm zu Diensten sind.[180]

Im abschließenden Hymnus ersetzen die Ältesten gegenüber dem Lobpreis der vier Lebewesen den Dank (V. 9) durch die Kraft und bereiten so die folgenden Schöpfungsaussagen vor: Sein Schöpfungs-, nicht sein Gerichtshandeln ist der Grund für den Lobpreis.[181] In Offb 11,16–18 ist dagegen der Grund dafür, dass die 24 Ältesten ihre Throne verlassen, auf ihr Angesicht fallen, Gott anbeten und ihm für seinen endgültigen Herrschaftsantritt danken, das Gericht über die Gottesfeinde[182] und der Lohn für die treuen Christen. Dass die 24 Ältesten und vier Lebewesen nach Offb 19,4 an der Proskynese teilnehmen, signalisiert, dass der in 19,1 beginnende himmlische Lobgesang nun seinen Höhepunkt erreicht. Die Gottesbezeichnung „der auf dem Thron sitzt" (19,4) verstärkt den Zurückverweis auf Offb 4f.[183] Im Kontext der antiken Wohltäter-Beziehung erscheint Gott als der größte Wohltäter der Menschheit, dem jedweder Dank und jedwede Ehre gebühren.[184]

Manche Interpreten sehen eine Schwierigkeit darin, dass nach V. 11d alles „durch seinem Willen war" und es in V. 11d nach V. 11c („denn du hast alles geschaffen") nochmals heißt „und es wurde (alles) geschaffen". Man deutet deshalb ἦσαν auf die präexistente Schöpfung in Gottes Schöpfungsplan und das darauffolgende καὶ ἐκτίσθησαν auf ihr geschichtliches Sein nach dem Schöpfungsakt.[185] Oder man bezieht ἦσαν auf die Bewahrung der Schöpfung und καὶ ἐκτίσθησαν auf den Beginn der Schöpfung.[186] M.E.

---

177 Vgl. Tacitus, *Annales* XV 29.

178 Collins, *Dating*, 40; Aune, *Influence*, 12f.; Giesen, *Reich*, 110f.

179 Ruiz, *Revelation*, 217.

180 Davon, dass sie ihre Kränze am Ende des Gerichts Gott als ihrem Richter als Gabe zurückgeben, steht nichts im Text. Gegen Glonner, *Bildersprache*, 185.

181 Satake, *Gemeindeordnung*, 145; gegen Glonner, *Bildersprache*, 186f.

182 Das Gericht Gottes über die gottfeindliche Welt wird an anderen Stellen als sein Zorn dargestellt (Offb 14,10.19; 15,7; 19,15). Vgl. Giesen, *Evangelium*, 244–247.

183 Vgl. Giesen, *Offb*, 410.

184 Stevenson, Background 270f.

185 So Kraft, *Offb* 101.

186 So z. B. Beale, *Rev*, 335. Der Umstand, dass in diesem Fall die Bewahrung der Schöpfung dem Beginn der Schöpfung vorausgeht, harmoniert mit dem durchgängigen pastoralen Anliegen der Offb.

will der Seher durch die zweifache Rede von der Schöpfung emphatisch unterstreichen, dass wirklich alles von Gott geschaffen worden ist und damit zusammenhängend, dass nur ihm göttliche Ehre zuteil werden darf. Das schließt die Vorstellung der Präexistenz alles Geschaffenen im Plan Gottes selbstverständlich nicht aus.[187] Die Schöpfung ist in der Tat die Manifestation der Herrlichkeit und der Macht Gottes.[188]

Der bedrängte Christ erkennt im himmlischen Lobpreis Kritik an den damaligen Machthabern: Nicht dem römischen Kaiser, sondern nur Gott kommt der Titel „unser Herr und Gott" (V. 8.11) zu.[189] Denn Kaiser Domitian hat zweifellos gern gehört, wenn man ihn als „Herrn und Gott" verehrt hat, wenngleich er das selbst, wie man bis heute meist vertritt,[190] nicht gefordert hat.[191] Dieser politische Zusammenhang wird dadurch noch deutlicher, dass die Formel „würdig bist du" zum Kaiserzeremoniell, vor allem zur feierlichen Akklamation des Kaisers gehört.[192] Das hier und anderswo verwandte Verfahren des Verfassers kann man als einen polemischen Parallelismus bezeichnen.[193]

Mehr noch als Kritik an denen, die ihre Machtstellung missbrauchen, weil sie anders als die himmlischen Gestalten Gott nicht die Ehre geben, sondern sie für sich selbst in Anspruch nehmen, erfährt der Christ Ermutigung und Kraft, ein Leben aus dem Glauben zu führen. Der Christ darf wissen, dass auf Gott absoluter Verlass ist. Niemand kann ihm seine Macht entreißen. Wer auf ihn setzt, wird nicht enttäuscht. Das gilt umso mehr, als es „der auf dem Thron Sitzende" ist, der den bedrängten Christen verheißt: „Seht, ich mache alles neu" (Offb 21,5). Gott ist somit nicht nur der Schöpfer der gegenwärtigen Welt, sondern auch eines neuen Himmels und einer neuen Erde, des neuen Jerusalems, das mit einer Braut verglichen wird (21,1f). Der neue Himmel und die neue Erde und das neue Jerusalem werden durch diesen Vergleich zu Sinnbildern für die vollendete Heilsgemeinde.[194]

---

187 Vgl. mit VÖGTLE, *Gott*, 378f.
188 So richtig PRIGENT, *Apc*, 183.
189 Vgl. auch BEALE, *Rev*, 334f.
190 So zuletzt noch RUIZ, *Revelation*, 219; AUNE, *Rev I*, 310f.
191 Vgl. dazu GIESEN, *Offb*, 26; DERS., *Reich*, 111f.; PRIGENT, *Apc*, 53.181; BEALE, *Rev*, 334f.
192 PETERSON, *Εἷς θεός*, 176–180.312.418; COMBLIN, *Christ*, 104f.; MOUNCE, *Rev*, 126f.; ROLOFF, *Offb*, 70; GIESEN, *Apk*, 55; PRIGENT, *Apc*, 181.
193 BARNETT, *Parallelism* 223–231; KLAUCK, *Sendschreiben*, 173.
194 Vgl. GIESEN, *Offb*, 450f.451–454.

Gott ist auch im letzten Buch der Bibel der souveräne Herr und Herrscher, der als der Proexistente ganz für sein königliches Volk da ist, das Jesus Christus geschaffen hat und in dem er den Christen als Priester unmittelbaren Zugang zu Gott ermöglicht hat. Gottes Transzendenz kommt vor allem durch das Bild des „auf dem Thron Sitzenden“ und in seinem schöpferischen Handeln (vgl. Offb 4,11; 10,6; 14,7) zum Ausdruck. Als solcher richtet er die gottferne Welt und schenkt den treuen Christen gegenwärtiges und zukünftiges Heil. Der himmlische Hofstaat dient allein dazu, ihm, dem Schöpfer und Erhalter des Universums, Ehre und Lobpreis zu erweisen und dadurch sein Gott-Sein zu unterstreichen. Darin unterscheidet er sich wesentlich von einem Hofstaat eines irdischen Herrschers, dem auch die Aufgabe des Beratens zukommt.

Dieses Gottesbild stimmt durchaus mit dem des AT und des Frühjudentums überein. So gehört die starke Situationsbezogenheit des Wortes Gottes bzw. der Aussagen über Gott wesentlich auch zum Anspruch analoger Aussagen über Gott im Alten Testament und in der frühjüdischen Apokalyptik.[195] Ein Unterscheidungsmerkmal ist indes die Stellung Jesu Christi, wenngleich betont werden muss, dass die Funktionen, die er ausübt, in nicht geringem Ausmaß auch schon im Frühjudentum durch Mittlergestalten wie dem Menschensohn (Dan 7; Bilderreden des Henochbuches) übertragen sind. Bei aller Betonung der Gottgleichheit Jesu wird der strenge Monotheismus nicht aufgegeben. Gott bleibt auch in der Offb der Eine, der sich allerdings in und durch Christus offenbart hat (vgl. 1,1 u. ö.), der in seiner Vollmacht die Weltherrschaft bis zu seiner Wiederkunft ausübt zum Heil der treuen Christen und zum Gericht derer, die sich seiner Herrschaft in feindseliger Gesinnung widersetzen (vgl. vor allem Offb 5).[196]

---

[195] Vgl. VÖGTLE, *Gott*, 378.

[196] Vgl. dazu zuletzt GIESEN, *Thronsaalvision*, 29f.35; auch VÖGTLE, *Gott*, 394f.

1900th Anniversary of St. John's Apocalypse. Proceedings of the International and Interdisciplinary Symposium (Athens – Patmos, 17–26 September 1995), Athens: Holy Monastery of Saint John the Theologian in Patmos 1999.

AUNE, D.E., *Influence of Roman Imperial Court Ceremonial on the Apocalypse of John*, BR 28 (1983) 5–26.

–, *Revelation 1–5,* WBC 52A, DALLAS 1997.

BAUER, W., *Griechisch-deutsches Wörterbuch zu den Schriften des Neuen Testaments und der frühchristlichen Literatur*, hrsg. von K. und B. ALAND, Berlin [6]1988.

BARNETT, P., *Polemical Parallelism in the Apocalypse*, in: PORTER, S.E. / EVANS C.A. (Hrsg.), *The Johannine Writings*, A Sheffield Reader, Sheffield 1995, 223–231.

BEALE, G.K., *The Book of Revelation,* NIGTC, Grand Rapids 1999.

–, *The Interpretative Problem of Rev. 1:19*, NT 34 (1992), 360–387.

–, *John's Use of the Old Testament in Revelation,* JSNT 166, Sheffield 1998.

BEASLEY-MURRAY, G.R., *The Book of Revelation,* NCB, London 1978.

BECKWITH, I.T., *The Apocalypse of John. Studies in Introduction with a Critical and Exegetical Commentary*, Grand Rapids 1967 (= 1919).

BLASS, F. / DEBRUNNER, A., *Grammatik des neutestamentlichen Griechisch*. Bearbeitet von F. REHKOPF, Göttingen [14]1976.

BORING, M.E., *The Voice of Jesus in Revelation*, NT 34 (1992), 334–359.

BORNKAMM, G., *Das Vorspiel im Himmel. Offenbarung Johannis 4,1–8*, in: DERS., *Geschichte und Glaube*. 2. Teil: Gesammelte Aufsätze. Bd IV, BevTh 53, München 1971.

BOUSSET, W., *Die Offenbarung Johannis,* KEK XVI, Göttingen 1966 (= [6]1906).

BROX, N., *Der erste Petrusbrief,* EKK XXI, Zürich / Neukirchen-Vluyn [2]1988.

BÜCHSEL, F., εἰμί ὁ ὤν, in: ThWNT II (1935), 397f.

CAIRD, G.B., *Commentary on the Revelation of St. John the Divine,* BNTC, London 1971 (= 1966).

CHARLES, R.H., *A Critical and Exegetical Commentary on the Revelation of St. John.* Vol. I, ICC, Edinburgh 1920.

COLLINS, A.Yarbro, *Dating the Apocalypse of John*, BR 26 (1981), 33–45.

COMBLIN, J., *Le Christ dans l'Apocalypse,* BT.B III.6, Paris 1965.

DAVIS, R.D., *The Heavenly Court judgement of Revelation 4–5*, Lanham 1992.

DEICHGRÄBER, R., *Gotteshymnus und Christusbekenntnis in der frühen Christenheit,* StUNT 5, Göttingen 1967.

DELLING, G., *Zum gottesdienstlichen Stil der Johannes-Apokalypse*, in: DERS., *Studien zum Neuen Testament und zum hellenistischen Judentum*, Göttingen 1970, 425–450.

ELLIOTT, J.H., *The Elect and the Holy. An Exegetical Examination of I Peter 2:4–10 and the Phrase βασίλειον ἱεράτευμα* NT.S 12, Leiden 1966.

FEUILLET, A., *Les vingt-quatre vieillards de l'Apocalypse*, RB 65 (1958), 1–32.

FORD, J.M., *Revelation,* AncB 38, Garden City 1975.

FRANZMANN, M.H., *The Revelation to John*, St. Louis 1976.

GIBLIN, C.H., *From and before the Throne: Revelation 4:5–6a Intergrating the Imagery of Revelation 4*-16, CBQ 60 (1998), 500–513.

–, *The Divine Spirit in the Book of Revelation*, in: 1900th Anniversary, 147–161.

Giesen, H., *Der Auferstandene und seine Gemeinde. Zum Inhalt und zur Funktion des ursprünglichen Markusschlusses (16,1–8)*, SNTU 12 (1987), 99–139.
–, *„Das Buch mit den sieben Siegeln"– Heil für Außenseiter. Zum Zweck der Johannesoffenbarung*, in: 1900th Anniversary, 583–603.
–, *Erlösung im Horizont einer verfolgten Gemeinde. Das Verständnis von Erlösung in der Offenbarung des Johannes,* in: Ders., *Glaube und Handeln.* Band 2: *Exegese und Theologie des Neuen Testaments,* EHS T. 23/215, Frankfurt 1983.
–, *Ermutigung zur Glaubenstreue in schwerer* Zeit. *Zum Zweck der Johannesoffenbarung*, in: Ders., Studien, 214–227.
–, *Evangelium und Paränese. Zum Verständnis der Gerichtsaussagen in Offb 14,6–13*, in: Ders., Studien, 228–259.
–, *Im Dienst der Weltherrschaft Gottes und des Lammes: Die vier apokalyptischen Reiter (Offb 6,1–8)*, in: Ders., Studien, 260–288.
–, *Johannes-Apokalypse,* SKK.NT 18, Stuttgart [5]2002.
–, *Kirche als Gottes erwähltes Volk.* Zum Gemeindeverständnis von 1 Petr 2,4–10, ThG (B) 29 (1986), 140–149.
–, *Kirche in der Endzeit. Ekklesiologie und Eschatologie in der Johannesapokalypse*, in: Ders., Studien, 68–99.
–, *Die Offenbarung des Johannes,* RNT, Regensburg 1997.
–, *Die Offenbarung des Johannes: Endzeitbilder von gestern oder Botschaft für heute?*, in: Ebertz, M.N. / Zwick, R. (Hrsg.), *Jüngste Tage. Die Gegenwart der Apokalyptik*, Freiburg 1999, 50–81.
–, *Das Römische Reich im Spiegel der Johannes-Apokalypse*, in: Ders., *Studien*, 100–213.
–, *Studien zur Johannesapokalypse,* SBAB 29, Stuttgart 2000.
–, *Tür*, in: Münchener Theologisches Wörterbuch zum Neuen Testament, Düsseldorf 1997, 356–360.
–, *Zur Christologie der Johannesapokalypse*, ThG (B) 43 (2000), 185–197.
–, *Zur Christologie der Thronsaalvision* (Offb 5), ThG (B) 44 (2001), 25–35.
Glonner, G., *Zur Bildersprache des Johannes von Patmos. Untersuchung der Johannesapokalypse anhand einer um Elemente der Bildinterpretation erweiterten historisch-kritischen Methode*, NTA. N.F. 34, Münster 1999.
Gundry, R.H., *The Church and the Tribulation*, Grand Rapids 1973.
Hadorn, W., *Die Offenbarung des Johannes*, ThHK XVIII, Leipzig 1928.
Hainz, J., *Glanz, Herrlichkeit*, in: Münchener Theologisches Wörterbuch zum Neuen Testament, Düsseldorf 1997, 170–173.
Halver, R., *Der Mythos im letzten Buch der Bibel. Eine Untersuchung der Bildersprache der Johannes-Apokalypse*, ThF 32, Hamburg-Bergstätt 1964.
Harrington, W.J., *Revelation,* Sacra Pagina 16, Collegeville 1993.
Hengel, M., *Die Throngemeinschaft des Lammes mit Gott in der Johannesapokalypse*, in: 1900th Anniversary, 561–581.
Holtz, T., *Die Christologie der Apokalypse des Johannes,* TU 85, Berlin 1962.
–, *Gott in der Apokalypse*, in: Ders., *Geschichte und Theologie des Urchristentums,* WUNT 57, Tübingen 1991, 329–346.
Hort, F.J.A., *The Apocalypse of St. John I-III*, London 1908.
Hurtado, L.W., *Revelation 4–5 in the Light of Jewish Apocalyptic Analogies*, JSNT 25 (1985), 105–124.
Jörns, K.P., *Das hymnische Evangelium. Untersuchungen zu Aufbau, Funktion*

und Herkunft der hymnischen Stücke in der Johannesoffenbarung, StNT 5, Gütersloh 1971.

KARRER, M., *Die Johannesoffenbarung als Brief. Studien zu ihrem literarischen, historischen und theologischen Ort*, FRLANT 140, Göttingen 1986.

KLAUCK, H.-J., *Das Sendschreiben nach Pergamon und der Kaiserkult in der Johannesoffenbarung*, Bib 73 (1992), 153–182.

KRAFT, H., *Die Offenbarung des Johannes,* HNT 16a, Tübingen 1974.

LADD, G.E., *A Commentary on the Revelation of John,* Grand Rapids 1974 (= 1972).

LOHMEYER, E., *Die Offenbarung des Johannes,* HNT 16, Tübingen ³1970.

LOHSE, E., *Die Offenbarung des Johannes,* NTD 11, Göttingen ¹⁴1988.

MCDONOUGH, S.M., *YHWH at Patmos: Rev. 1.4 in its Hellenistic and Early Jewish Setting,* WUNT 2/107, Tübingen 1999.

MCNAMARA, M., *The New Testament and the Palestinian Targum to the Pentateuch,* AnBib 27, Rom 1966.

MAZZAFERRI, F.D., *The Genre of the Book of Revelation from a Source-critical Perspective,* BZNW 54, Berlin 1989.

MEALY, J.W., *After the Thousand Years. Resurrection and Judgement in Revelation 20*, JSNTS 70, Sheffield 1992.

MICHAELS, J.R., *Interpreting the Book of Revelation*, Grand Rapids 1992.

MICHL, J., *Die 24 Ältesten in der Apokalypse des hl. Johannes*, München 1938.

–, *Die Engelvorstellungen in der Apokalypse des hl. Johannes.* I. Teil: *Die Engel um Gott*, München 1937.

MIHOC, V., *La Christologie de l'Agneau dans l'Apocalypse de Saint Jean*, in: 1900th Anniversary, 99–114.

MORICONI, B., *Lo Spirito e le Chiese. Saggio sul termine „πνεῦμα" nel libro dell'Apocalisse*, Studia Theologica -Teresianum 3, Rom 1983.

MOULTON, J.H. / TURNER, N., *A Grammar of New Testament Greek*, Edinburgh 1963.

MOUNCE, R.H., *Revelation,* NICNT 17, Revised Edition, Grand Rapids 1998.

MÜLLER, U.B., *Die Offenbarung des Johannes,* ÖTK 19, Gütersloh / Würzburg 1984.

MUSSIES, G., *The Morphology of Koine Greek as Used in the Apocalypse of St. John,* NT.S 27, Leiden 1971.

NGAYIHEMBAKO, S., *Les temps de la fin. Approche exégétique du Nouveau Testament,* MoBi 29, Genève 1994.

PETERSON, E., *Εἷς θεός.* Epigraphische, formgeschichtliche und religionsgeschichtliche Untersuchungen, FRLANT 41, Göttingen 1926.

PEZZOLI-OLGIATI, D., *Täuschung und Klarheit. Zur Wechselwirkung zwischen Vision und Geschichte in der Johannesoffenbarung*, FRLANT 175, Göttingen 1997.

PRIGENT, P., *L'Apocalypse de Saint Jean,* CNT. Deuxième Série XIV, Genève ²2000.

REICHELT, H., *Angelus interpres-Texte in der Johannes-Apokalypse: Strukturen, Aussagen und Hintergründe,* EHS T. 507, Frankfurt 1994.

RENGSTORF, K.H., ἶρις, in: ThWNT III (1938), 340–343.

RESSEGUIE, J.L., *Revelation Unsealed. A Narrative Critical Approach to John's Apocalypse*, BIS 32, Leiden 1998.

RITT, H., *Die Offenbarung des Johannes,* NEB 21, Würzburg ²1988.

ROLOFF, J., *Die Offenbarung des Johannes,* ZBK 18, Zürich ²1987.
RUIZ, J.-P., *Revelation 4:8–11; 5,9–14: Hymns of Heavenly Liturgy*, SBL.SP 34 (1995), 216–220.
SATAKE, A., *Die Gemeindeordnung in der Johannesapokalypse*, WMANT 21, Neukirchen-Vluyn 1966.
SCHNEIDER, G., ἶρις, in: EWNT II (1981), 488.
SCHÜSSLER FIORENZA, E., *Priester für Gott. Studien zum Herrschafts- und Priestermotiv in der Apokalypse,* NTA.NF 7, Münster 1972.
SCHWEIZER, E., *Die sieben Geister in der Apokalypse*, in: DERS., *Neotestamentica,* Zürich / Stuttgart 1963, 190–202.
SLATER, T.B., *Christ and Community. A Socio-Historical Study of the Christology of Revelation*, JSNTS 178, Sheffield 1999.
STEINS, G., *Priesterschaft, Volk von Priestern oder was sonst? Zur Interpretation von Ex 19,6*, BZ 45 (2001), 20–36.
STEVENSON, G.M., *Conceptual Background to Golden Crown Imagery in the Apocalypse of John (4:4,10; 14:14),* JBL 114 (1995), 257–272.
SWEET, J., *Revelation,* TPI.NTC, Philadelphia 1990.
SWETE, H.B., *Commentary on Revelation,* Grand Rapids 1977 (= *The Apocalypse of St. John*, London ³1911).
THOMAS, R.L., *Revelation 1–7: An Exegetical Commentary*, Chicago 1992.
THOMPSON, L.L., *The Book of Revelation. Apocalypse and Empire*, Oxford 1990.
VANNI, U., *L'Apocalisse. Ermeneutica, esegesi, teologia,* S.RivBib 17, Bologna 1988.
VÖGTLE, A., *Das Buch mit den sieben Siegeln. Die Offenbarung des Johannes in Auswahl gedeutet*, Freiburg ²1985.
–, *Der Gott der Apokalypse. Wie redet die Apokalypse von Gott?,* in: COPPENS, J. (Hrsg.), *La notion biblique de Dieu. Le Dieu de la Bible et le Dieu des philosophes*, BETL 41, Gembloux / Leuven 1976, 377–398.
WALVOORD, J.F., *The Revelation of Jesus Christ*, Chicago 1966.
WIKENHAUSER, A., *Die Offenbarung des Johannes,* RNT 9, Regensburg ³1959.
WOLFF, Ch., *Die Gemeinde des Christus in der Apokalypse des Johannes*, NTS 27 (1980/81), 186–197.
ZERWICK, M. / GROSVENOR, M., *A Grammatical Analysis of the Greek New Testament*. Vol. II, Rom 1979.

Der monotheistische Hintergrund neutestamentlicher Christologie

Kritische Reflexionen über pluralistische Theologien der Religionen[1]

von Adelbert Denaux
(Löwen)

Pluralistische Theologien der Religionen[2] entwickeln sich gegenwärtig auf zweierlei Weise: Zunächst läßt sich eine Tendenz zur Reduzierung der Anzahl der Bereiche, in denen ein christlicher Anspruch auf Einzigartigkeit vorherrscht, verzeichnen. Der katholische Theologie P. Knitter liefert folgende Beschreibung eines theologischen Rahmens für eine pluralistische Anschauung von Religionen: „Ein Weg, diese neue Sichtweise zu begründen und zu rechtfertigen ist es, hierin die jüngste Entwicklungsstufe einer ‚natürlichen Evolution' katholischer Theologie der Religionen zu sehen – vom *Ekklesiozentrismus* (Christus/Kirche gegen die Religionen) über einen *Christozentrismus* (Christus innerhalb/oberhalb) hin zu einem *Theozentrismus*. Nicht die Kirche (die notwendig ist für das Heil) oder Christus (die normative Kraft der Erlösung), sondern Gott als das göttliche Mysterium ist das Zen-

---

[1] Der Beitrag von A. Denaux, der auf der Tagung nicht vorgetragen wurde, aber den Rahmen der Fragestellung zu weiten versteht, erschien zuerst in T. Merrigan/J. Haers (eds.), The Myriad Christ. Plurality and the Quest for Unity in Contemporary Christology (BEThL 152), Leuven 2000, 133–158, unter dem Titel: „The Monotheistic Background of New Testament Christology. Critical Reflections on pluralist Theologies of Religions". Er wurde in gemeinsamer Arbeit von Michael Rogge (Essen) und Dr. Beate Kowalski (damals in Leuven) übersetzt und vom Autor korrigiert zur Veröffentlichung freigegeben. [Allen drei sei herzlich für ihre Mühen gedankt: der Hrsg.] Die neutestamentlichen Bibelzitate sind aus dem Münchener Neuen Testament entnommen.

[2] Einen umfassenden Überblick bieten J. Hick/P. Knitter (Hgg.), The Myth of Christian Uniqueness. Toward a Pluralistic Theology of Religions, New York 1987; J. Hick, The Rainbow of Faiths. Critical Dialogues on Religious Pluralism, London 1995 (Bibliographie auf den Seiten 151–156); T. Merrigan, The Challenge of the Pluralist Theology of Religions anf the Christian Rediscovery of Judaism, in: D. Pollefeyt (Hg.), Jews and Christians. Rivals or Partners for the Kingdom of God? In Search of an Alternative for the Theology of Substitution (Louvain Theological and Pastoral Monographs 21), Leuven 1977, 95–132; L. Swidler/P. Moizes (Hgg.), The Uniqueness of Jesus. A Dialogue with Paul F. Knitter (Orbis Books), Maryknoll, NY 1997.

trum der Heilsgeschichte und der Ausgangspunkt für den interreligiösen Dialog."[3]

Er geht hier sogar noch einen Schritt weiter, indem er jenseits des Theozentrismus einen *Soteriozentrismus* einfordert. Als Grund dafür nennt er, daß „ indem die Christen in Gott die gemeinsame Basis für den Dialog einfordern, würden sie implizit aber zugleich in imperialistischer Weise ihre Auffassungen von Gott auf andere Religionen übertragen obgleich diese (wie z. B. der Buddhismus) nicht notwendigerweise von Gott oder Transzendenz sprechen."[4] Daher bedarf es einer theologischen Einschätzung anderer Religionen, in ihrem Bemühen, Erlösung, d. h. das Wohlergehen der Menschheit, zu begünstigen.

Ein zweites Modell, das Befürwortern einer pluralistischer Theologie der Religionen vertraut ist, ist die Annahme einer unumkehrbaren Bewegung vom Exklusivismus über den Inklusivismus hin zum wirklichen Pluralismus. Exklusivismus ist in unserer heutigen Welt nicht länger vertretbar. Inklusivismus, von namhaften Gelehrten wie Karl Rahner, Hans Küng und vielen anderen vertreten und in gewisser Weise auch vom zweiten Vatikanum akzeptiert, bildet lediglich eine Übergangsphase. Von einem logischen Standpunkt aus betrachtet, führt Inklusivismus notwendigerweise zum Pluralismus. Die Überschreitung des theologischen Rubicon (Knitter) oder der kopernikanische Paradigmenwechsel (J. Hick) wird durch eine neuartige Situation hervorgerufen, in der wir uns heutzutage befinden: Das moderne Bewußtsein von religiöser Pluralität, das Nebeneinander verschiedener Religionen in unserer Welt. Drei Hauptargumente lassen sich für diesen Paradigmenwechsel anführen:[5] (i) Jedes Glaubenssystem ist kulturell konditioniert und kann daher für sich nicht die umfassende Wahrheit bzw. ein allgemeingültiges Urteil über andere Religionen beanspruchen. (ii) Die „ultimative Wirklichkeit" Gottes kann nicht mit Sicherheit erkannt werden, sie überschreitet alle kulturell geprägten Bilder von Gott. (iii) Jeglicher Versuch einer letztgültigen und absoluten Normativität ist unethisch und unterdrückend: die Einzigartigkeit des Christentums führt zu einer Geringschätzung anderer Religionen. Kurzum, historisch-kulturelle Relativität, die

---

[3] P. Knitter, Catholic Theology of Religions at a Crossroads, in: Concilium 183 (1986) 99–107, insb. 104.

[4] Ebd. 105.

[5] K.W. Brewer, Die Einzigartigkeit Christi und die Herausforderung der pluralistischen Religionstheologie, in: H. Häring/K.-J. Kuschel (Hgg.), Hans Küng. Neue Horizonte des Glaubens und Denkens. Ein Arbeitsbuch, München 1993, 454–477, insbes. 458–459.

Unmöglichkeit, das Mysterium der ‚ultimativen Wirklichkeit' zu erkennen, und die Notwendigkeit einer Gerechtigkeit im interreligiösen Dialog sind die Schlüsselwörter, die den Versuch einer neuen, pluralistischen Theologie rechtfertigen.

Niemand kann leugnen, daß der interreligiöse Dialog eine dringende und unabwendbare Aufgabe der Religionen und Kirchen darstellt, er ist sicherlich ein Hauptanliegen der christlichen Theologie an der Schwelle zum dritten Jahrtausend. Um sicherzustellen, daß diese interreligiöse Begegnung auch wirklich in einen Dialog mündet, sollte jeder der beteiligten Gesprächspartner in seiner Identität und seiner Andersartigkeit geachtet und respektiert werden. Wenn aber die divergierenden Positionen der Gesprächspartner auf einen gemeinsamen Nenner reduziert werden noch bevor der Austausch überhaupt angefangen hat, bleibt für einen wirklichen Dialog zwischen den Religionen kein Raum mehr. Noch vor allem anderen ist der interreligiöse Dialog ein Dialog zwischen verschiedenen Weltgemeinschaften und nicht zwischen Individuen. Sicherlich haben einzelne Theologen einen unauslöschlichen Einfluß auf den Dialog, allerdings kann ihr individueller Beitrag nur dann von Wert sein, wenn sie den umfassenden Reichtum der religiösen Tradition, für die sie stehen, repräsentieren. Daher ist für christliche Theologen der wiederholte Verweis auf die die Religion begründenden Schriften sicherlich unabdingbar. Unser eigener bescheidener Beitrag zu dieser Diskussion soll eine kritische Reflexion über das Konzept pluralistischer Theologien von einer biblischen Perspektive aus sein. Christliche Bibelwissenschaftler/-innen aus aller Welt nehmen die fundamentale Einheit des Alten und Neuen Testamentes, die in christlicher Tradition den Kanon der Bibel bilden, für gewöhnlich als gegeben hin. Die hier im folgenden entwickelten Ideen lassen sich in fünf Thesen zusammenfassen:[6]

(i) Das biblische Heilskonzept läßt sich nicht von der biblischen Auffassung von Gott, Jesus Christus und Gottes Volk bzw. Kirche trennen und erhält seinen distinktiven Charakter erst durch dieses Verhältnis. Das Hauptmotiv der Bibel ist die Wirklichkeit Gottes und sein Verhältnis zur Welt. Das biblische Gottesbild beeinflußt die wesentlichen Charakteristika der Erlösung, die Gott seinem Volk – und durch Jesus Christus der Menschheit – anbietet. Die

[6] Diese führen einen Ansatz fort, den ich bereits in einer niederländischen Zeitschrift ausgeführt habe: „Bij niemand anders is er redding" (Hand. 4,12). De uniciteit van Jezus Christus volgens het Nieuwe Testament, in: Tijdschrift voor Theologie 28 (1988) 228–246; Eén God, éen Heer. Over de joodse wortels van de christelijke visie op Jezus' uniciteit, in: Tijdschrift voor Theologie 29 (1989) 369–378.

Pluralisten haben insofern Recht, als sie betonen, daß „Gott" das zentrale Motiv des interreligiösen Dialoges sein sollte.

(ii) Der Gott der Bibel ist nicht ein abstraktes, philosophisches Konzept, ein gemeinsamer Denominator aller möglichen Repräsentationen des „Absoluten", der „ultimativen Wirklichkeit", sondern ein personeller Gott, der sich den Menschen offenbart und daher von Frau und Mann in wirklicher Weise erfahrbar ist.

(iii) In der Bibel ist JHWH, der Gott Israels, der wahre, lebendige und einzige Gott, unvergleichbar mit anderen Gottheiten. Das bedeutet nicht nur, daß Er der Schöpfer von Himmel und Erde bzw. der Retter der Menschheit ist, sondern daß nur Er alleine angebetet werden darf. „Das Judentum war einzigartig unter den Religionen der römischen Welt, da es die exklusive Verehrung Gottes einforderte."[7] Mit anderen Worten: biblischer Monotheismus umfaßt zugleich die Vorstellung von Exklusivismus und Universalismus im Kontext von religiösem Pluralismus. Obwohl sich der religiöse Pluralismus unserer Zeit in seinem kulturellen Kontext von der griechisch-römischen Welt unterscheidet, ist weder dieses Phänomen noch die pluralistische Reaktion darauf radikal neuartig.

(iv) Frühchristliche Ansprüche auf die Einzigartigkeit Jesu Christi können in angemessener Weise nur vor dem Hintergrund jüdischer Ansprüche auf die Einzigartigkeit JHWH's verstanden werden. Diese sind immer an Aussagen über die Einzigartigkeit Gottes geknüpft. Aufgrund seines göttlichen Status teilt Jesus, der Sohn Gottes, die einzigartigen Charakteristika des einzigen und wahren Gottes und erhält göttliche Verehrung durch seine Nachfolger. Seit den frühen Tagen „klammerten sich Christen hartnäckig an diesen exklusiven Monotheismus, so wie sie an der Verehrung Jesu festhielten."[8] Die exklusiven Ansprüche des Christentums galten nicht dem Christentum, sondern Gott und Jesus Christus.

(v) Der Dialog zwischen Christen und anderen Weltreligionen kann nur ein Dialog sein, der auf verteidigungsfreier Liebe, einer *martyria* bis hin zur Aufgabe des eigenen Lebens basiert, da die Christen Christus als den Gekreuzigten verkünden (1 Kor 1,23). Jesus Christus hat Gottes Erlösung seinem Volk auf freie Weise, ohne jeglichen äußeren Zwang oder Gewalt angeboten. Er ist ihr einziges Modell auf ihrem Weg zu Andersgläubigen.

---

[7] Vgl. R. Bauckham, The Worship of Jesus, in: ABD K3 (1992) 812–819, insbes. 816 (dt. Übersetzung).

[8] Ebd. 816.

Im folgenden will ich nicht versuchen, einen Punkt nach dem anderen systematisch zu entwickeln, sondern mich stattdessen auf die beiden wesentlichen Punkte drei und vier beschränken.

I. Der unvergleichliche Gott der jüdischen Religion

Die Verehrung des einen, exklusiven und einzigartigen Gottes ist die Mitte der Religion Israels. Jedoch, bevor ein solches Glaubensbekenntnis, wie etwa im Buch Deuteronomium oder bei D-Jesaja, explizit formuliert werden konnte, bedurfte es eines langen Weges von mehreren hundert Jahren, um vom „Gott der Väter", der als der höchste Gott El verehrt wurde (2000–1700 v. Chr.), über JHWH, den Gott Moses und des ausgezogenen Volkes und der Landnahme (ca. 1300–1050 v. Chr.) bis hin zu dem „einen Gott" der nachexilischen Zeit (587–539 v. Chr.) zu gelangen.

Die Art und Weise in der der Deuteronomist die Geschichte des Volkes Israel interpretiert, läßt die Vermutung zu, daß die Stämme, die in das Land der Kanaanäer von außen einfielen und schließlich Besitz vom Land Palästina nahmen, von Anfang an über ein klare monotheistische Gottesvorstellung verfügten, die sich radikal von den polytheistischen Überzeugungen der Kanaanäer unterschied. Allerdings zeigte Israel sich im Verlauf der Geschichte als glaubensbrüchiger Partner, das den Bund, den JHWH, der höchste Herr, mit seinem Volk geknüpft hatte, immer wieder gebrochen hat. Wieder und wieder kehrte es zurück zu Baal und diente fremden Göttern.[9]

Allerdings hat die neue archäologische Forschung diese traditionelle Auffassung der Geschichte Israels zweifelhaft erscheinen lassen. Ein neues Paradigma von der langsamen „Entstehung Israels in den Hochebenen Palästinas zur Eisenzeit I, in einem friedvollen und inneren Prozeß, der sich über Jahrhunderte hinzog, löst die alten Vorstellungen nach und nach ab. Dies bedeutet umgekehrt aber, daß die sozialen und intellektuellen Verbindungen zwischen der sogenannten kanaanäischen und den sogenannten israelitischen Kultur insbesondere in diesen frühen grundlegenden Jahren sehr eng waren. Daher erkennen Bibelwissenschaftler eine ebenso große Kontinuität zwischen der vorexilischen israelitischen und der kanaanäischen Religion".[10] Von einem historischen Stand-

---

9 Vgl. M. Noth, The Deuteronomistic History (JSOT SS 15), Sheffield 1981.

10 Vgl. R.K. Gnuse, No Other Gods. Emergent Monotheism in Israel (JSNT 241), Sheffield 1997, 346. Eine Übersicht der Diskussion um die Geschichte des vormonar-

punkt aus kann man den Jahwismus als eine Mutation westasiatischer Religionen verstehen, so wie man das Christentum als Mutation aus dem Judentum betrachtet.

Allerdings sehen biblische Autoren diesen Prozeß nicht allein als natürliche Entwicklung menschlicher religiöser Einsichten. Der biblische Blick ist vielmehr auf den ultimativen Grund des Handelns Gottes in der Geschichte Israels ausgerichtet (z. B. in der Erwählung Abrahams) und zeigt, daß „Gott als der rettende Bundesgott JHWH, von denen, die ihn bislang nur unzureichend als El kannten, nun in Fülle erkannt und exklusiv verehrt werden sollte“[11]. Unabhängig von den Gemeinsamkeiten zwischen kanaanäischer Religion und dem Jahwismus war der Heilsweg, den Gott mit Abraham begonnen hatte, von weitreichender Konsequenz für die Art und Weise, wie die Verehrer JHWH's die kanaanäische Religion sahen und sie schließlich gänzlich verwarfen. In der vorexilischen Ära, repräsentierte die biblische Religion nur eine Minderheit, die sogenannten ‚JHWH-aloneists‘, wie sie von manchen genannt wird. „Die biblische Religion ist gänzlich ein exilisches bzw. nach-exilisches Phänomen. Die Israeliten bewegten sich in einem sechs Jahrhunderte dauernden Prozeß auf einen Monotheismus zu, der schließlich im babylonischen Exil seinen Höhepunkt gefunden hat.“[12]

Es ist sicherlich unmöglich, eine wenn auch recht oberflächliche Übersicht über den Gesamtprozeß dieses sich entwickelnden Monotheismus zu liefern.[13] Ein erster Einblick in die oben genannten

---

chischen Israels liefert N.K. Gottwald, Recent Studies of the Social World of Premonarchic Israel, in: CR.BS 1 (1993) 163–189; N.P. Lemche, Early Israel Revisited, in: CR.BS 4 (1996) 9–34; W.G. Dever, Revisionist Israel Revisited. A Rejoinder to Niels Peter Lemche, in: CR.BS 4 (1996) 35–40.

[11] Vgl. J.E. Goldingay/C.J.H. Wright, ‚Yahweh our God Yahweh One.‘ The Old Testament and Religious Pluralism, in: A.D. Clarke/B.C. Winter (Hgg.), One God, One Lord. Christianity in a World of Religious Pluralism, Grand Rapids, MI 1993², 34–52, insb. 39.

[12] Gnuse, No other Gods (Anm. 10) 347 (dt. Übersetzung). Der Autor fügt an, daß „Significant crises or socio-historical developments in the pre-exilic period fueled this advance, so that monotheism appears to emerge as a culmination of several intellectual ‚jumps‘ with a final breakthrough in the exile. Authors, therefore, see this movement as both evolutionary and revolutionary in its advance. It is evolutionary in that it takes centuries to emerge. However, it is revolutionary in that the process really occurs in a relatively short period of time compared to the greater scope of human history, and the final breakthrough in the exile to radical monotheism was not the inevitable result of the gradual process, but rather it was a quantum leap prepared for by many previous smaller revolutions“ (347).

[13] Zum Wachstum und der Natur des biblischen Monotheismus vgl. D.V. Edelman (Hg.), The Triumph of Elohim: From Yahwisms to Judaisms, Grand Rapids, MI 1996; D. Faivre, L'idée de Dieu chez les Hébreux nomades. Une monolâtrie sur fond de

Beobachtungen soll sich anschließen, soweit diese Einfluß auf den interreligiösen Dialog haben. Wenn in den Religionen die unterschiedlichen Vorstellungen über die Wirklichkeit Gottes diskutiert werden, sollte deutlich werden, daß es hierbei nicht einfach um einen Vergleich von Konzepten gehen kann, die für alle verbindlich zu einer bestimmten Zeit in ihrer Geschichte festgeschrieben wurden. Die jeweilige Art und Weise, mit der die Religionen die Wirklichkeit Gottes wahrnehmen, ist komplex und in endlose historische Prozesse eingebunden. Gleichzeitig sind sie das Resultat reziproker Einflüsse und ihres gegenseitigen Austausches. Es liegt in der Natur der Sache, daß interreligiöser Dialog die Religionen dazu herausfordert, über ihre Vorstellungen von der „ultimativen Realität" erneut nachzudenken. Allerdings kann keine Religion das aufgeben, was sie als Wahrheit in ihrem spezifischen Anspruch versteht. Zur gleichen Zeit führt die Begegnung mit anderen Religionen und ihren spezifischen religiösen „theologischen" Traditionen zur Bereicherung und teilweisen Modifizierung der eigenen Sichtweisen.

Was ist also die spezifische Natur des biblischen Monotheismus? Betrachten wir dazu drei signifikante Texte.

2 Samuel 7,22–24

Nachdem der Prophet Nathan David von der Verheißung JHWH's, sein Haus und seinen Thron für alle Zeiten zu stärken, berichtet hat (2 Sam 7,1–16), spricht David ein Dankgebet (7,18–29). Ein Fragment daraus liefert eine Zusammenfassung des jüdischen Monotheismus (2 Sam 7,22–24; vgl. 1 Sam 2,2; 1 Chron 17,20–23):

22 Darum bist Du groß, Herr JHWH,
denn keiner ist wie Du und es gibt keinen Gott außer Dir
(כִּי־אֵין כָּמוֹךָ וְאֵין אֱלֹהִים זוּלָתֶךָ)
nach allem, was wir mit unseren Ohren gehört haben.

---

polydémonisme, Paris/Montréal 1996; E. Haag (Hg.), Gott, der Einzige. Zur Entstehung des Monotheismus in Israel (QD 104), Freiburg 1985; O. Keel (Hg.), Monotheismus im Alten Israel und seiner Umwelt (BibB 14), Freiburg 1980; H. Lang (Hg.), Der Einzige Gott, München 1981; J. De Moor, The Rise of Yahwishm. The Roots of Israelite Monotheism (BETL 91), Leuven 1990; D. Patrick, The Rendering of God in the Old Testament (OBT 10), Philadelphia, PA 1981; J.J. Scullion, God in the OT, in: ABD 2 (1992) 1041–1048; M.S. Smith, The Early History of God. Yahweh and the Other Deities in Ancient Israel, New York, NY 1990; J.M. Van Cangh, Les origines d'Israël et de la foi monothéiste. Apports de l'archéologie et de la critique littéraire, in: RTL 22 (1991) 305–326.457–487; E. Zenger, Der Gott der Bibel, Stuttgart 1979.

23 Und welches Volk auf der Erde ist wie Dein Volk Israel,
(וּמִי כְעַךָ כְּשְׂרָאֵל)
dass eine Volk auf der Erde (וֹי אֶחָד בָּאָרֶץ)
für das Gott gegangen ist, um es zu erlösen,
und um sich einen Namen zu machen,
und für es große und furchtbare Dinge zu tun,
indem Du Völker und ihre Götter vertreibst von Deinem Volk,
das Du aus Ägypten erlöst hast?
24 Und Du hast Dir Dein Volk Israel gegründet, Dir zum Volk für ewig,
und Du, JHWH, bist ihr Gott geworden.

Dieser Text enthält alle wichtigen Aspekte des jüdischen Glaubens an den einen und einzigen Gott. Das Konzept der Einzigartigkeit bezieht sich dabei zugleich auf JHWH und auf sein Volk. JHWH, der Gott Israels, ist nicht mit anderen Göttern vergleichbar („Keiner ist wie Du“[14]) und einzigartig („es gibt keinen Gott außer Dir“[15]). Wie auch in ähnlichen Texten, sind die Unvergleichbarkeit und Einzigartigkeit JHWH's hier deutlich nebeneinander angeordnet (vgl. Dtn 4,34–35; 32,12; 1 Sam 2,2; Ps 86,8–10; Jes 43,10–13; 44,7; 46,9). Andererseits wird Israel als unvergleichlich dargestellt („Welches Volk auf der Erde ist wie Dein Volk Israel“?), ein einzigartiges Volk unter den Völkern, da Gott an ihm gehandelt hat, was er an keinem anderen Volk getan hat: Er hat es aus der Knechtschaft befreit und es zu seinem eigenen Volk gemacht. Der Kontrast zwischen dem „einen Volk“ und den vielen

[14] Das Konzept der Unvergleichbarkeit JHWH's drückt sich in der Form der Negation aus „Es gibt keinen außer mir/JHWH, unserem Gott/Dir“ (Ex 8,6; 9,14; Dtn 33,26; 1 Sam 2,2; 2 Sam 7,22; 1 Kön 8,23; 2 Chron 14,10; 20,6; Ps 86,8; Jer 10,6.7) oder aber in einer rhetorischen Frage: „Wer ist wie Du/JHWH?“ in Ps 89.9;113,5; Ex 15,11; Mi 7,18; Ps 77,14, oder in der Frage „Wer ist wie ich“ (wo JHWH spricht) in Jer 49,19 (= 50,44) und Jes 44,7.

[15] Die Idee der Einzigartigkeit JHWH's findet sich in Formulierungen wie „Es gibt keinen Gott außer/neben Dir“ oder „Es gibt keinen Gott neben/außer mir“ (z. B. Dtn 4,35; 32,39; 1 Sam 2,2; 7,22; 22,32; 1 Chron 17,20; Jud 9,14; Ps 18(17),32; Jes 26,13; 44,6; 45,5.21; 64,4; Hos 13,4). Die Bedeutungsvielfalt des Begriffes ‚Einzigartigkeit‘ kann dabei in drei verschiedene Kategorien unterteilt werden: (i) Singularität oder Partikularität (in dem Sinn, daß jede individuelle oder kollektive Realität einzigartig ist, z. B. jede Religion ist einzigartig); (ii) Perfektion, herausragende Qualität oder Unvergleichbarkeit (z. B. innerhalb der vielen Religionen repräsentiert das Christentum die höchste Form der Religion; Zeus als der höchste der vielen Götter; JHWH ist nicht vergleichbar mit anderen Göttern); und schließlich (iii) numerische Einzigartigkeit (z. B. es gibt keinen Gott außer JHWH, nur er erfüllt die Bedingungen des Begriffes „Gott“). Die ersten beiden Bedeutungen verweisen dabei auf die Essenz (fragen nach „Was ist es?“), die letzte schließlich auf die Existenz („Existiert es?); vgl. dazu S. Breton, Unicité et monothéisme (Cogitatio fidei, 106), Paris 1981, 11–13.

„Völkern" spiegelt den Gegensatz zwischen dem einen Gott und den vielen Göttern wider. V. 24 bezieht sich auf den Bund am Berg Sinai (Ex 6,7; Dtn 7,26; 26,17; 29,12), der die Basis und das Zeichen einer monogamen, exklusiven Beziehung zwischen Gott und seinem Volk darstellt. Im Gegensatz zur Philosophie, die Gottes Einzigartigkeit aus seiner Perfektion herleitet,[16] versteht die Bibel die Einzigartigkeit Gottes in einem verhältnisbedingten und soteriologischen Sinn. JHWH ist der einzige Erlöser Israels (vgl. Dtn 32,12). Daher ist Er ein eifersüchtiger Gott, der nicht akzeptiert, daß Israel andere Götter verehrt (vgl. Ex 20,5; 34,14). Er fordert die exklusive Verehrung Seiner allein (vgl. Dtn 5,6–8).[17]

Deuteronomium 6,4–5

Diese Vorstellung findet ihren klassischen Ausdruck in Deuteronomium 6,4–5, das zumindest seit dem Ende des ersten Jahrhundert n. Chr. die einleitenden Worte des *Shema'* bildet, eines Gebetes, das zweimal am Tag im Judentum gebetet wird und in dem Dtn 6,4–9; 11,13–21 sowie Num 15,37–41 zitiert werden.[18]

4 Höre, Israel,
JHWH ist unser Gott, JHWH allein. (יְהוָה אֱלֹהֵינוּ יְהוָה אֶחָד)
5 Und Du sollst JHWH, Deinen Gott,
lieben mit Deinem ganzem Herzen,
mit Deiner ganzer Seele
und mit all Deiner Kraft.

Im Kontext des Buches Deuteronomium, ist die zentrale Aussage in diesem Vers, sich der unumschränkten Treue Israels gegenüber seinem eifersüchtigen Gott JHWH zu vergewissern. Tätsächlich besteht die permanente Gefahr, daß Israel sich gegen seinen göttlichen Souverän auflehnt und anderen Göttern folgt. In diesem

[16] Vgl. dazu Breton, Unicité et monothéisme (Anm. 14), 59–60: „Si l'on excepte la preuve par l'ordre du monde qui conclut de la multiplicité ordonneé à l'unicité du principe d'ordre, la justification de l'unicité divine s'appuie presque toujours, en dépit de la diversité des métaphysiques, soit sur l'infinité de la perfection divine soit sur l'identité en Dieu de l'essence et de l'existence soit sur son absolue simplicité".

[17] W. Berg, Die Eifersucht Gottes – ein problematischer Zug des alttestamentlichen Gottesbildes?, in: BZ 23 (1973) 197–211.

[18] Zur Diskussion um die Übersetzung und Bedeutung von Dtn 6,4–5 vgl S.D. McBride, The Yoke of the Kingdom, in: Interpretation 27 (1973) 273–306, insb. 291–293, wo er ausführt, daß die Erklärung in Dtn 6,4 nicht als Antwort auf die Frage „Wer ist JHWH?", sondern auf die Frage „Wer ist unser Gott?" erfolgt.

Kontext, wird die Einzigartigkeit JHWH's im Vergleich zu anderen Göttern explizit ausgedrückt und die exklusive Liebe seines Volkes eingefordert. Zwar waren sich die Israeliten durchaus bewußt, daß andere Völker andere Götter verehrten, aber wenn JHWH der wahre Gott, der höchste El, Schöpfer des Himmels und der Erde war, dann war es denkbar, daß die Verehrung der anderen Götter durch die Nicht-Israeliten von Gott direkt ausging (vgl. Dtn 4,19; 32,8–9; vgl. auch 29,26). Andererseits wird die Erwartung ausgedrückt, daß alle Völker schließlich zur Verehrung JHWH's als dem Herrn der Welt (wie es in den Psalmen mehrfach ausgedrückt wird) übergehen werden. Daher sollte die vorübergehende Akzeptanz der fremden Verehrungsformen im Lichte des Heilsplanes Gottes interpretiert werden. In dem Maße, mit dem JHWH's Selbstoffenbarung Israel zu einem umfassenderen Wissen über Gott führt, ist die Tür geöffnet für die Kritik an anderern Göttern und Religionen.[19]

D-Jesaja (43,10–12)

D-Jesaja repräsentiert den Höhepunkt des Monotheismus. Der Einzigartigkeit und Unvergleichbarkeit JHWH's wird durch verschiedene synonyme und charakteristische Formulierungen Ausdruck verliehen.[20] Es ist auffällig, wie sich diese im Orakel von Jes 45,18–25 verdichten.[21] Ein weiteres sprachgewaltiges Beispiel aus Jes 43,10–12 soll im folgenden zitiert werden:

10 Ihr seid meine Zeugen, sagt JHWH,
und mein Knecht, den ich erwählt habe,
damit ihr wißt, versteht und glaubt,
daß ich es bin. (כִּי־אֲנִי הוּא)
Vor mir wurde kein Gott geformt, (לְפָנַי לֹא־נוֹצַר אֵל)
und auch nach mir wird keiner sein. (וְאַחֲרַי לֹא יִהְיֶה)

[19] Vgl. Goldingay/Wright, ‚Jahweh our God Yahweh One' (Anm. 11) 41–42.

[20] Vgl. Jes 40,18.25; 43,10.11.13; 44,6.7.8; 45,5.6.14.18.21.22; 46,5.9; vgl. 64,3. Siehe auch die Verwendung des Ausdrucks אֲנִי הוּא („Ich (bin) er") in 43,10.13.25; 46,4; (vgl. 52,6); an anderer Stelle in Dtn 32,39; Ps 102,28. Zur Diskussion der Begriffe, die JHWH's Unvergleichbarkeit unterstreichen, vgl. C.J. Labuschagne, The Incomparability of Yahweh in the Old Testament (Pretoria Oriental Series 5), Leiden 1966, 8–30.

[21] Vgl. V.18: Er sagt: „Ich bin der HERR, (אֲנִי יְהוָה), und sonst keiner mehr (וְאֵין עוֹד); V.21 Es ist sonst kein Gott außer mir, (וְאֵין־עוֹד אֱלֹהִים מִבַּלְעָדַי), ein gerechter Gott und Heiland, und es ist keiner außer mir (אַיִן זוּלָתִי); V.22: Wendet euch mir zu, und laßt euch erretten, ihr Menschen aus den fernsten Ländern der Erde; denn ich bin Gott und sonst keiner mehr" (אֲנִי־אֵל וְאֵין עוֹד).

11 Ich, ich bin JHWH, (אָנֹכִי אָנֹכִי יְהוָה)
und außer mir gibt es keinen Retter. (וְאֵין מִבַּלְעָדַי מוֹשִׁיעַ)
12 Ich habe es verkündigt und Euch gerettet und habe es euch hören lassen.
Kein fremder Gott war unter euch.
Und Ihr seid meine Zeugen, spricht JHWH, und ich bin Gott.

Worin besteht hier die genaue Bedeutung und der genaue Inhalt der Unvergleichbarkeit JHWH's? Sollten wir mit G.E. Wright annehmen, daß die Sprache, die JHWH's Unvergleichbarkeit ausdrückt, hyperbolisch zu verstehen sei und die vergleichenden Begrifflichkeiten nicht mehr seien als ‚ehrenvolle Beinamen Gottes', Ausdruck des Lobpreises, die einem paganen Kontext entlehnt und auf JHWH angewandt wurden?[22] Es gibt eindeutige Hinweise darauf, daß in umliegenden Religionsgemeinschaften, wie etwa in Assyro-Babylonien und Ägypten, Aussagen über die Unvergleichbarkeit Gottes weit verbreitet waren, insbesondere in Hymnen an die entsprechenden Götter.[23] Aus dieser Perspektive betrachtet, scheint es auf den ersten Blick akzeptabel, daß sich die religiöse Sprache Israels nicht radikal von der metaphorischen oder mythischen Sprache anderer religiöser Gruppen unterschied. Die jeweilige Intention der vergleichenden Ausdrücke hängt jedoch in starkem Maße von ihrem zugehörigen benachbarten religiösen Glaubensystem ab. Im Licht der polytheistischer Weltanschauung der benachbarten Religionen ist deutlich, daß die Aussagen über die Unvergleichbarkeit Gottes ihre vergleichende Dimension verloren haben; sie sind nur noch herkömmliche Lobpreisungen, die zugleich an verschiedenste Götter innerhalb des Pantheons einer gemeinsamen Religion gerichtet werden konnten.[24] Dies war je-

[22] So etwa G.E. Wright, The Old Testament against its Environment, in: Studies in Biblical Theology 2 (1951) 34, Anm. 49.
[23] Vgl. Labuschagne, Incomparability (Anm. 20) 31–63.
[24] K. Keyssner, Gottesvorstellungen und Lebensauffassung im griechischen Hymnus (Würzburger Studien zur Altertumswissenschaft 2), Stuttgart 1932, 79.82 spricht vom hyperbolischen Stil der Hymnen, die an die Götter gerichtet wurden. Insbesondere in den orphischen Hymnen waren henotheistische Prädikate beliebig austauschbar: Die Schöpfung der Welt und die ausschließliche Macht wurden zugleich verschiedenen Göttern zugeschrieben. Vgl. auch R. Bruckner, Christushymnen oder epideiktische Passagen? Studien zum Stilwechsel im Neuen Testament und seiner Umwelt (FRLANT 176), Göttingen 1997, 44. „Für die Ausdrucksweise der Hymnen ist besonders der Hang zu überschwenglichen und superlativischen Aussagen charakteristisch. Diese weisen insgesamt einen henotheistischen Zug auf, wirken aber gerade deshalb etwas übertrieben – lassen sich doch mit denselben exklusiven Zuschreibungen (sogar innerhalb einer Hymnensammlung) mehrere Götter gleichermaßen preisen. Eine deutliche Zunahme dieses Stils ist seit der hellenistischen Zeit zu verzeichnen."

doch für Israel nicht der Fall. Im Alten Testament besteht kein Zweifel darüber, daß in vielen der Ausdrücke ein deutlicher Vergleich zwischen JHWH und den heidnischen Göttern (oder den himmlischen Geschöpfen)[25] gemacht wird. Israels Glaubensbekenntnis „Du allein bist Gott" (2 Kön 19,15; Ps 86,10; Jes 37,16.20) ist keine hyperbolische Aussage, die einer mythischen Sprache entstammt, vielmehr soll sie etwas Wahrhaftiges über Gott aussagen.[26] JHWH wird keinesfalls in der gleichen Weise wie die übrigen Partikulargötter als einzig bezeichnet.

Man kann fragen, ob D-Jesaja nicht intendierte, gegen die Konzeption der heidnischen Umwelt zu polemisieren, die in JHWH nichts als einen Gott unter Göttern sahen. Für den Propheten kann es von grundlegender Bedeutung gewesen sein, die Unvergleichbarkeit JHWH's emphatisch zu unterstreichen.[27] Er nimmt darüber hinaus eine polemische Haltung gegenüber den babylonischen Göttern Bel und Nebo, den Equivalenten zu El und Baal, ein. Er schließt dabei von vornherein aus, daß die Babylonier etwa den einen Gott unter dem Namen Bel verehren könnten. Dies entzog sich jeglicher Diskussion: Nur JHWH allein war Gott, kein anderer Gott. In seiner strengen Auslegung des Mono-Jahwismus und JHWH's Verpflichtung gegenüber Israel scheint der Autor D-Jesaja der stärkste Vertreter eines Exklusivanspruches

---

[25] Labuschagne, Incomparability (Anm. 20), S. 67–89 bezieht sich auf Ex 8,6; 9,14; 15,11; Dtn 3,24; 4,7.34; 32.1–43; 2 Chron 14,10; 20,6; Jes 40,18.25; 44,7; 46,5.9; Jer 10,2–16 und auf die Psalmen 35,10; 40,6; 71,19; 77,14; 86,8; 89.7–9; 113,5f. und in den hymnischen Abschnitten oder Passagen, die unter andere Gattungen fallen, wie etwa Dtn 33,26; 1 Sam 2,2; 1 Kön 8,23; Jer 10,6; Mi 7,18; Ijob 36,22.

[26] Vgl. G. Delling, ΜΟΝΟΣ ΘΕΟΣ, in: TLZ 77 (1952) 469–476 (ders., Studien zum Neuen Testament und zum hellenistischen Judentum. Gesammelte Aufsätze 1950–1968, Göttingen 1970, 391–400), 396. „Die jüdischen Aussagen von dem MONOS schlechthin stehen im Eigentlichen jenseits von griechisch-hellenistischer Frömmigkeit und Philosophie, trotz gewisser Verbindungslinien ... nun wird sofort ein wesentlicher Unterschied sichtbar: man kann auf die Überschwenglichkeiten verzichten – gerade deshalb, weil man wirklich nur dem Einzigen dient, weil der Gott, den man bekennt, der Schlechthinnige ist. Und die höchsten Aussagen wirken echt, weil dahinter der Glaube an den wirklich Einzigen steht." Vgl. L.W. Hurtado, What Do We Mean by „First Century Monotheism"?, in: SBL 1993 Seminar Papers, 348–368, insb. 356–357: „... monotheistic rhetoric, e.g. the use of *heis* and *monos* formulae in references to the divine, can be found in non-Jewish sources of the Graeco-Roman period as well, as Erik Peterson has shown. But in religious practice, this pagan „monotheism" amounted to the recognition of all gods as expressions of one common divine essence or as valid second-order gods under a (often unknowable) high god, and, as such, as worthy of worship. This was categorically different from the exclusivist monotheism of Jews who rejected the worship of all beings other than the one God of the Bible".

[27] Vgl. Labuschagne, Incomparability (Anm. 20), 74, der sich auf B.J. Van der Merwe, Pentateuchtradities in die Prediking van D-Jes, Groningen 1955, 16ff. bezieht.

und einer nationalistischen Sicht innerhalb der Autoren der hebräischen Bibel zu sein. Allerdings zeigt er zugleich einen stark universalistischen Anspruch, wenn er etwa die Bedeutung des Bundes JHWH's mit Israel für die gesamte Welt betont. Israels Geschichte ist darauf ausgelegt, alle Völker mit einzuschließen. Es ist Gottes Vision, daß am Ende alle Völker zu JHWH nach Jerusalem kommen werden (vgl. Jes 2,2–4; 45,4.6)[28].

Durch welche Kennzeichen unterscheidet sich JHWH grundsätzlich von anderen Göttern?[29] (a) Das Hauptkennzeichen ist JHWH's erlösendes Eingreifen in die Geschichte, seine Macht mit der er Israel von der Knechtschaft befreit hat (vgl. Dtn 5,6–7; 2 Sam 7,23)[30]. JHWH allein ist der Retter, er ist der einzige Erlöser Israels und sogar aller Nationen (Jes 43,3.11; 45,15.17.21.22). Die anderen Götter sind hölzerne Götzen, die nichts darstellen (Jes 45,14), machtlos, nicht in der Lage zu retten (Jes 45,20; 46,7). In diesem Kontext bemerken J. Goldingay und C. Wright zu Recht: „The question, therefore, of whether there is salvation in other religions, is in Old Testament terms a non-question. There is salvation in *no* religion because religions don't save. Not even Israel's *religion* saved them. It was at best a response to Yahweh, the living God who had saved them".[31] Es sollte angemerkt werden, daß die spirituelle und eschatologische Dimension von Heil nicht völlig

[28] Vgl. Goldingay/Wright, art. cit. (Anm. 11) 45.50; J.D. Levenson, The Universal Horizon of Biblical Particularism, in: M.G. Brett, Ethnicity and the Bible (Biblical Interpretation Series 19), Leiden 1996, 143–169 betont, daß sich eine Dualität innerhalb des biblischen Erwählungsgedankens ausmachen lasse: Die Erwählung Israels ist zum Teil auf Leidenschaft (dem Mysterium der Aussonderung Israels von den Völkern; „self-sufficiency") und zum Teil auf Universalismen (das *eine* erwählte Volk vollführt einen bestimmten Dienst: Zeuge eines *universalen* Gottes und Retters zu sein; „instrumentality"). „The purposes do not override the chosenness, and chosenness cannot be reduced merely to the commitment to certain values. The specialness of Israel is neither altogether self-sufficient nor altogether instrumental" (156). „For Jews in the post-Enlightenment West, where ideas of human equality and democratic government hold sway, there is a powerful temptation to stress the instrumental dimensions of Jewish chosenness and to deny or ignore the self-sufficient dimension" (157).

[29] Eine ausführliche Antwort auf diese Frage findet sich in Kapitel 4 von Labuschagne, Incomparability (Anm. 20) 64–123.

[30] Die Bezeichnung Gottes als Erlöser ist natürlich mit einer Vielzahl weiterer Qualifizierungen verknüpft: „The intervention of Yahweh in history as the redeeming God, the fighting God, who revealed Himself as the Living, Great, Mighty, Holy, and Terrible God, the God of justice, who on the one hand renders help to the oppressed, the wronged and the weak, and who on the other hand judges the self-sufficient and the haughty, the God of the Covenant, the Ruler and the wise Conductor of history, was utterly new and unique in the religious world of that time" (Labuschagne, Incomparability [Anm. 20] 136).

[31] Goldingay/Wright, ‚Yahweh our God Yahweh One' (Anm. 11) 42–43.

ausgeblendet wird, auch wenn das Alte Testament die innerweltliche Rettung (Gott errettet sein Volk von der Knechtschaft) stark betont.[32] (b) Ein weiterer Punkt der Unvergleichbarkeit JHWH's ist seine Tätigkeit als Schöpfer von Himmel und Erde (1 Sam 2,8; Ps 89,10ff.; Jer 10,16 und Jes 40,12–31, insbesondere V. 18.25; 45,18). Dieser Aspekt ist direkt mit dem vorhergehenden verbunden und jenem untergeordnet. „The Creator-God is the same God as the ‚portion of Jacob', the Redeemer-God" (vgl. Jer 10,16).[33] (c) Die Unvergleichbarkeit JHWH's zeigt sich weiter in seiner Lehrtätigkeit (vgl. Ijob 36,22b) und unanzweifelbaren Weisheit. JHWH ist, im Gegensatz zu anderen Göttern, der einzige, der über die zukünftige Dinge Kenntnis hat (Jes 44,7; 46,9f; vgl. Jer 10,7). Nach D-Jes, findet ein großes Gericht zwischen JHWH und den Göttern und zwischen Israel und den Völkern statt (Jes 41,1–42,9). Israel ist Gottes ‚Zeuge' und legt Zeugnis über JHWH's ausschließliche Souveränität gegenüber den Völkern durch seine Wiederherstellung als Volk bei der Rückkehr ins gelobte Land (der zweite Exodus und die damit verbundene Heimkehr) (Jes 43,9–44,5) ab. Hierin und nicht etwa in sich selbst oder einigen signifikanten Merkmalen im Vergleich mit anderen Religionen liegt die Bedeutsamkeit der israelitischen Religion. „Written in the context of overbearing religious pluralism, the prophet did not encourage Israel to compare their religion with the Babylonians' and feel superior. He directed their thoughts to the mighty saving acts of Yahweh in their actual history and tells them, ‚You are my witnesses'".[34]

Unsere kurze Untersuchung einer Reihe alttestamentlicher Belege macht deutlich, daß die biblische Rede von dem einen, lebendigen Gott (Monotheismus) nicht bei einer abstrakten Gottesvorstellung, einer Reflexion *über* Gott einsetzt, sondern mit einer Beziehung *zu* Gott, der exklusive Verehrung und Kulthandlungen

[32] Vgl. G.G. O'Collins, Salvation, in: ABD 5 (1992) 907–914, 908: „It would be false to contrast an OT, very earthly salvation with a NT, spiritual and thoroughly otherworldly salvation"; danach beschreibt er die drei Aspekte im AT und NT (908–909. 911–912).

[33] Labuschagne, Incomparability (Anm. 20) 111.

[34] Goldingay/Wright, ‚Yahweh our God Yahweh One' (Anm. 11) 44. Auf S. 45 fahren sie fort: „There is no salvation in them (= the other religions), not because they are somehow inferior as religions to the religion of Christianity, but because they are not witnesses to the deeds of the God who saves. One might add that to stress this role of Israel and Christians as witnesses to what God has done is part of the answer to the charge of religious arrogance. The gospel is not something we invented or can take any credit for. We merely bear witness, as messengers and stewards, to what God has done in the whole biblical story, culminating in Christ himself. We do not so much say ‚We have the gospel', as ‚There is a gospel' ".

nur an ihn allein (Monolatrie) einfordert. Durch dieses wesentliche Merkmal unterscheidet sich biblischer Monotheismus vom philosophischen Monotheismus, der von der (impliziten) Suche nach dem einen ausging, der die Vielzahl zu erklären vermag; diese Idee der reinen Einzigartigkeit kann aber nicht zum Objekt der Verehrung oder Anbetung werden.[35]

Eine Studie von L.W. Hurtado bestätigt diese Beobachtungen.[36] Der jüdische Monotheismus des ersten Jahrhunderts, so betont er, sei in gewisser Hinsicht mit der vorherrschenden Glaubensstruktur in der antiken Welt vergleichbar, nach der eine hohe Gottheit über andere Gottheiten eingesetzt war.[37] JHWH ist ebenfalls über einen Hofstaat himmlischer Wesen eingesetzt, die ihm gleichen; aber es gibt darüber hinaus typische Merkmale, die den hellenistisch-jüdischen Monotheismus kennzeichnen: die heidnischen Kulte verehrten einen je höchsten Gott, dieser blieb jedoch unerkannt (in den philosophischen Traditionen wurde stets betont, daß man ihn nicht erkennen könne),[38] während „El" oder der „höchste Gott" Israels, JHWH, sich selbst durch die Schrift und in der Geschichte offenbart hat. Als solcher kann Er nun erkannt und charakterisiert werden,[39] man kann und soll ihn durch Gebet und Verehrung anspre-

---

35 Vgl. Y. Amir, Die Begegnung des biblischen und des philosophischen Monotheismus als Grundthema des jüdischen Hellenismus, in: EvTh 38 (1978) 2–19. Breton (Unicité et monothéisme [Anm. 14] S. 29) zitiert das „théorème célèbre de Proclus: toute multiplicité participe de quelque manière à l'un'"; vgl. Delling, ΜΟΝΟΣ ΘΕΟΣ (Anm. 25), S. 391: „Die ΜΟΝΟΣ-ΘΕΟΣ Aussagen der antiken Welt können unter drei Gesichtspunkten betrachtet werden ... Zu unterscheiden sind: 1. die superlativistischen Wendungen der polytheistischen Frömmigkeit; 2. die Sätze der Philosophie; 3. die Prädikationen der monotheistischen Religion".

36 Hurtado, „First Century Monotheism" (Anm. 26) 348–368.

37 M. P. Nilsson, The High God and the Mediator, in: HTR 56 (1963) 101–120.

38 In dem großen Hymnus an Amon steht: „Gott ist zu groß um verehrt zu werden, zu mächtig um gekannt zu werden" (vgl. J. Bergman, yada', in: TDOT 5 [1986] 455).

39 Vgl. G.J. Botterweck, yada', in: TDOT 5 (1986) 468–481 zu dem Ausdruck „und du wirst/sollst wissen daß ich JHWH bin" (71mal in Ez!), das zumeist von einer Aussage über das Handeln JHWH's begleitet wird (471–472); „The expression ‚know that Yahweh is God' appears in the Deuteronomistic history to emphasize the uniqueness of Yahweh or his name. Solomon, for instance, prays that Yahweh will maintain the cause of Israel ‚that all peoples of the earth may know (*lema'an da'at kol-'ammê*) that Yahweh is God; there is no other'" (474). Vgl. dazu die Art, wie Paulus die Galater, die zum Christentum übergetreten sind, anredet: „Doch damals, nicht kennend Gott, Sklaven wart ihr denen, die von Natur nicht Götter sind; [9]jetzt aber, erkennend Gott, mehr aber: als Erkannte von Gott, wie wendet ihr euch wieder hin zu den schwachen und armen Elementen, denen ihr wieder von neuem Sklaven sein wollt?" (Gal 4,8–9). Es sollte angefügt werden, daß auch im Alten Testament nicht jeder Nicht-Israelite als von der Kenntnis Gottes abgehalten gedacht wurde: „Der Herr ist allen, die ihn anrufen, nahe, allen die zu ihm aufrichtig rufen" (Ps 145,18). „Quite apart from the specific selfdisclosure of God to Israel, then, the Bible assumes a natural knowledge of God available to all humanity. The technical term for this universal-

chen. Desweiteren schränkte die jüdische religiöse Praxis die Verehrung auf den einen Gott ein und verbot explizit die Verehrung anderer Götter und sogar Gottes eigener himmlischer Boten, während in den umliegenden heidnischen Religionen die Verehrung anderer Götter neben dem höchsten Gott nicht ausgeschlossen blieb. „First-century Jewish monotheism was thus, an exclusivist, monarchical view of God, manifested particularly in ‚orthopraxy' in cultic/liturgical matters".[40] Wir denken, daß pluralistisch ausgerichtete Theologen zu Recht die Realität Gottes als Hauptpunkt des interreligiösen Dialoges sehen. Aber dieser Ausgangspunkt und das ausschlaggebende Kriterium sollte die lebendige Erfahrung Gottes in der Geschichte der verschiedenen religiösen Traditionen sein, nicht aber ein Konzept von Gott in einem philosophischen System oder in einer vorgefaßten religionsgeschichtlichen Theorie. Derartige philosophische Theorien und andere Methoden der Reflexion lassen sich allenfalls in einem zweiten Schritt auf die Frage anwenden.[41]

II. Frühchristliche Aussagen über Jesus, den einzigen Herrn und Erlöser

In neutestamentlicher Zeit war Dtn 6,4 im Rahmen der jüdischen Liturgie weit verbreitet. Aus der jüdischen Religion hatte das Christentum durchaus bewußt die monotheistische Formel ‚Gott ist einer' (εἷς θεός) übernommen. An verschiedenen Stellen des Neuen Testaments wird dieses Bekenntnis zitiert oder darauf angespielt, wie etwa in den paulinischen und deuteropaulinischen Briefen,[42] in den Evangelien,[43] und in jüdisch-christlichen Kreisen.[44] Die neutestamentlichen Zitate und Anspielungen auf Dtn

---

ly available religion is *yir' at 'elohim or yir' at YHWH*, ‚the fear of God' or ‚the fear of the Lord' and is associated with moral rectitude" (vgl. Levenson, art. cit. [Anm. 28] 149). Dieselbe Überzeugung liegt Paulus' ief an die Römer 1,18–32 zugrunde.

[40] Hurtado, „First Century Monotheism" (Anm. 26) 368.

[41] Ein gutes Beispiel philosophischer Reflexionen über die jüdisch-christliche religiöse Tradition auf einer zweiten Ebene gibt Breton, Unicité et monothéisme Anm. 15.

[42] Röm 3,30; 1 Kor 8,4.6; Gal 3,20; vgl. 1 Thess 1,9; 1 Kor 12,2; Gal 4,8 und Eph 4,6; 1 Tim 2,5. Vgl. C. Demke, Ein Gott und viele Herren. Die Verkündigung des einen Gottes in den Briefen des Paulus, in: EvTh 36 (1976) 473–484; C.H. Giblin, Three Monotheistic Texts in Paul, in: CBQ 37 (1975) 527–547; R. Scroggs, The Theocentrism of Paul, in: ders. (Hg.), The Text and The Times. New Testament Essays for Today, Minnneapolis, MN 1993, 184–191.

[43] Mk 12,29.32 zeigt Jesus ausdrücklich zitierend Dtn 6,4–5; vgl. auch Mk 2,7; 10,18 par.; Mt 23,9; Joh 8,41.

[44] Jak 2,19 vgl. 4,12; PsClem Hom 13,15; Ep Petri 2,1.

6,4 übertreffen bei weitem die alttestamentlichen Belege (Sach 14,9 ist eines der wenigen alttestamentlichen Belege). Die neutestamentliche Verwendung des Adjektives ‚allein' (μόνος) zur Qualifizierung Gottes,[45] oftmals in Doxologien oder Glaubensbekenntnissen, hängt von alttestamentlichen bzw. intertestamentlichen monotheistischen Aussagen ab. In ihrem eigenen Selbstverständnis waren die frühen Christen überzeugte Monotheisten, auch wenn ihre jüdischen Glaubensbrüder daran Zweifel hegten. Als aus den Heiden Christen wurden, mußten sie sich zunächst von den Götzen zum lebendigen und wahren Gott bekehren (1 Thess 1,9). Durch seine Geschichte hinweg, hat das Christentum sich bemüht, zu seinem Bekenntnis zu dem einen, lebendigen Gott zu stehen. In den ersten Jahrhunderten der christlichen Zeitrechnung war dieses monotheistische Bekenntnis allerdings in den Kontext eines religiösen Pluralismus eingebettet,[46] das zum Teil Reaktionen hervorrief, die denen heutiger Pluralisten ähneln. Im vierten Jahrhundert schrieb der römische Senator Symmachus an den Kaiser Theodosius: „Welchen Gott alle menschlichen Wesen auch anbeten, es beläuft sich letztlich auf dasselbe: Wir alle sehen dieselben Sterne, der Himmel ist uns allen gleich, wir leben in derselben Welt. Was liegt jenseits davon? Über diese Dinge sucht ein jeder nach seiner Wahrheit gemäß seiner eigenen Weisheit. Man kann sich einem solch großen Mysterium letztlich nicht nur auf eine Weise nähern".[47]

Das theologische Problem, wie man Zeuge des Einen Gottes in einer pluralistischen Welt werden kann, ist ein Problem, daß alle drei monotheistischen Religionen teilen. Das Christentum wie auch der Islam sind Erben der jüdischen Religion. Gegen den Relativismus der östlichen Religionen, nach denen jeder partikulare Gott eine Erscheinung des unauslotbaren Mysteriums des Lebens ist, und gegen die Aufklärung, die jeglichen Zusammenhang zwischen dem Göttlichen und einem historisch-kontingenten Bildnis Gottes und insbesondere einer historisch-kontingenten Person ablehnt, legen die drei monotheistischen Religionen gleichermaßen Zeugnis ab.

---

[45] Vgl. Mt. 4,10 par. Lk 4,8; 5,21; Joh 5,44; 17,3; Röm 16,27; 1 Tim 1,17; vgl. 6,15; Jud 25.

[46] Vgl. R.M. Grant, Gods and the one God. Christian Theology in the Graeco-Roman World, London 1986; C. Winter, In Public and in Private. Early Christian Interactions with Religious Pluralism, in: A.D. Clarke/B.C. Winter (eds), One God, One Lord. Christianity in a World of Religious Pluralism, Grand Rapids, MI 1993, S. 112–134.

[47] Zitiert nach: A. Vergote, „Tu aimeras le Seigneur ton Dieu ...". L'identité chrétienne, Paris/Montréal 1997, 25–26. Vgl. das Original in Monumenta Germaniae historica, Bd. VI/1, Berlin 1961, 282.

Jedoch hat das Christentum ein darüber hinausgreifendes Zeugnis abgelegt und führt dieses auch weiter fort. Schon die frühen Christen bekannten „ein[en] Herr[n] Jesus Christos“ (vgl. 1 Kor 8,6) und „(es) ist in keinem anderen das Heil, denn nicht ist ein anderer Name unter dem Himmel“ (Apg 4,12)[48]. Darüber hinaus, von der christologischen Rhetorik einmal abgesehen, entspringt hier auch eine liturgische Praxis, die sich auf Jesus Christus richtet. Sehr früh begannen Judenchristen, deren religiöser Hintergrund der Einzigartigkeit Gottes immer besondere Bedeutung beigemessen hatte, eine kultische Verehrung Jesu Christi als göttlicher Gestalt, die aber in ihren Augen keinesfalls die Loyalität gegenüber dem einen Gott ihrer Väter in Frage stellte.[49] Seit seinen Anfängen hat das Christentum den christologischen Aussagen besondere Aufmerksamkeit gewidmet und immer wieder die Besonderheit Jesu Christi betont. Schon sehr früh haben heidnische Beobachter und Kritiker die christliche Identität in der göttlichen Verehrung Jesu gesehen.[50] In einem Brief an Trajan schreibt Plinius der Jüngere, Gouverneur von Bithynien, daß die Christen sich an „einem bestimmten Tag vor dem Sonnenaufgang“ sammelten, um „einen antiphonischen Hymnus an Christus

---

[48] Vgl. M. Sæb , „Kein anderer Name“. Sieben Thesen zur christologischen Ausschließlichkeits-forderung aus dem Horizont des alttestamentlichen Gottesglaubens, in: KeDo 22 (1976) 181–199.

[49] Vgl. Bauckham, Worship of Jesus Anm. 7. Eine gute Beschreibung der Ursprünge der Verehrung Jesu und seinen jüdischen Vorbedingungen liefert L.W. Hurtado, One God, one Lord. Early Christian Devotion and Ancient Jewish Monotheism, Philadelphia 1988, insb. 11: „… within the first two decades of Christianity, Jewish Christians gathered in Jesus' name for worship, prayed to him and sang hymns to him, regarded him as exalted to a position of heavenly rule above all angelic orders, appropriated to him titles and Old Testament passages originally referring to God, sought to bring fellow Jews as well as Gentiles to embrace him as the divinely appointed redeemer, and in general redefined their devotion to the God of their fathers so as to include the veneration of Jesus. And apparently they regarded this redefinition not only as legitimate but, indeed, as something demanded of him“. Hurtado untersucht sechs Merkmale in neutestamentlichen Texten, die von frühchristlicher religiöser Verehrung handeln und eine auf Jesus gerichtete Veränderung der jüdisch-monotheistischen Tradition andeuten. Diese sind: (1) hymnische Gebete, (2) Gebete und verwandte Praktiken, (3) die Verwendung des Namens Christi, (4) das Abendmahl, (5) das Bekenntnis des Glaubens an Jesus, und (6) die prophetischen Worte des auferstandenen Christus (vgl. S. 100–114).

[50] Vgl. Bauckham, Worship of Jesus (Anm. 7) 815–816: „Most 2nd- and 3rd-century pagan writers who discuss Christianity emphasize the worship of Jesus (Pliny Ep. 10.96.7; Lucian Peregrinus 13; Celsus ap. Or Cels. 8.12,14,15; Porph. ap. Aug. civ. Dei 19,23; vgl. Mart. Pol. 17,2). Und auch das anti-christliche Grafitto aus dem dritten Jahrhundert vom Palatin zeigt einen Mann im Gebet vor einem Gekreuzigten mit dem Kopf eines Esels. Die Inschrift dazu lautet „Alexamenos verehrt [seinen] *Gott (Alexamenos sebete theon*; vgl. Min. Fel.Oct. 9,4; Tert. Apol. 16; Ad Nat. 1,14)“.

zu singen, als ob dieser ihr Gott sei" (*carmenque Christo quasi deo dicere secum invicem).*[51]

Im Hinblick auf den interreligiösen Dialog ist es von besonderer Bedeutung zu betonen, daß das Neue Testament in seiner christologischen Sprache letztlich immer auf die Wirklichkeit Gottes verweist. Die neutestamentliche Christologie ist im Kern eigentlich eine Beschreibung dessen, was Gott durch Christus für die Welt getan hat. Christologie *ist* Theologie oder zumindest ihre christliche Variante. Sowohl Paulus als auch Johannes sind *theo*-zentrisch, obgleich die Christologie in ihren Schriften eine Vorrangstellung einnimmt.[52] Als die ersten christlichen Schriftsteller darüber reflektieren, was der eine Gott in und durch Jesus getan hat, beschreiben sie Jesu' Identität und seine Handlungen stets in Bezug auf Gott. Damit setzt ein wichtiger Prozeß ein, der nun eine Reihe von Titeln, Qualitäten und Handlungen, die bisher nur Gott vorbehalten waren, auf Christus überträgt.[53] Je mehr Jesus an die Seite Gottes rückt und sein göttlicher Status wahrgenommen wird,[54] desto mehr wird seine Einzigartigkeit unterstrichen. Er hat

---

[51] Plinius, Epist.10.96.7. Vgl. A.N. Sherwin-White, The Letters of Pliny, Oxford 1985, s. 702–710, insb. 704.

[52] Vgl. Scroggs, Theocentrism of Paul (Anm. 42); M. De Jonge, Monotheism and Christology, in: J. Barclay/J. Sweet (Hgg.), Early Christian Thoughts in its Jewish Context. FS M.D. Hooker, Cambridge 1996, 225–237, insb. 235: „Johannine christology with all its statements about Jesus' unity with God, remains theocentric".

[53] C.J. Davis, The Name and Way of the Lord. Old Testament Themes, New Testament Christology (JSNT.SS 129), Sheffield 1996, 182: Appendix: (Old Testament): Citations and Allusions about the Divine applied to Christ. On the origins of New Testament Christology, vgl. W. Bousset, Kyrios Christos. A History of the Belief in Christ from the Beginnings of Christianity to Irenaeus, Translated by J.E. Steely, Nashville 1970; R.E. Brown, An Introduction to New Testament Christology, London 1994; P.M. Casey, From Jewish Prophet to Gentile God. The Origins and Development of New Testament Christology, Louisville/Cambridge 1991; R.H. Fuller, The Foundations of New Testament Christology, New York/London 1965; M. de Jonge, Christology in Context. The Earliest Christian Response to Jesus, Philadelphia, PA 1988; I.E. Marshall, The Origins of New Testament Christology, Downers Grove, Il 1976, erweiterte Neuauflage 1990; C.F.D. Moule, The Origin of Christology, Cambridge 1977; P. Pokorný, The Genesis of Christology. Foundations for a Theology of the New Testament, Cambridge 1987, vgl. auch Anm. 49, 62 und 72.

[54] Zu der Frage ob Jesu Göttlichkeit im Neuen Testament belegt ist, vgl. R. Brown, Does the New Testament Call Jesus God? in: Theological Studies 26 (1965) 545–573 (= ders., Jesus God and Man. Modern Biblical Reflections, Milwaukee, WI 1967, 1–38): „In three clear instances [Hebr 1,8–9; Joh 1,1; 20,18] and in five instances that have a certain probability [Joh 1,18; Röm 9,5; Tit 2,13; 2 Petr 1,1; 1 Joh 5,20] Jesus is called God in the New Testament ... This does not mean that we can take a naive view about the development that took place in the New Testament use of „God" for Jesus (nor, for that matter, in the gradual development in the understanding of Jesus' divinity)" (28–29); M.J. Harris, Jesus as God. The New Testament Use of Theos in Reference to Jesus, Grand Rapids, MI 1992.

damit Anteil an der Einzigartigkeit des einen Gottes. Betrachten wir einige neutestamentliche Stellen, in denen christologische Aussagen über die Einzigartigkeit Jesu engstens mit Aussagen über die Einzigartigkeit und Einheit Gottes verbunden sind.

Die paulinische Tradition

1 Thessalonicher 1,9–10

Der Brief des Paulus zeigt die ältesten Spuren einer christologischen Reflexion der „Neuartigkeit", die in Christus offenbar wird und die nun in die traditionelle Glaubensvorstellung vom einen, wahren Gott integriert werden mußte. Ein Beispiel dafür ist 1 Thess 1,9–10, auch wenn unter Fachleuten noch immer Streit darüber herrscht, ob diese Stelle vorpaulinisch sei oder nicht.[55] Ungeachtet des Ausgangs dieses Streites läßt sich festhalten, daß Paulus seine Leser/-innen an das frühchristliche Kerygma erinnert, wie es den Heiden verkündigt wurde und wie er es wahrscheinlich selbst auch gepredigt hat:

9 καὶ πῶς ἐπεστρέψατε προς τὸν θεὸν ἀπὸ τῶν εἰδώλων
δουλεύειν θεῷ ζῶντι καὶ ἀληθινῶ
10 καὶ ἀναμένειν τὸ υἱὸν αὐτοῦ ἐκ τῶν οὐρανῶν,
ὃν ἤγειρεν ἐκ [τῶν] νεκρῶν,
Ἰησοῦν τὸν ῥυόμενον ἡμᾶς ἐκ τῆς ὀργῆς τῆς ἐρχομένης.

9b I wie ihr euch bekehrtet hin zu Gott, (weg) von den Götzen,
zu dienen dem lebendigen und wahren Gott
10 II und zu erwarten seinen Sohn aus den Himmeln,
den er erweckte aus [den] Toten,
Jesus, den Rettenden uns aus dem kommenden Zorn.

Die Tradition enthält eine theologische (θεός) und eine christologische Dimension (Ἰησοῦς). Es werden zwei Schritte erwähnt, die die Heiden zu Christen bekehren. Zunächst sollten Heiden, die sich dem Christentum zuwenden, den Grundsatz jüdischer Religion beherzigen: Sich vom Polytheismus abwenden und dem einen und einzigen Gott dienen. Diese Grundbedingung spielt auf das

[55] Vgl. T. Holz, Der erste Brief an die Thessalonicher (EKK XIII), Zürich/Neukirchen 1986, 54–62.

fundamentale monotheistische Glaubensbekenntnis des Judentums an. Die zweite Bedingung ist dagegen stärker christologisch ausgeprägt: Sie sollen die Parusie Jesu, des erhöhten und verherrlichten Sohnes erwarten. Jesus erhält hier eine soteriologische Funktion, die bislang einzig Gott vorbehalten war: Die Gläubigen dem eschatologischen Gericht zu entreißen und zu Gott hinzuführen. Damit hat er Teil an einer göttlichen Eigenschaft. Die Erlösung, die in diesem Text angedeutet wird, ist primär eschatologischer Natur, wie auch in vielen anderen Texten. Jedoch sollte ergänzt werden, daß die neutestamentliche Version der Erlösung auch eine irdische und spirituelle Dimension beinhaltet.[56] Wenn also pluralistische Theologen betonen, daß die theologische Bedeutung von Religionen in ihrer Fähigkeit liegt, das Wohl der Menschheit voranzutreiben, übersehen sie zeitweilig das reiche biblische Verständnis des göttlichen Ursprungs und der eschatologischen und spirituellen Dimensionen der „Erlösung".

1 Kor 8,4–6

Innerhalb der Diskussion über den Verzehr von Götzenopferfleisch, bietet Paulus einen Text, der die Einzigartigkeit des Herr-Seins Jesu Christi mit der Einzigartigkeit Gottes verbindet (1 Kor 8,4–6)[57]:

4 Περὶ τῆς βρώσεως οὖν τῶν εἰδωλοθύτων,
  οἴδαμεν   ὅτι οὐδὲν εἴδωλον ἐν κόσμῳ
    καὶ   ὅτι οὐδεὶς θεὸς εἰ μὴ εἷς.
5   καὶ γὰρ εἴπερ εἰσὶν λεγόμενοι θεοι
      εἴτε ἐν οὐρανῷ
      εἴτε ἐπὶ γῆς,
      ὥσπερ εἰσὶν θεοὶ πολλοὶ καὶ κύριοι πολλοί,

[56] Vgl. G.G. O'Collins, Salvation, in ABD 5 (1992) 907–914, insb. 911. Das neutestamentliche Konzept der Erlösung beinhaltet „a practical concern here and now for needy people (Rom 12,8; 1 Cor 13,3; Heb 13:16; 1 John 3:7, James 1:27; 2:14–17)" (irdische Dimension) und: „it brings a new freedom from sin (Rom 6:1–23), from the law (Rom 7:4; Gal 2:15–21), from death (Rom 6:21) and from the cosmic powers (Gal 4:8–10; Col 2:16–23). Salvation means life ‚in Christ' (Rom 8:1, 16:7; 1 Cor 15:22), the gift of the Holy Spirit (Rom 5:5; 8:9,11), ‚peace with God' (Rom 5:1), ‚justification' (Rom 4:25), being a ‚new creation' (2 Cor 5:17), and enjoying ‚reconciliation' (Rom 5:10–11; 2 Cor 5:18 +20) and existence as ‚adopted' sons and daughters of God (Gal 4:4–7)" (spirituelle Dimension).

[57] Wir fassen hier eine detailliertere Analyse unserer Studie Theology and Christology in 1 Corinthians 8,4–6. A Contextual-Redactional Reading, in: R. Bieringer (Hg.), The Corinthian Correspondence (BETL 125), Leuven 1996, 593–606 zusammen. Vgl. auch B.W. Winter, Theological and Ethical Responses to Religious Pluralism – 1 Corinthians 8–10, in: Tyndale Bulletin 41 (1990) 209–226.

6 ἀλλ᾽ ἡμῖν
εἷς θεὸς ὁ πατὴρ
ἐξ οὗ τὰ πάντα καὶ ἡμεῖς εἰς αὐτόν,
καὶ εἷς κύριος Ἰησοῦς Χριστὸς
δι᾽ οὗ τὰ πάντα καὶ ἡμεῖς δι᾽ αὐτοῦ.

4a	Über das Essen nun des Göztenopferfleisches:		
b	Wir wissen, I		daß kein Götze in (der) Welt (ist)
c	und II		daß kein Gott (ist), außer einem.
5a	I‘	Denn wenn auch sogenannten Götter sind	
b			sei es im Himmel, sei es auf Erden,
c		A	wie ja viele Götter sind
d		B	und viele Herren,
6a	II‘	doch für uns	
		A‘	(ist) ein Gott, der Vater,
b			von dem alles, und wir auf ihn (hin),
c		B‘	und ein Herr Jesus Christos,
d			durch den alles, und wir durch ihn.

In V. 4 erklärt Paulus seine Übereinstimmung mit dem monotheistischen Glauben der „starken“ Mitglieder in Korinth, auch wenn er nicht mit den praktischen Konsequenzen, die diese daraus ableiten, übereinstimmt. Er scheint sogar deren konfessionelle Formeln zu wiederholen, die bekannt erscheinen, da sie der jüdischen Tradition entlehnt sind.

V. 5 bildet einen konzessiven Satz: prinzipiell existieren keine Götzen, da es nur einen Gott gebe (V. 4b). Nichtsdestotrotz sind die sogenannten „Götter“ und „Herren“ eine Realität für einen Großteil der Bevölkerung, nicht nur für die Heiden, sondern auch für einige Christen, die „Schwachen“, die noch immer mit ihren Götzen vertraut sind und es daher für verkehrt halten, Götzenopferfleisch zu essen. Dieser Vers verweist auf Paulus’ Realismus. Obgleich er Gottes exklusive Einzigartigkeit betont, ist er sich bewußt, in einer pluralistischen Welt zu leben, in der dieser eine Gott Rivalen hat, was sich auch innerhalb der Gemeinde zeigt. Obwohl diese „Götter“ nicht wirklich sind (sie sind nur λεγόμενοι), sind sie doch zumindest für jene, die an sie glauben, eine Realität.

V. 6 enthält, in der Form eines perfekten Parallelismus,[58] eine

[58] Die zwei Teile von Vers 6 bilden einen perfekten Parallelismus. Die Formeln „ein Gott“ und „ein Herr“ sind durch „Vater“ und „Jesus Christus“ qualifiziert und jeder wird durch eine Reihe von präpositionalen Phrasen ergänzt. Der Effekt dieses Parallelismus bewirkt eine starke Assoziation, wenn nicht gar einer Gleichsetzung des einen Herrn Jesus Christus mit dem einen Gott, dem Vater. Vgl. J.A. Fitzmyer, The Se-

theologische (6ab) und christologische Aussage (6cd), die eng miteinander verknüpft sind. Sie bilden eine Antithese zu V. 5d (viele Götter gegen den einen Gott; viele Herren gegen den einen Herrn): im Gegensatz zum Polytheismus der umgebenden heidnischen Welt, formuliert Paulus eine christliche Version des monotheistischen Glaubensbekenntnisses, wie er von den Christen in Korinth fordert. Die „Taufakklamation" in V. 6 ist in ihrem Ursprung umstritten. D.R. de Lacey hat auf plausible Weise vorgeschlagen, daß Paulus in V. 6 eine „christianisierte" Fassung des Shema formuliert (Dtn 6,4: Ἀκοῦε Ἰσραὴλ, Κύριος ὁ Θεὸς ἡμῶν, Κύριος εἷς ἐστιν): „Just as his contemporaries saw a dual *function* in the confession, so Paul sees a dual *referent* in *kyrios* and *theos*, glossing the latter with *patèr* (‚father') and the former with *Jèsous Christos*"[59].

Im ersten Teil (6ab) zeigt Paul die Einzigartigkeit des „einen Gottes" im Gegensatz zu den „vielen Göttern" (5d) auf. Die Qualifikation Gottes als Vater verweist wohl auf dessen Rolle in der Schöpfung. Im hellenistischen Judentum konnte Gott „Vater aller Menschen und Schöpfer aller Dinge"[60] oder „Vater und Ursprung aller Dinge"[61] genannt werden. Der Gegensatz zu V. 5 verweist hier auf eine ähnliche Bedeutung: Die Mächte „im Himmel und auf Erden" (d. h. im gesamten Universum), können „Götter" und „Herren" genannt werden, aber sie sind es nicht, da „alle Dinge" (d. h. das gesamte Universum) vom einen Gott abstammen.[62] Für uns Christen ist Gott der „Vater, von dem alles (herkommt)." Als Vater ist Gott auch das Ziel der christlichen Gemeinschaft: „und

---

mitic Background of the New Testament Kyrios-Title, in: ders., A Wandering Aramean. Collected Aramaic Essays (SBL Monogr. Ser. 25), Missoula, MT 1979, 115–142, insb. 130: „... early Christians regarded Jesus as sharing in some sense in the transcendence of Yahweh, that he was somehow on a par with him. This, however, is meant in an egalitarian sense, not in an identifying sense, since Jesus was never hailed as אבא. It involved in a *Gleichsetzung*, but not an *Identifizierung*".

59 Vgl. D.R. De Lacey, ‚One Lord' in Pauline Christology, in: H.H. Rowdon (Hg.), Christ the Lord. Studies in Christology presented to Donald Guthrie, Leicester 1982, 191–203, insb. 200. Auf S. 196 verweist er auf den Zusammenhang zwischen Dtn 6,4 und Sach 14,9, das als eschatologische Erfüllung der zweiten Referenz „Der Herr (ist) einer" betrachtet wurde: „At an early stage the rabbis put these two passages together, so that ‚The Lord our God' referred to the present relationship between God and his people Israel, while the second part of the affirmation, ‚the Lord (is) one', referred to the coming universal rule of God over all nations".

60 Philo, Op. 89; Decal. 64; Spec.Leg. I,96; II,6; Eb. 81.

61 Josephus, Ant. VII, 380.

62 W. Thüsing, Per Christum in Deum. Studien zum Verhältnis von Christozentrik und Theozentrik in den paulinischen Hauptbriefen (NTAbh. NF 1) Aschendorff 1965, 225.232, insb. 227.

wir (gehen) auf ihn (hin)". Die Einzigartigkeit Gottes manifestiert sich in seiner Rolle in Schöpfung und Erlösung.

Der zweite Teil (6cd), enthält im Licht des Parallelismus mit V. 6ab eine stark christologische Affirmation. (a) Durch die Übereinstimmung der Formel „ein Gott", „ein Herr", drückt Paulus die Überzeugung aus, daß Jesus irgendwie an der Einzigartigkeit des einen Gottes teilhat. Gottes Einzigartigkeit wird in einem besonderen Sinne mit Christus geteilt. Er erhält eine Rolle zugeteilt, die zwar einzigartig, aber dennoch dem Vater untergeordnet ist. Die zweimalige Verwendung der Präposition διά rückt diese Rolle in den Bereich der Vermittlung. (b) Die Formel „durch den alles" schreibt Jesus Christus eine einzigartige instrumentale Rolle in der Schöpfung zu und impliziert den Glauben an seine Präexistenz.[63] (c) Die Formel „und wir (gehen) durch ihn (zum Vater)" schreibt Jesus Christus schließlich eine soteriologische Vermittlung zu: durch ihn gelangt der Christ zum Vater. Im paulinischen Denken war die letzte Bestätigung der Ausgangspunkt von dem er dann zu der mutigen Aussage von Jesu Rolle in der Schöpfung gelangt.[64] Diese starke Verbindung Jesu mit dem Werk und der Person des einen Gottes wurde in seiner konzeptionellen Formulierung bereits durch jüdisch-hellenistische Rede vom göttlichen Vermittler unter dem einen Gott und durch die Erfahrung der Jünger/-innen mit dem historischen Jesus und dem auferstandenen Christus vorbereitet.[65]

1 Timotheus 2,5–6

Die einzigartige Funktion des Vermittlers Jesus Christus für die Verwirklichung des göttlichen Heilsplanes für alle Menschen wird

---

[63] Vgl. M. Hengel, Christologie und neutestamentliche Chronologie. Zu einer Aporie in der Geschichte des Urchristentums, in: ders., H. Baltensweiler/B. Reicke (Hgg.), Neues Testament und Geschichte. FS O. Cullmann, Zürich/Tübingen 1972, 43–67, insb. 58: „Phil 2,6ff.; 1. Kor. 8,6; Gal 4,4; Rö 8,3 und 1. Kor 2,7 bezeugen bereits die Präexistenz, das göttliche Wesen Jesu und seine Schöpfungsmittlerschaft. Die Subordination, die 1. Kor 15,23–28 deutlich wird, widerspricht dem nicht, sie beweist nur in ihrer Weise die einzigartige, schlechterdings analogielose Verbindung des Sohnes mit dem Vater".

[64] Vgl. A. Feuillet, La profession de la foi monothéiste de 1 Cor VIII,4–6, in: Stud.Bibl.Franc.Lib.Annus 13 (1962/63) 7–32, insb. 29: „de la conviction qu'il n'est de salut pour les hommes que par le moyen du Christ crucifié, l'Apotre est passé tout naturellement à cette autre conviction que c'est également par le Christ, Sagesse de Dieu, que Dieu a créé le monde".

[65] Eine umfassende Beschreibung dieser wichtigen Entwicklung findet sich bei Hurtado, One God, One Lord (Anm. 48). Unglücklicherweise konnten wir die Dissertation von P.A. Rainbow (Monotheism and Christology in 1 Corintians 8:4–6 [Doc. Phil. diss.], Oxford 1987) nicht einsehen.

in dem ersten (deuteropaulinischen) Brief an Timotheus 2,5–6 ausgedrückt. Diese Verse sind vermutlich Auszüge aus einer katechetischen oder liturgischen Formel, die den Lesern bereits bekannt war. Diese Formel ist in eine Aufforderung zur Verehrung eingebettet. Die Leser/-innen werden dazu aufgefordert, ihre Fürbitten nicht auf die Gemeinde der Gläubigen zu beschränken, sondern für alle Männer und Frauen zu beten, Könige und Oberschicht eingeschlossen (Vv. 1–2a). Zwei Gründe lassen sich für eine solche inklusive, universale Haltung im Gebet anführen. Zunächst erwarten die Christen, ein ruhiges und friedvolles Leben in Rechtschaffenheit und Frömmigkeit führen zu können (V. 2b). Dann führt der Autor einen stärker theologisch motivierten Grund an (Vv. 3–4), der durch Aussagen einer liturgischen Formel bekräftigt wird (Vv. 5–6). Gerade der letzte Abschnitt bedarf hierbei besonderer Aufmerksamkeit:

3 τοῦτο καλὸν καὶ ἀπόδεκτον ἐνώπιον τοῦ σωτῆρος ἡμῶν θεοῦ,
4 ὃς πάντας ἀνθρώπους θέλει σωθῆναι
καὶ εἰς ἐπίγνωσιν ἀληθείας ἐλθεῖν,
5 εἷς γὰρ θεός,
εἷς καὶ μεσίτης θεοῦ καὶ ἀνθρώπων,
ἄνθρωπος Χριστὸς Ἰησοῦς,
6 ὁ δούς ἑαυτὸν ἀντίλυτρον ὑπὲρ πάντων,
τὸ μαρτύριον καιροῖς ἰδίοις.

3 Dies (ist) recht und angenehm vor unserem Retter, Gott,
4a der will, daß alle Menschen gerettet werden
b und zur Erkenntnis (der) Wahrheit kommen
5a Denn einer (ist) Gott,
b einer auch Mittler Gottes und (der) Menschen,
c (der) Mensch Christos Jesus,
6a der sich selbst gab als Lösegeld für alle,
b das Zeugnis zu (seinen) eigenen Zeiten.

In diesem Text wird die Aussage von der Einzigartigkeit des Mittlers Jesus Christus sehr eng mit der εἷς θεός-Formel verbunden. Auf den ersten Blick scheint die Vermittlerrolle Jesu Christi exklusiver Natur: nur durch ihn können die Menschen Gottes Erlösung erfahren[66] und zur Erkenntnis der Wahrheit gelangen. Die

[66] 1 Tim 2,3 erinnert an den traditionellen Titel „Gott, der Erlöser". „The NT applies the term ‚Savior' to God 8 times (for example, Luke 1:47; 1 Tim 1:1) and to Jesus 16 times (for example, Luke 2:11; John 4:42; Acts 13:23; Phil 3:20). No one else is called

Weise, auf die er seine Rolle durch den Tod am Kreuz erfüllt, wird hier als Lösegeld für alle Menschen interpretiert. Seine Vermittlung umschließt die gesamte Menschheit (vgl. Kol 1,18–20; Eph 2,11–22) und schließt andere Vermittler, wie etwa dämonische Mächte, Engel (vgl. Kol 2,18; Hebr 2,2) und sogar Moses (Gal 3,19; Hebr 3,1–7) aus. Seine Rolle charakterisiert die neue Religion des Christentums (in Hebr 8,6; 9,15; 12,24 wird Jesus ‚Vermittler des Neuen Bundes' genannt).[67] Trotzdem steht diese exklusiv vermittelnde Rolle im Widerspruch zur inklusiven Tendenz des vorhergehenden Verses, in dem die Universalität von Gottes Heilswillem betont wird. Dies hat einige Kirchenväter empört und führte diese dazu, den universalen Anspruch aller Menschen in V. 4 in Relation zu der Notwendigkeit der Vermittlertätigkeit Jesu, wie sie in V. 5 betont wird, zu setzen.[68] Dennoch betont der Kontext die menschliche Seite des Heilsgeschehens.[69] Es scheint, als habe der Autor bereits vorhergesehen, daß das Evangelium der Erlösung durch Jesus, das bereits die Grenzen Israels überschritten hat, sich nun bis an die Enden der Erde ausbreiten werde. Um dieses Ziel zu verwirklichen, ist die menschliche Natur Jesu von besonderer Bedeutung: Indem Gott sich eines solchen Vermittlers bedient, kann er jedes Individuum und alle Menschen erreichen. Zudem nämlich wird die Bewältigung dieser Aufgabe lediglich für die Zukunft erhofft. Der Autor ermutigt seine Leser/innen, für alle zu ‚beten', weil Gott alle erretten will. Dieses gibt der Vermittlertätigkeit Jesu eine eschatologische Bedeutung.[70] Zur selben Zeit läßt sie Raum für die historischen Umstände, in

---

‚savior'. It is the same with *ruomai* (‚to rescue', ‚to deliver'): when the agent of deliverance is named, it is always God (for example, Matt 27:43; 2 Cor 1:10; Col 1:13; 2 Petr 2:7) or Jesus (1 Thess 1:10)" (G.G. O'Collins, Salvation, in: ABD 5 [1992] 907–914, insb. 910).

[67] Die christliche Tradition verstand diese Vermittlung als in zwei Richtungen fortschreitend: von Gott auf die Menschen hin und von den Menschen auf Gott hin; vgl. B. Sesboüé, Jésus-Christ l'unique médiateur. Essai sur la rédemption et le Salut (coll. „Jésus et Jésus-Christ" 33), Paris 1988, 88–103.

[68] Vgl. J.N.D. Kelly, The Pastoral Epistles (Black's New Testament Commentary), London 1963, 62–63: "The truth is that all the profound questions which later theology was to raise were remote from the Apostle's mind. In affirming the universal scope of God's will to save he was probably conscious of taking issue with (a) the Jewish belief that God willed the destruction of sinners and the salvation of the righteous alone, and (b) the Gnostic theory that salvation belonged to the spiritual élite alone".

[69] Der Autor ermahnt zur Fürsprache „für alle Menschen"; Gott will, „daß alle Menschen gerettet werden"; einer ist der „Vermittler zwischen Gott und den Menschen; der Mensch … der sich als Lösegeld hingegeben hat für alle …".

[70] Vgl. D. Cerbelaud, Les versets „exclusivistes" du Nouveau Testament. Essai de lecture, in: Théophilyon 2 (1997) 243–256, insb. 249–250.

denen Gottes Heilswille die Menschheit erfaßt. Sie macht uns argwöhnisch gegenüber einer zu leichtfertigen Identifizierung der Vermittlertätigkeit Jesu mit einer Teilverwirklichung zu einem bestimmten Zeitpunkt in der Geschichte.

Die Q-Gemeinde und johanneische Christologie

Nachdem wir die paulinische Tradition betrachtet haben, soll nun, gewissermaßen am anderen Ende der neutestamentlichen Tradition, die Christologie des Johannes analysiert werden. Sein Evangelium ist ein deutliches Beispiel für eine extreme christologische Fokusierung. Tatsächlich drückt Johannes in gewisser Weise Jesu Göttlichkeit aus. An zwei herausragenden Stellen im Evangelium nennt er Jesus ‚göttlich' (θεός ohne Artikel): am Anfang (1,1) und am Ende (20,28) seines Evangeliums[71]. An mehreren Stellen erhält der Titel „Sohn Gottes" die Bedeutung der Göttlichkeit Jesu (5,18!). Der Autor nimmt dabei das Risiko in Kauf, Jesus eine Gleichwertigkeit mit dem Vater im Hinblick auf die Göttlichkeit zuzuschreiben. Gleichzeitig betont er aber die totale Subordination und Abhängigkeit des Sohnes vom Vater (z. B. 5,19–30), und respektiert die Einzigartigkeit, die der jüdische Monotheismus Gott zuschreibt. Jesu göttliche Sohnschaft, im stärksten Sinn des Wortes, liefert uns den Schlüssel zum Verständnis des vierten Evangeliums.[72]

Wir haben bereits a.a.O. die Hypothese vertreten, daß Johannes das Q-Herrenwort Mt 11,27 par. Lk 10,22 (entweder in der matthäischen oder lukanischen Form oder an anderer Stelle[73]) gehört oder gelesen hat. Mit seiner ausgewogenen und zugleich mutigen

---

[71] Im Prolog Joh 1,1 wird der präexistente Logos θεός genannt, in 1,17 der fleischgewordene Logos als der „einzige, der Gott ist" (μονογενὴς θεός) (Diese Lesart ist der Variante μονογενὴς υἱος vorzuziehen, vgl. B.M. Metzger, A Textual Commentary on the Greek New Testament, Stuttgart 1994, 169–170) beschrieben und im Bekenntnis des Thomas (Joh 20,28) wird der erhöhte Jesus als „Mein Herr und mein Gott" bekannt (vgl. 1 Joh 5,20). Man spürt das Zögern des Johannes: er selbst nennt Jesus niemals Gott (ὁ θεός), weil sein Monotheismus (nur JHWH ist „der Gott") dieses untersagt.

[72] Vgl. J.D.G. Dunn, Christology in the Making, London 1980, 59: „In short, for the first time in earliest Christianity we encounter in the Johannine writings the understanding of Jesus divine sonship in terms of the personal pre-existence of a divine being who was sent into a world and whose ascension was simply the continuation of an intimate relationship with the Father which neither incarnation nor cruxifixion interrupted or disturbed".

[73] Im folgenden sollen einige Ergebnisse der Untersuchung The Q-Logion Mt 11,27/Lk 10,22 and the Gospel of John, in: A. Denaux (Hg.), John and the Synoptics (BETL 101), Leuven 1992, 163–199 zusammengefaßt werden.

Formulierung hat es sicherlich Johannes' Denken beeinflußt, zumal es sich teilweise mit seinem eigenen Denken über Jesus Christus deckte. Das Herrenwort war in gewisser Weise Anstoß für Johannes' Christologie. Er hat es in vielerlei Hinsicht in verschiedene Richtungen seiner zentralen christologischen Überzeugung von der göttlichen Sohnschaft Jesu weiterentwickelt. In diesem Sinne kann das Herrenwort (Mt 11,27) als Zusammenfassung der johanneischen Christologie angesehen werden:

> Πάντα μοι παρεδόθη ὑπὸ τοῦ πατρός μου,
> καὶ οὐδεὶς ἐπιγινώσκει τὸν υἱὸν εἰ μὴ ὁ πατήρ,
> οὐδὲ τὸν πατέρα τις ἐπιγινώσκει εἰ μὴ ὁ υἱὸς
> καὶ ᾧ ἐὰν βούληται ὁ υἱὸς ἀποκαλύψαι.

a Alles wurde mir übergeben von meinem Vater,
b und keiner erkennt den Sohn außer der Vater,
c auch der Vater erkennt keiner außer der Sohn
d und wem immer der Sohn (es) offenbaren will.

Der erste Satz (V. 27a) verweist mehr auf eine Überantwortung göttlicher Macht (einschließlich der Macht zu offenbaren) als auf die Weitergabe eines Lehrinhalts. Diese Thematik ist im vierten Evangelium allgegenwärtig. Siebenundzwanzig (oder 28) Mal benutzt Johannes das Verb δίδωμι mit Gott oder dem Vater als Subjekt, der etwas überantwortet und dem Sohn als Empfänger und Nutznießer dessen, was überantwortet wird.[74] Die Formel „der Vater gibt etwas dem Sohn" scheint in den Abschnitten, in denen die Vater-Sohn Beziehung reflektiert wird, wie etwa in 5,19–30 und im Gebet 17,1–24 konzentriert. Johannes 5,19–30 stellt eine tiefere Reflexion über die Sohnschaft Jesu dar. Dieser Abschnitt folgt der Anschuldigung der Juden, Jesu stelle sich mit Gott auf eine Stufe (5,18). Er zeigt, welche Form der ἐξουία der Vater seinem Sohn überträgt: die Werke (vgl. 5,36; 17,4) die nur Gott vollbringen kann: nämlich die Macht zu richten (5,22.27) und Leben zu schenken (5,21.26).

Der zweite und dritte Satz des Q-Logions (Mt 11,27b-c) zeigt verschiedene Merkmale, die im Evangelium des Johannes in einer

---

[74] Joh 3,34(?); 3,35; 5,22.26.27.36; 6,37.39; 11,22; 12,49; 13,3; 14,31; 17,2 (2x). 4.6 (2x). 7.8.9.11.12.22.24 (2x); 18,9.11. In 16 Fällen wird gesagt, daß Gott/der Vater Jesus/dem Sohn Jünger zuweist: 3,35; 6,37.39; 10,29; 13,3; 17,2.6b.d.9.24; 18,9. Das verwendete Objekt kann auf verschiedene Weise zum Ausdruck gebracht werden, in einigen Fällen ergibt sich wegen der Verwendung des demonstrativen ‚alles' (πάντα oder πᾶν) eine starke Ähnlichkeit zu unserem Herrenwort (3,35; 6,37.39; 13,3;17,2.7; vgl. 10,29).

stärker elaborierten Weise präsent sind: absolute Verwendung der Titel „Vater" und „Sohn", die gegenseitige Kenntnis[75] (z. B. Joh 10,15) (und die daraus folgende intensive, exklusive Beziehung[76]) von Vater und Sohn sowie der Ausschluß aller anderen von diesem Wissen (z. B. Joh 3,13; 6,46; 14,6).

Der vierte Satz stellt die einzigartige Rolle Jesu als Offenbarer heraus. Denn da nur der Sohn den Vater kennt (V. 27c), kann nur er Gott den Menschen offenbaren (V. 27d). Die Vorstellung von Jesus als dem einzigartigen Offenbarer gehört ebenfalls zum Kern der johanneischen Christologie, wie sie sich etwa explizit in den Versen 1,18 und 3,13 darstellt.[77]

Ein Aspekt der johanneischen Christologie wird allerdings in dem „johanneischen" Q-Logion nicht erwähnt: die Vorstellung, daß Jesus der einzigartige Vermittler der Erlösung ist, wie es z. B. in Joh 3,16–18 und 1 Joh 4,9 zum Ausdruck kommt. Der johanneische Jesus kann sagen: „Ich bin der Weg und die Wahrheit und das Leben; keiner kommt zum Vater, außer durch mich." (Joh 14,6). Er ist der einzige Vermittler der Erlösung Gottes, weil er sein Sohn ist. Seine Göttlichkeit ist die Grundlage des einzigartigen Charakters dieser Vermittlung. Kein anderer kann der Welt „ewi-

---

[75] Vgl. zu den Immanenzformeln im Joh K. Scholtissek, In ihm sein und bleiben. Die Sprache der Immanenz in den Johanneischen Schriften (HBS 21), Freiburg 2000.

[76] Für den Autor des Johannesevangeliums ist die Formulierung von der gegenseitigen Kenntnis von Vater und Sohn in den Kontext einer einzigartigen, gegenseitigen Beziehung zwischen Vater und Sohn, die sich etwa in Texten wie „Ich und der Vater, eins sind wir." (10,30); „Ich bin im Vater und der Vater ist in mir" (14,10.11.20); „damit alle eins sind, gleichwie du, Vater, in mir und ich in dir ..." (17,21). Um sicherzustellen, daß die Jünger an der Vater-Sohn-Beziehung teilhaben können, wird eine qualitative Unterscheidung gemacht zwischen der Beziehung des Sohnes zum Vater (πατήρ/υἱος) und der Beziehung der Jünger zu Gott (θεός/τέκνα), da die Beziehung der Gläubigen immer ein Geschenk des Himmels, eine Adoptivsohn-Beziehung darstellt (vgl. Joh 1,12–13). Für Johannes ist Jesus als Sohn μονογενής, daß heißt „einzigartig" (vgl. 1,14.18; 3,16.18; 1 Joh 4,9).

[77] In Joh 1,18 wird zunächst betont, daß niemand Gott gesehen habe, d. h. niemand über Gott in connaturaler Weise sprechen könne. Dagegen folgt aber die Aussage, daß nur Jesus Gott enthüllen könne, da nur er Gott aus seinem Inneren heraus kenne: „Gott hat keiner gesehen jemals; (der) einziggezeugte Gott, der ist im Schoß des Vaters, jener legte (ihn) aus." (Joh 1,18) Aus diesem Grunde wird Jesus bereits im Prolog mit ‚dem Wort' in seiner absoluten Verwendung gleichgesetzt. Im chiastisch angelegten Satz 3,13 "Aber keiner ist hinaufgestiegen in den Himmel, wenn nicht der aus dem Himmel Herabgestiegene, der Sohn des Menschen" stammt die Formel „Aber keiner ist hinaufgestiegen in den Himmel" aus der Weisheitsliteratur und und bedeutet, daß kein Menschin der Lage ist, göttliche Geheimnisse zu kennen und kundzutun (z. B. Dtn 30,12; Spr 30,4; Bar 3,29; Weish 9,16; 4 Esr 4,8). Die Konstruktion verweist auf die Unmöglichkeit, die göttliche Realität zu erfassen. Wenn also mit Jesus eine Ausnahme gemacht wird, so dient sie dazu, aufzuzeigen, daß er durchaus die göttliche Wirklichkeit kennt (was sich aus seiner göttlichen Präexistenz herleiten läßt) und daß er aus dem Himmel herabgestiegen ist, um diese kundzutun.

ges Leben“ und eschatologische „Erlösung“ (exklusive Dimension) geben. Und zur selben Zeit will er der Welt Erlösung bringen, sofern die Welt diese im Glauben annimmt (eine intendierte inklusive, universale Dimension). Man kann zusammenfassend die johanneische Auffassung vom einzigartigen Status Jesu Christi folgendermaßen umschreiben: als einzigartiger Sohn des Vaters, der Mensch geworden ist, steht Jesus Christus in einem speziellen Verhältnis zu Gott (ontologische Einzigartigkeit). Gerade aus diesem Grund kann nur Er Gott den Menschen enthüllen (Einzigartigkeit als Offenbarer) und die Menschheit zu Gott und zu ihrer letztendlichen Bestimmung, dem ewigen Leben bei Gott (soteriologische Einzigartigkeit) führen.[78]

Zusammenfassung

Die Christen des ersten Jahrhunderts waren der Überzeugung, daß sie dazu auserwählt waren, aller Welt Zeugen Jesu Christi zu sein (Lk 24,46–48; Apg 1,8; vgl. Mt 28,19–20). Ihre Zeugenschaft knüpfte an die des Volkes Gottes im ersten Bund (vgl. Jes 43,9–44,5) an. Schließlich haben die Christen den einen, lebendigen und rettenden Gott in und gegen eine Welt zu bezeugen, die anderen Göttern dient. Weiterhin hat diese christliche Zeugenschaft einen christologischen Schwerpunkt. In der historischen Mission des Jesus von Nazareth offenbarte Gott sich als ein erlösender Gott. Die Christen haben diese konkrete historische Erfahrung zu bezeugen (1 Joh 1,1–2). Der Inhalt ihrer Zeugenschaft könnte folgendermaßen zusammengefaßt werden: „Und dies ist das Zeugnis, daß ewiges Leben Gott uns gab, und dieses Leben ist in seinem Sohn.“ (1 Joh 5,11). Die christliche Zeugenschaft basiert nicht auf Mythen, sondern auf historischer Erfahrung des Volkes Gottes im Laufe der Geschichte. Sie wird bestritten werden, da sie Teil des Prozesses ist, den Gott mit den Menschen im Lauf der Geschichte führt. Daher hat sie apologetische Dimensionen, sucht nach Verständlichkeit und versucht zu überzeugen. Die christlichen Kirchen können diese Mission nicht aufgeben, ohne zugleich ihre Identität aufzugeben.

Dennoch steht Mission nicht im Gegensatz zum Dialog mit anderen Religionen. Der Dialog unterscheidet sich zwar von der

---

[78] Vgl. D.M. Ball, ‚My Lord and my God‘: The Implications of ‚I am‘ Sayings for Religious Pluralism, in: A.D. Clarke/B.C. Winter (Hgg.), One God, One Lord. Christianity in a World of Religious Pluralism, Grand Rapids, MI 1993², 53–71.

Mission, steht aber dennoch in Beziehung zu ihr. Diese hat ihre eigene Dynamik und einen eigenen Ethos. Der Dialog verlangt Reziprozität und eine Form gegenseitiger Verpflichtung zum Zuhören, Antworten, dem Versuch des Verstehens und des Verstandenwerdens, dem Fragen und Gefragtwerdens, der Bereitschaft sich verständlich zu machen und dem zu vertrauen, was andere über sich selbst zu berichten haben.[79] In der Vergangenheit haben die christlichen Kirchen zum Teil Methoden der Intoleranz und Gewalt angewandt, um die Wahrheit des Evangeliums zu verbreiten. Dieses geschah im Widerspruch zum Weg Jesu Christi, ihrem „Gründer", der seinem Volk Rettung ohne jeglichen Druck oder Gewalt angeboten hat. Wenn nun die christlichen Kirchen in das Zeitalter des Dialoges eintreten, sollten sie zu dem einzigen Modell zurückkehren, das sie hierfür besitzen: Jesus Christus, „der treue und wahre Zeuge" (Offb 3,14), „dem bezeugenden vor Pontios Pilatos das rechte Bekenntnis" (1 Tim 6,13). Der Dialog zwischen Christen und den Weltreligionen sollte ein Dialog der verteidigungsfreien Liebe sein. Es wird zeitweilen die Form eines Martyriums annehmen, vielleicht auf Kosten des eigenen Lebens, weil „wir aber Christos als Gekreuzigten verkünden, (den) Judaiern als Ärgernis, (den) Heiden aber als Torheit" (1 Kor 1,23).

[79] Vgl. Pontificium Consilium Ad Christianorum Unitatem Fovendam, Directory for the Application of Principles and Norms on Ecumenism, Vatican City 1993. Was dort (Nr. 172) über den innerkirchlichen, ökumenischen Dialog gesagt wird, ließe sich in gewisser Weise auch auf den interreligiösen Dialog anwenden.